国家中等职业教育示范建设项目成果
中职中专通信运营与服务专业系列教材

座席员发音及表达

（修订版）

李旭东　主编
郑　颖　王道堽　杜廷碧　副主编

科学出版社
北　京

内 容 简 介

本书共计 7 个学习单元，近 20 个学习任务，包括对学生进行普通话声母、韵母、声调、语流语速、朗读等发音辨正的训练和职业场景普通话表达的训练。其中职场表达情景训练分基础训练和华唐 CCSS 实训平台实战，可使学生在真实的工作场景中提升运用语言的能力。在学中做，做中学，实现学习与工作的完全融合。

本书适合中等职业教育通信运营与服务专业、客户信息服务专业以及市场营销等相关专业的学生使用。

图书在版编目（CIP）数据

座席员发音及表达/李旭东主编. —北京：科学出版社，2014.7
（国家中等职业教育示范建设项目成果·中职中专通信运营与服务专业系列教材）
ISBN 978-7-03-040769-6

Ⅰ.①座… Ⅱ.①李… Ⅲ.①电话业务-语言艺术-中等专业学校-教材
Ⅳ.①F626.13

中国版本图书馆 CIP 数据核字（2014）第 111865 号

责任编辑：沈力匀 / 责任校对：王万红
责任印制：吕春珉 / 封面设计：耕者设计工作室

科学出版社 出版
北京东黄城根北街 16 号
邮政编码：100717
http://www.sciencep.com
北京中科印刷有限公司 印刷
科学出版社发行　各地新华书店经销
*
2014 年 7 月第 一 版　开本：787×1092 1/16
2020 年 11 月修 订 版　印张：13 1/2
2020 年 11 月第四次印刷　字数：350 000

定价：42.00 元

（如有印装质量问题，我社负责调换〈中科〉）
销售部电话 010-62134988　编辑部电话 010-62135235（VP04）

序　言

贵州省电子工业学校作为第二批国家中等职业教育改革发展示范学校建设单位，在推动人才培养模式与课程体系改革上表现了“真做示范、做成真示范”的思想境界，取得了丰硕的实践成效。

该校在推进人才培养模式与课程体系建设中，重视发挥行业指导作用，建立了由行业、企业共同参与的专业建设团队和运行机制；专业建设调研报告规范，有特色，有创新。围绕专业建设，形成了较为系统、完备的人才培养模式，成效显著，且有较强的引领性、示范性和较高的推广价值。课程体系设计的要素完整，与人才培养模式相呼应，在精品课程建设、教材开发、数字化教学资源库建设等方面成效显著，信息技术与教育过程、内容、方法和质量评价深度融合，取得了显著的进展。

教材，是教师和学生教学的主要依据和载体。新形势下，教材建设从理念到技术、从路径到方法、从形式到内容都在发生重大的变化。贵州省电子工业学校的教材建设，从行业需求调研起步，循序开展了工作任务与职业能力的分析、课程结构的设计、课程标准的制定，在此基础上进行教材编写，在教材编写的过程中，聘请了科学出版社和重庆市教育科学研究院职业教育与成人教育研究所的专家进行指导，确保了教材编写工作的规范性和编写成果的科学性。从总体上讲，编写理念先进，体现了以就业为导向，以学生为主体，着眼于学生职业生涯发展和职业素养的培养；教学内容科学合理，注重了与职业岗位、工作任务和职业能力要求的对接；教材结构有所创新且反映了工作逻辑，载体选择适当，内容编排合理，适合中职学生的认知，具有较强的交互性。呈现形式新颖多样，深受学生喜爱。

在此，我向贵州省电子工业学校取得如此丰硕的成果表示祝贺，更要向主持和参与教材编写的作者致敬，他们为编写教材付出了辛勤的劳动。

我相信本套教材对提高贵州省电子工业学校的教学质量，一定能够发挥重要的作用；对其他地区学校相关专业课程教学，也会具有一定的参考和借鉴价值。

谭绍华
2014 年 4 月

前言

产业升级和经济转型是当前我国经济发展的重要策略。伴随计算机技术和通信技术的迅猛发展，服务外包产业在全世界得以不断发展壮大。2009 年国务院批准设立 21 个服务外包示范城市，服务外包产业在我国得以迅速发展，随之应运而生的呼叫中心成为配合国家经济转型而发展起来的现代服务业的基础产业。行业人才需求逐年递增。

目前，各地职业院校相继开设了呼叫中心类的专业。贵州省相比全国是起步比较晚的。作为呼叫中心的从业人员，用标准的普通话有效地与客户进行沟通和交流，是呼叫中心座席员必须具备的基本职业能力。本书是以职业教育工学结合一体化课程开发的相关理论为指导，根据贵州学生语言特点、专业素质要求及行业对人才素质的需求，结合中职学生的学习能力水平与座席员岗位的职业能力，依据座席员工作的主要服务对象及行业特性构建各学习单元和学习任务。宗旨是帮助学生能用标准的普通话进行交流，能清楚、准确地表达思想，能用流畅、亲切、温和的语言表述完成呼叫中心座席员的各项任务，并能顺利考取普通话水平等级证书。

全书共计 7 个学习单元，近 20 个学习任务，主要侧重对学生进行普通话声母、韵母、声调、语流语速、朗读等发音辨正训练和职业场景普通话表达训练。其中职场表达情景训练分基础训练和华唐 CCSS 实训平台实战。通过 CCSS 实训平台的正式工作场景训练，让学生在真实的工作场景中提升运用语言的能力。在学中做，做中学，实现教学与工作的完全融合。

本书所使用的职场案例均是在相关学校通信运营与管理专业的教师收集和进企业调研基础上进行整理归纳而成，并参考了一些出版物和资料。在此向这些给予我们帮助的企业领导、行业专家、一线工作人员及相关作者表示诚挚的感谢。

本书学习单元 1、3、4、5 由郑颖编写，学习单元 2、3 由李旭东编写，学习单元 6 由杜廷碧编写，学习单元 7 由王道堃编写，附录资料由郑颖、李旭东整理. 在编写过程中得到了科学出版社的大力帮助，在此表示衷心的感谢！

本书适合通信运营与服务专业、客户信息服务专业以及市场营销等相关专业的学生使用。建议每周 6 学时，18 周完成全书的学习任务。由于编者水平有限，难免有不足之处，敬请读者在使用过程中批评指正，以使我们能及时更正。

目 录

单元1 普通话基本常识

任务1 话说普通话

【任务目标】

(1) 认识大力推广和积极普及普通话的重要意义。

(2) 掌握普通话的规范定义和汉语方言。

(3) 认识普通话学习与本专业及将来职业的关系。

(4) 熟悉普通话拼音方案。

【任务描述】

贵州方言音较重。当地人平常很少用普通话进行交流。根据本专业与职业的要求。要求学生要认识学习普通话的重要性，了解语音知识及普通话与方言的区别。

任务实施

活动1 对普通话的认识

【任务安排】

讨论：

(1) 什么叫普通话？

(2) 为什么要推广普通话？普通话对本课程的作用及将来对自己职业的作用？

> **小贴士**
>
> 学好普通话是从事呼叫职业的基本要求和职业技能的基础。

【任务评价】

小组代表完成，互评加分，满分10分。

活动2 普通话与方言的区别

【任务安排】

1. 听录音(倒鸭子)

对比普通话与方言的区别，讨论学习普通话的重要性。

2. 认识普通话与方言的区别

说一说有下划线的词汇是不是规范的普通话用语：

(1) 手袜、手套、手囊、手套儿。
(2) 粟米、包粟、玉米、包谷。
(3) 姑姑、阿姑、姑姐。
(4) 闪电、扯闪、豁闪。
(5) 围巾、围领、脖巾、围脖。
(6) 上面、上便、高头、上背。
(7) 老头、爷老子、阿爸、父亲(爸爸)。
(8) 个里、呢处、支里、这里。
(9) 为么子、做脉个、为什么、为啥、为怎样。

3. 方言与普通话对比

读出以下贵州方言音的词语，并与普通话读音进行对比，说出正确读音。
他[lā]
这=兹[zī]。例：兹哈=此刻=现在。
那=阿[á]。
的=勒[lēi]。
了=拉[la]。
就=豆[dou]。

【任务评价】

小组代表完成，按正确的比例评分，满分 10 分。

相关知识

普通话相关知识

普通话是指以北京语音为标准音，以北方话为基础方言，以典范的现代白话文著作为语法规范的现代汉民族共同语。

中国大陆称为“普通话”，在台湾地区称为“国语”，而相对于非汉语的语言又常被称为“国语”、“中文”或“华语”。

普通话和方言的差别主要表现在语音方面，因而人们狭义指称普通话时，主要指普通话语音。《中华人民共和国宪法》第 19 条规定：“国家推广全国通用的普通话”。从法律上把推广普通话的任务确定下来，成为我国推广普通话工作的法律依据。

任务 2 了解普通话的发音器官及拼音方案

【任务目标】

熟悉普通话的拼音方案。

【任务描述】

认识发音器官能准确发音。熟悉普通话拼音方案。能正确地进行拼音的拼读。

任务实施

活动1　认识发音器官

【任务安排】

试读词语和绕口令并讨论说出自己用到了哪些发音器官。

1. 试读词语

家具	对联	交响乐	西装	炸弹	电影	球拍	卫星
大钟	三轮车	医生	仓库	教师	汽车	阳光	屋子
树叶	钥匙	桌子	钞票	笔	学校	门	草

2. 绕口令练习

捉　兔

一位爷爷他姓顾，上街打醋又买布。
买了布，打了醋，回头看见鹰抓兔。
放下布，搁下醋，上前去追鹰和兔，
飞了鹰，跑了兔。打翻醋，醋湿布。

小贴士

多读绕口令，可以提高发音器官的灵活度。

【任务评价】

小组代表完成，互评加分，满分10分。

活动2　认识普通话音节

【任务安排】

标写以下词语的拼音，并说出拼音的组成要素、拼合规律。

你好　桌子　恩人　能力　曾经　真诚　铃声　哎呀　星期　贵阳

【任务评价】

小组代表完成，写对一个拼音，加5分。

相关知识

普通话语音知识

1. 语言

语音是由人的发音器官发出来的，具有表达一定意义的功能。语音具有物理属性、生理属性和社会属性。物理属性是指：语音具有音高、音强、音长、音质四种要素。生理属性是指：语音通过人的发音器官一系列运作形成，如肺部呼出气流，通过气管、支气管至喉头，作用于声带、咽腔、口腔、鼻腔等，形成不同音质的语音。社会属性是指：用什么语音形式来表示什么意义，不由个人决定，而由社会约定俗成。

2. 音素和音节

音素是从音色角度对音节分析得出的最小语音单位。例如，音节 zhuan 包含了 zh、u、a、n 四个音素。

音节是语音结构的基本单位。一个汉字的读音就是一个音节，比如“贵州省”三个字，读出来就是三个音节：guì zhōu shěng。从结构看，普通话音节由声母、韵母、声调组合而成，普通话音节可以无声母，但必须有韵母和声调。根据声母的有无，普通话音节分为有声母音节和“零声母音节”两类。从音色看，普通话音节由辅音音素和元音音素组成，一个音节可以无辅音，但必须有元音。普通话的一个音节至少由一个音素构成，至多由四个音素构成。

3. 元音

音素可以为元音和辅音。普通话有 10 个元音：a、o、e、i、u、ü、ê、-i(前)、-i(后)、er。元音的发音特点：发音时，气流较弱，气流在咽头、鼻腔、口腔不受阻碍，发音器官各部位保持均衡紧张状态，声带振动，发音响亮。

4. 辅音

辅音是音素的一类，普通话有 22 个辅音：b、p、m、f、d、t、n、l、g、k、h、j、q、x、zh、ch、sh、r、z、c、s、ng。辅音的发音特点：发音时，气流较强，气流在咽(三个)头、鼻腔、口腔要受到某部位的阻碍，发音器官形成阻碍的部位特别紧张，声带不一定振动，发音大多数不响亮。

5. 声母、韵母、声调

音节由声母、韵母、声调组成。声母是指音节开头的辅音，韵母指音节里声母后面的部分。例如：mingtian(明天)两个音节中，m、t 是音节开头的辅音 ing、ian 是音节后面的部分，是韵母。有的音节开头没有辅音，叫“零声母”。

声母、韵母和辅音、元音是有区别的。它们是从不同的角度来分析音节所得出来的单位。声母、韵母是从音节内部结构来分析音节后得出的单位。辅音、元音是从分析音节中各个音素本身所得出来的最小单位。声调是一个音节内部的有区别意义作用的音高变化(高低升降曲折)。

6.《汉语拼音方案》

汉语拼音方案是给汉字注音和拼写普通话语音的方案。1958 年 2 月 11 日经第一届全国人民代表大会公布推行。其由五部分内容组成：字母表、声母表、韵母表、声调符号、隔音符号。汉语拼音字母采用拉丁字母。

活动 3　认识字母、声母和韵母

1. 认识字母表(表 1-1)

【任务安排】

熟悉和认识字母表。

表 1-1　字母表

字母	名称	字母	名称
Aa	ㄚ	Nn	ㄋㄝ
Bb	ㄅㄝ	Oo	ㄛ
Cc	ㄘㄝ	Pp	ㄆㄝ
Dd	ㄉㄝ	Qq	ㄑㄧㄡ
Ee	ㄜ	Rr	ㄚㄦ
Ff	ㄝㄈ	Ss	ㄝㄙ
Gg	ㄍㄝ	Tt	ㄊㄝ
Hh	ㄏㄚ	Uu	ㄨ
Ii	ㄧ	Vv	ㄪㄝ
Jj	ㄐㄧㄝ	Ww	ㄨㄚ
Kk	ㄎㄝ	Xx	ㄒㄧ
Ll	ㄝㄌ	Yy	ㄧㄚ
Mm	ㄝㄇ	Zz	ㄗㄝ

【任务评价】

会读出字母的汉语读音，每对 1 个得 1 分。

2. 认识声母(表 1-2)

表 1-2　声母表

b	P	m	f	d	t	n	l
ㄅ玻	ㄆ坡	ㄇ摸	ㄈ佛	ㄉ得	ㄊ特	ㄋ讷	ㄌ勒
g	K	h	j	q	x		
ㄍ哥	ㄎ科	ㄏ喝	ㄐ基	ㄑ欺	ㄒ希		
zh	ch	sh	r	z	c	s	
ㄓ知	ㄔ蚩	ㄕ诗	ㄖ日	ㄗ资	ㄘ雌	ㄙ思	

【任务安排】

声母归类训练：在表 1-3 中写出例词的声母，并与自己方言声母的读音进行对比。

表 1-3　声母归类训练

序号	发音部位	例词	声母	声母自我发音状况
1	双唇音	辨别		
		批评		
		美妙		

续表

序号	发音部位	例词	声母	声母自我发音状况
2	唇齿音	丰富		
3	舌尖中音	等待		
		淘汰		
		能耐		
		玲珑		
4	舌根音	改革		
		宽阔		
		欢呼		
5	舌面音	境界		
		秋千		
		形象		
6	舌尖前音	总则		
		粗糙		
		思索		
7	舌尖后音	庄重		
		车床		
		山水		
		容忍		

【任务评价】

每写对 1 个声母得 1 分。

3. 认识韵母(表 1-4)

表 1-4　韵母表

	i 丨 衣	u ㄨ 乌	ü ㄩ 迂
a ㄚ 啊	ia 丨ㄚ 呀	ua ㄨㄚ 蛙	
o ㄛ 喔		uo ㄨㄛ 窝	
e ㄜ 鹅	ie 丨ㄝ 耶		üe ㄩㄝ 约
ai ㄞ 哀		uai ㄨㄞ 歪	
ei ㄟ 诶		ui ㄨㄟ 威	
ao ㄠ 熬	iao 丨ㄠ 腰		
ou ㄡ 欧	iu 丨ㄡ 忧		

续表

an ㄢ 安	ian 丨ㄢ 烟	uan ㄨㄢ 弯	üan ㄩㄢ 冤
en ㄣ 恩	in 丨ㄣ 因	un ㄨㄣ 温	ün ㄩㄣ 晕
ang ㄤ 昂	iang 丨ㄤ 央	uang ㄨㄤ 汪	
eng ㄥ 亨的韵母	ing 丨ㄥ 英		
ong ㄨㄥ轰的韵母	iong ㄩㄥ 雍		

【任务安排】

韵母归类训练:写出表1-5中例词的韵母,并与自己方言韵母的读音进行对比。

表1-5 韵母归类训练

序号		例词	韵母	声母自我发音状况
1	单韵母（10个）	沙发		
		波		
		歌		
		低		
		图书		
		语句		
		特		
		字		
		知		
		二		
2	复韵母（13个）	白菜		
		配备		
		高潮		
		收购		
		加价		
		结业		
		画画		
		过错		
		决绝		
		巧妙		
		优秀		
		摔坏		
		退回		

续表

序号		例词	韵母	声母自我发音状况
3	鼻韵母（16个）	感叹		
		认真		
		拼音		
		均匀		
		偏见		
		贯穿		
		全权		
		温存		
		厂房		
		更正		
		命令		
		红松		
		亮相		
		汹涌		
		状况		
		翁		

【任务评价】

每写对1个韵母得1分。

4. 认识普通话拼写规则

【任务安排】

普通话拼写规则训练：先写出表1-6中例字的韵母，再写出例字的声韵母，对比韵母的变化，然后总结拼写规则。

表1-6 拼音方案拼写规则训练

序号	例字	韵母	音节(声韵母)拼写
1	衣		
2	呀		
3	业		
4	要		
5	优		
6	烟		
7	因		
8	杨		
9	英		
10	用		

续表

序号	例字	韵母	音节(声韵母)拼写
拼写规则小结：			
11	屋		
12	挖		
13	我		
14	外		
15	位		
16	万		
17	文		
18	王		
19	翁		
拼写规则小结：			
20	与		
21	月		
22	元		
23	云		
24	局		
25	去		
26	需		
拼写规则小结：			
27	吕		
28	女		
拼写规则小结：			

【任务评价】

每写对1个韵母、声韵母得1分。

相关知识

普通话拼写规则

(1)“知、蚩、诗、日、资、雌、思”等字的韵母用 i，即：知、蚩、诗、日、资、雌、思等字拼作 zhi，chi，shi，ri，zi，ci，si。

(2)韵母儿写成 er，用做韵尾的时候写成 r。例如，“儿童”拼作 ertong，“花儿”拼作 huar。

(3) i 在前的韵母，前面没有声母的时候，写成 yi(衣)，ye(耶)，ya(呀)you(忧)，yao

（腰），yin（因），ying（英），yan（烟），yang（央），yong（雍）。

u 在前的韵母，前面没有声母的时候，写成 wa（蛙），wu（乌），wo（窝），wei（威），wai（歪），wen（温），wan（弯），wang（汪），weng（翁）。

ü 在前的韵母，前面没有声母的时候，写成：yu（迂），yuan（冤），yue（约），yun（晕）；ü 上两点省略。

ü 在前的韵母跟声母 j，q，x 拼的时候，写成：ju（居），qu（区），xu（虚），ü 上两点省略；但是跟声母 n，l 拼的时候，仍然写成：nü（女），lü（吕）。

为什么 ü 行的韵母跟 j、q、x 相拼的时候，ü 上的两点可以省略而跟 n、l 相拼时加上两点。在汉语普通话中，声母 j、q、x 不跟韵母 U 拼合成音节，所以，在声母 j、q、x 后面，可以借用韵母 u 来代替 ü，但在声母 n、l 后面的 u 不能省写成 ü，因为在汉语普通话中，声母 n、l 既可以跟 ü 相拼（如 nü 女，lü 吕），又可以跟 u 相拼（如 nu 奴，lu 路）。在 n、l 后面的 ü，上面两点不能去掉。

（4）iou、uei、uen 前面加声母的时候，写成：iu、ui、un。例如，liu（六），hui（会），lun（论）。

声调符号

阴平（55）	阳平（35）	上（shàng/shǎng）声（214）	去声（51）
ˉ	ˊ	ˇ	ˋ

声调符号标在音节的主要母音上。轻声不标。例如，

妈 mā	麻 má	马 mǎ	骂 mà	吗 ma
阴平	阳平	上声	去声	轻声

隔音符号

a，o，e 开头的音节连接在其他音节后面的时候，如果音节的界限发生混淆，用隔音符号（’）隔开，例如 pi’ao（皮袄）。

任务3 熟记普通话水平测试等级标准

【任务目标】

（1）掌握普通话水平测试标准。

（2）能根据附录的测试资料进行初步测试，找出自己的普通话初始水平等级，明确课程学习目标。

（3）能初步说出运用普通话的标准发音与表达对自己将来职业发展的重要性。

【任务描述】

针对座席员职业能力要求，结合自己方言音的问题，对自己普通话的水平有一个初步的认识。同时对照、了解普通话水平测试等级标准，有针对性和目的性地学习普通话。

任务实施

活动1　普通话等级摸底测试训练

【任务安排】

先写下一段400字自我介绍的文字，并用普通话说给大家听，然后找出自己认为读音不准确的字。

【任务评价】

400字朗读，限时4分钟，共30分。

(1) 语音错误，每个音节扣0.1分。增读、漏读每个音节扣0.1分。

(2) 声母或韵母的系统性语音缺陷，视程度扣0.5分、1分。

(3) 语调偏误，视程度扣0.5分、1分、2分。

(4) 停连不当，视程度扣0.5分、1分、2分。

(5) 朗读不流畅，视程度扣0.5分、1分、2分。

(6) 超时扣1分。

活动2　话题讨论

【任务安排】

(1) 讨论：作为一名呼叫中心的座席员说好普通话有哪些好处？

(2) 针对活动1的内容，结合自己的地区方言，说说方言交流的不便之处。

(3) 通过对普通话交流的认识和对座席员职业的认识，座席员为什么要说普通话及说好普通话的好处有哪些？

相关知识

普通话测试等级标准

一、等级标准

一级

甲等：朗读和自由表达时，语音标准，词汇、语法正确无误，语调自然，表达流畅。失分率在3%以内。

乙等：朗读和自由交谈时，语音标准，词汇、语法正确无误，语调自然，表达流畅。偶有字音、字调失误。失分率在8%以内。

二级

甲等：朗读和自由交谈时，声韵调发音基本标准，语调自然，表达流畅。少数难点音(平翘舌音、前后鼻音、边鼻音等)有时出现失误。词汇、语法及少失误。失分率在13%以内。

乙等：朗读和自由交谈时，个别调值不准，声韵母发音有不到位现象。难点音较多

(平翘舌音、前后鼻音、边鼻音、fu—hu z—zh—j 送气不送气、i—ü 不分,保留浊塞音、浊塞擦音、丢介音、复韵母单音化等),失误较多。方言语调不明显。有使用方言词、方言语法的现象。失分率在 20%以内。

三级

甲等:朗读和自由交谈时,声韵母发音失误较多,难点音超出常见范围,声调调值多不准。方言语调较明显。词汇、语法有失误。失分率在 30%以内。

乙等:朗读和自由交谈时,声韵调发音失误多,方音特征突出。方言语调明显。词汇语法失误较多。外地人听其谈话有听不懂情况。失分率在 40%以内。

二、贵州省普通话水平测试项目和标准

贵州省普通话水平测试共设置 4 个测试项及评分标准:

读单音节字词、读多音节词语、朗读短文、命题说话。满分为 100 分。

(1) 读单音节字词(100 个音节,不含轻声、儿化音节),限时 3.5 分钟,共 10 分。

① 读音错误(含漏读音节),每个音节扣 0.1 分。

② 语音缺陷,每个音节扣 0.05 分。

③ 超时 1 分钟以内扣 0.5 分;超时 1 分钟以上(含 1 分钟)扣 1 分。

(2) 读多音节词语(100 个音节),限时 2.5 分钟,共 20 分。

① 语音错误(含漏读音节),每个音节扣 0.2 分。

② 语音缺陷,每个音节扣 0.1 分。

③ 超时 1 分钟以内扣 0.5 分,超时 1 分钟以上(含 1 分钟)扣 1 分。

(3) 朗读短文(1 篇,400 个音节),限时 4 分钟,共 30 分。

① 语音错误,每个音节扣 0.1 分。增读、漏读每个音节扣 0.1 分。

② 声母或韵母的系统性语音缺陷,视程度扣 0.5 分、1 分。

③ 语调偏误,视程度扣 0.5 分、1 分、2 分。

④ 停连不当,视程度扣 0.5 分、1 分、2 分。

⑤ 朗读不流畅,视程度扣 0.5 分、1 分、2 分。

⑥ 超时扣 1 分。

(4) 命题说话。限时 3 分钟,共 40 分。

① 语音标准程度分六档。

一档:语音标准,或极少有失误。扣 0 分、1 分、2 分。

二档:语音错误在 10 次以下,有方音但不明显。扣 3 分、4 分。

三档:语音错误在 10 次以下,但方音比较明显;或语音错误在 10～15 次,有方音但不明显。扣 5 分、6 分。

四档:语音错误在 10～15 次,方音比较明显。扣 7 分、8 分。

五档:语音错误超过 15 次,方音明显。扣 9 分、10 分、11 分。

六档:语音错误多,方音重。扣 12 分、13 分、14 分。

② 词汇、语法规范程度,共 10 分。

词汇、语法规范程度分为三档:

一档:词汇、语法规范。扣 0 分。

二档：词汇、语法偶有不规范的情况。扣1分、2分。

三档：词汇、语法屡有不规范的情况。扣3分、4分。

③ 自然流畅程度，共5分。

自然流畅程度分三档：

一档：语言自然流畅，扣0分。

二档：语言基本流畅，口语化较差，类似背稿子。有所表现，扣0.5分；明显，扣1分。

三档：语言不连贯，语调生硬，结结巴巴，明显离题或背诵，程度一般的，扣2分；严重的，扣3分。

④ 说话不足3分钟，酌情扣分：缺时1分钟以内(含1分钟)，扣1分、2分、3分；缺时1分钟以上，扣4分、5分、6分；说话不满30秒(含30秒)，本测试项成绩计为0分。

单元练习

(1) 熟记普通话概念。

(2) 熟记普通话语音的发音及组成要素。

(3) 搜集方言与普通话语音有区别的词语并写出正确的音节。

(4) 熟记普通话测试要求。

单元2 声母辨正训练

任务1 声母h与f辨音正音训练

【任务目标】

(1) 识记、读准普通话应读成 hu 而方言读成 fu 的字。

(2) 识记、读准贵州方言声母 h 与韵母 e、uo 相拼易读错的字。

(3) 能区分声母 h、f 的发音方法。

【任务描述】

由于贵州方言区大多数人在读 h 声母与韵母 u 相拼的部分字时都读成 fu,准确区分和读准在普通话中声母 h、f 与韵母 u 相拼的字;读准声母 h 与韵母 e、uo 相拼的字,是提高贵州方言区学生普通话标准性和规范性的声母辨音正音训练的第一个环节,对激发学生学习普通话的兴趣,掌握普通话辨音正音方法,树立自信心,改善贵州学生说普通话的方音重的语音面貌起着重要作用。

任务实施

活动1 声母h与f发音训练

【任务安排】

(1) f—h 对比练习。

翻腾—欢腾　放荡—晃荡　防风—黄蜂

浮水—湖水　老父—老虎　福气—呼气

返航—发挥　防护—防旱　飞花—绯红

发红—花红　芬芳—昏黄　公费—工会

老房—老黄　西服—西湖

(2) h—f 对比练习。

耗费—海风　合肥—盒饭　恢复　何方　伙房

挥发　焕发　洪福　富豪　混纺

小贴士

(1) f 与 h 发音要领：f 与 h 的发音部位不同。f 是唇齿音，发音时将上齿和下唇内缘接触，注意舌面后部不要抬高，同时唇形要向前拢圆；h 是舌根音，发音时，是舌根向后靠近软腭发音，但要避免下唇和上齿的接触。

(2) 普通话没有 fong 这个音节，凡是方言中读 fong 的音节的字都应读成 feng。

(3) 绕口令比赛。

① 风吹灰飞，灰飞花上花堆灰，风吹花灰灰飞去，灰在风里飞又飞。

② 红混纺比黄混纺长一丈，黄绲纺比粉红混纺短一丈，问你到底是红混纺长还是红混纺长。

③ 红凤凰和粉红凤凰去追黄凤凰。

④ 丰丰和芳芳，上街买混纺。红混纺，粉混纺，黄混纺，灰混纺，红花混纺做裙子，粉花混纺做衣裳。红、粉、灰、黄花样多，五颜六色好混纺。

【任务评价】

评价标准：

(1) 读字准确 10 分，每错 1 字，扣 1 分。

(2) 1 分钟内比谁连读的遍数多、准确性高，每遍 5 分。

活动 2　区分、识记声母 h、f 与韵母 u 相拼的音节的字

【任务安排】

(1) 查字典，找出声母 h 与韵母 u 相拼的字有哪些？哪些字在方言中读成了 fu？请将这些字填进下面的横线里

提示：胡、虎________________________________

____

____

(2) 巧识记，请借助形声字识记 hu 音节易读错字，完成表 2-1 所列任务。

表 2-1　hu 音节易读错字偏旁类推字表

字根	音节	偏旁类推字	组词
乎	hū	乎　呼	
忽	hū	忽　惚　囫(hú)	
胡	hú	胡　湖　蝴　糊　葫　瑚　猢	
狐	hú	狐　弧	
虎	hǔ	虎　琥	
户	hù	户　沪　护	
互	hù		
壶	hú		
核	hú		枣儿核
浒	hǔ		

(3) 能不查字典，找出下列语句中应读成 hu 音节的字。

① 欲把西湖比西子，浓妆淡抹总相宜。

② 在呼叫中心工作,坐席代表在与客户电话沟通时要运用客户服务礼仪微笑为客户服务。

③ 东北虎是现存体重最大的猫科动物。

【任务评价】

每找出1字得1分。

活动3　区分、识记声母h与e、uo等韵母相拼易读错的字

在贵州方言的部分地区,人们常把普通话读he音节的字读成ho,例如把“喝”hē念成hō。要提高普通话的准确性,必须区分和读准声母h与e、uo等韵母相拼易读错的字。

> **小贴士**
>
> (1) uai不与f相拼,只与h相拼,如“坏”。
>
> (2) f与o相拼只有“佛”字。

【任务安排】

查字典,找出并读准表2-2中的普通话的正确读音。

表2-2　声母h、f易读错的常用字对照表

方言读音	例　字	普通话读音	
hō	喝呵		
hó	和合盒何河荷阖		
hò	贺赫鹤壑荷(枪)喝(彩)		
hé	黑		
hó	豁活霍祸		
hǒ	货		
hò	火伙		
húai	惑		
fong	风枫疯丰峰锋蜂烽封奉凤冯		
fu	佛		

【任务评价】

每个音节3分,声、韵、调正确各得1分。

任务2　声母n与l辨音正音训练

【任务目标】

(1) 掌握声母n、l的发音方法。

(2) 识记读准普通话声母应读成n而方言读成l的字。

【任务描述】

由于贵州方言区无前鼻音声母n,所有普通话中前鼻音声母n的字都读成边音声母l,准确区分和读准前鼻音声母n,是提高贵州方言

区学生普通话标准性和规范性的声母辨音正音训练的第二个重要环节，对激发学生学习普通话的兴趣，掌握普通话辨音正音方法，树立自信心，改善贵州学生说普通话的方音重的语音面貌起着重要作用。

任务实施

活动 1　声母 n 与 l 发音训练

【任务安排】

1. 前字引导正音法

（1）n——在 n 声母字的前面加一个用 n 作韵母的音节，两字连接；因发音部位相同，方法相近（只是除阻与不除阻的区别），易于发准 n 声母。例如，kanna 看哪　xinnian 新年。

（2）在 l 声母的前面加一个 ge、ke 的音节，借 g、k 发音时的舌根高抬，来限制软腭下降，使它不便于鼻音发音，而发边音训练时要注意两个音节的密接。例如，gelei 各类　keli 颗粒。

2. "恩"音引导正音法

舌尖抵住上齿龈，哼"恩"的声音，然后过渡到发鼻音声母 n，恩—n，恩—n. 反复练习，熟悉之后逐渐缩短哼鸣声，直接发鼻音声母 n。

【任务评价】

鼻音 n 与边音 l 都是舌尖中音（舌尖中音：舌尖—上齿龈）。要读准这两个声母，关键在于控制软腭的升降，n 和 l 发音的共同点都是把舌尖抵住上齿龈，区别在于：

（1）发鼻音时，软腭下降，让气流从鼻腔通道出来；同时发鼻音时，整个口腔状态紧张；舌的动作是移动，动作幅度小（发音前舌尖与上齿龈接触，发音时舌尖只是稍微离开上齿龈。一个简单的辨音技巧的是：发 n 音时手指放在鼻翼上会感觉到颤动）。

（2）发边音时，软腭上升，让气流从口腔通道出来。同时发边音时，整个口腔状态放松；舌的动作是弹动，动作幅度大。

活动 2　声母 n 与 l 对比训练

【任务安排】

1. 对比训练

（1）字的对比 l—n。

辣—捺　劳—挠　连—年　林—您　路—怒

（2）词组的对比。

奶酪—nǎilào	能量—néngliàng	尼龙—nílóng
努力—nǔlì	鸟类—niǎolèi	男女—nánnǚ
浓烈—nóngliè	拿来—nálaí	那里—nàlǐ
奴隶—núlì	内乱—nèiluàn	泥泞—nínìng

(3) 听辨训练。

新粮 xínliáng—新娘 xínniáng

脑子 nǎozǐ—老子 lǎozǐ

无奈 wúnài—无赖 wúlài

内线 neìxiàn—泪腺 leìxiàn

旅客 lǚkè—女客 nǚkè

难住 nánzhù—拦住 lánzhù

浓重 nóngzhòng—隆重 lóngzhòng

留恋 liúliàn—留念 liúniàn

【任务评价】

以读音错误的个数测评，每字 0.5 分。

活动3 归纳声母 n 的字

【任务安排】

查字典，归纳普通话中读成 n 声母的字。

na 那

nai 乃

nan 南

nang 囊

nao 闹

ne 呢

nei 内

nen 嫩

neng 能

ni 你

nian 年

niang 娘

niao 鸟

nie 捏

nin 您

niu 牛

nong 农

nuo 诺

nu 奴

nü 女

nuan 暖

nüe 虐

nuo 诺

【任务评价】

以读音错误的个数测评，每字 0.5 分。

活动4 巧识巧记声母n的字

【任务安排】

1. 借助形声字记字根,记少不记多

那、哪、娜、挪(nuó)
乃、奶、氖、艿
奈、捺
内、呐(nà)、纳(nà)、讷(nè)
南、楠、喃、腩
囊、囔、馕
脑、恼、瑙
尼、呢、泥、妮、昵、旎
你、您
霓、倪、睨(nì)
念、捻
粘、鲶、黏(nián)
娘、酿(注意:方言中liang音节的只有这两个常用字在普通话中读成niang,其余保留liang音节的读音)
鸟、袅
捏、涅
聂、嗫、镊、蹑
宁、拧、柠、咛、狞、泞
妞、扭、钮、纽、忸
农、浓、侬、脓、脓
奴、怒、弩、奴
虐、疟
诺、喏

2. 需要特殊记忆的常用字

拿
耐、鼐
囡、男、难
孬、闹、挠
拟、腻、逆、匿、溺
馁
嫩、恁
能

年、撵、碾、蔫
尿
孽、镍
凝
牛、拗
弄
女
暖

3. 组词、组句子训练

男女、南宁、拿牛奶、农奴、恼怒

4. 职场语句训练

(1)“您好,欢迎致电××××呼叫服务中心,请问有什么可以帮您?”
(2)“牛女士您好,感谢您的耐心等候。”
(3)“对不起,我没听清您说的最后一句话。请重复一遍好吗?”

5. 绕口令训练

(1) 老农闹老龙。
老龙恼怒闹老农,
老农恼怒闹老龙。
农怒龙恼农更怒,
龙恼农怒龙怕农。
(2) 男女旅客。
男旅客穿着蓝上装,
女旅客穿着呢大衣,
男旅客扶着拎篮子的老大娘,
女旅客牵着拿笼子的小男孩
(3) 练投篮。
打南边来了两队篮球运动员,
一队穿蓝球衣的男运动员,
一队穿绿球衣的女运动员。
男女运动员都来练投篮,
不怕累,不怕难,
努力练投篮。

(4) 老奶牛。

你能不能把公路柳树下的老奶牛，

拉到牛南山下牛奶站的挤奶房来，

挤了牛奶拿到柳林村，

送给岭南乡托儿所的刘奶奶。

(5) 妞妞牛牛。

牛牛要吃河边柳，妞妞赶牛牛不走。

妞妞护柳扭牛头，牛牛扭头瞅妞妞，

妞妞扭牛牛更拗，牛牛要顶小妞妞，

妞妞捡起小石头，吓得牛牛扭头走。

【任务评价】

能力训练：

读20页练习4中职场情景语句，将例句(1)中“××××”读成“中国移动”，并读准确例句(1)～(3)中的每一个音节。

评价标准：

共60个音节，共10分。

(1) 语音错误，每个音节扣0.1分。增读、漏读每个音节扣0.1分。

(2) 声母或韵母的系统性语音缺陷，视程度扣0.5分、1分。

(3) 语调偏误，视程度扣0.5分、1分、2分。

(4) 停连不当，视程度扣0.5分、1分、2分。

相关知识

声母n与l的发音方法及常用字表

一、声母n与l的发音方法

在“d、t、n、l”这一组声母中，“n”是前鼻音，“l”是边音，它们在普通话中有区别意义的作用。如“恼怒”不等于“老路”，“无奈”不能说成“无赖”，但是在贵州方言中，鼻音和边音是不分的。人们在多数情况下用“l”代替“n”，造成语音错误。所以，区别鼻、边音，是贵州地区的人学习普通话的第二难点。此外，贵州地区的人初学普通话发鼻音“n”时，常有气流从口腔里漏出，使得鼻音太弱，带有边音“l”的色彩，听起来不是纯粹的鼻音(鼻音边音化)；发边音“l”时，又常有气流从鼻腔中流出，使边音带有鼻化音色彩，听起来不是纯粹的边音(边音鼻化)，从而造成语音缺陷。

要想发好“n”和“l”，首先要掌握好它伞兵发音方法。发鼻音时“n”，舌尖抵住上齿龈(上牙床)，开成阻碍，肌肉较紧张用力，使得软腭(小舌部位)自然下垂，打开鼻腔通道，让鼻腔出气而口腔不出气。这时，若将一根手指横放在鼻孔边，会明显感到有气流呼出；如发现气流不是从鼻孔而是从嘴唇呼出，或者鼻孔嘴唇同时有气流呼出，则表明鼻音没有发出或者发得不标准。相反，发“l”时，舌头两边肌肉较放松，舌尖较抵上齿龈的后部，让软腭自然升起，封堵住鼻腔通道，使气流从舌头两边流出，鼻腔不出气。

鼻音：用手触摸鼻子，会有振动。舌头抵住前面的齿龈，使气流通过鼻腔流出。

边音：用手触摸鼻子，没有那么明显的震动。舌尖碰齿龈，位置为鼻音 n 的后面的位置，气流通过，舌尖迅速从上打下。你可以快速发拉拉拉拉拉来体会。

学会了“n”、“l”的发音，剩下的就是牢记鼻音和边音作声母的各是哪些字，同样也可以用“记少不不多”、“利用偏旁类推”等方法来帮助记忆。

二、常用鼻音字

以下常用鼻音字，请大家练习发准鼻音“n”(编号①②③④表示音调)：

na：②拿③哪④纳钠那娜捺。

nai：③乃奶氖④耐奈。

nan：②难男南④难。

nang：②囊。

nao：②挠③恼脑瑙(玛瑙)④闹。

ne：呢〔语气助词〕。

nei：③馁(气馁)④内。

nen：④嫩。

neng：②能。

ni：②泥尼呢(呢绒)霓倪③拟你④逆腻溺泥(拘泥)昵(亲昵)。

nian：①拈蔫②年黏③捻撵碾④念廿。

niang：②娘④酿。

niao：③鸟袅④尿。

nie：①捏④聂镊蘖(分蘖)孽涅(涅槃)啮镍。

nin：②您。

ning：②宁(安宁)拧(拧干)狞咛凝③拧(拧开)④宁(宁愿)泞(泥泞)拧(拧劲儿)。

niu：②牛③扭纽钮(按钮)④拗(执拗)。

nong：②农浓脓④弄。

nu：②奴③努④怒。

nǚ：③女。

nuan：③暖。

nüe：④虐疟。

nuo：②挪④懦糯诺。

任务3　舌尖前音与舌尖后音辨正训练

【任务目标】

(1) 识记舌尖前音的字词。

(2) 掌握舌尖后音的发音方法。

(3) 能不查字典找出一段文字中的舌尖后音的字词。

(4) 能在附录 3 朗读作品 2、3 中读准舌尖后音的字词。

【任务描述】

由于贵州方言区声母中没有舌尖后音(翘舌音),准确读出舌尖后音(翘舌音)的字是提高普通话标准性和规范性的重要训练环节,对改善贵州学生说普通话的方音重的语音面貌起着关键的作用。

任务实施

活动1　平舌音字归类

【任务安排】

(1) 查字典,找出舌尖前音声母 z、c、s 与韵母 ɑ 相拼的字有哪些?

(2) 查字典,找出舌尖后音声母 zh、ch、sh 与韵母 ɑ 相拼的字有哪些?

(3) 比较找出的上述两类字,想一想读成舌尖前音的字多还是读成舌尖后音的字多?

(4) 完成表 2-3 舌尖前音字归类任务单。

表 2-3　z、c、s 读音的字归类任务单

声母 / 韵母	z	c	s
ɑ	杂		撒
e	则	测	色
i	字	词此	四
u	组足	粗	素
ou	走		搜
ong	总	从	送
ui	最	脆	岁
uan		窜	酸
un	尊	存	孙
uo	做	错	所
ang	脏	藏	桑
an	咱	参灿	三
ao	早	草	扫
ai	在	才	赛
ei			
en		岑	
eng	曾	层	

小贴士

(1) 普通话读成平舌音的字少,翘舌音的字多。首先要记住平舌音的字,才能区分出翘舌音的字。

(2) 声母 s 与韵母 ong 相拼只有舌尖前音,没有舌尖后音 sh。

【任务评价】

(1) 将声母为舌尖前音的字组成 30 个词语,每个词语得 2 分,共计 60 分。

(2) 将声母为舌尖前音的字组成 2 个不同的场景，每个场景得 20 分。

表 2-4　z、c、s 读音的字归类参考表

声母 韵母	z	c	s
a	杂砸扎	擦	撒洒萨卅仨
e	则责择仄泽	册侧策测厕恻	色涩瑟塞啬
i	字自子籽紫咨资滋兹姊	次此词辞赐刺瓷慈磁雌祠伺	四死丝撕似(乎)私思寺司斯肆嗣饲
u	组族足阻租祖诅卒	粗醋促簇猝蹴	素苏速诉塑俗宿肃粟酥
ou	走奏揍邹	凑	搜艘擞
ong	总宗棕综踪纵	从丛葱匆聪囱	送松耸宋颂诵送淞讼怂
ui	最嘴醉罪	催脆摧翠粹璀	岁随碎虽遂穗髓隧
uan	钻	窜篡攒	酸算蒜
un	尊遵	村寸存	孙损笋
uo	做作昨坐座左琢	错撮挫搓措磋锉	所缩锁琐索梭蓑唆
ang	脏葬臧	藏仓苍舱	桑丧丧
an	咱暂赞	参蚕残灿惨餐惭孱璨	三散伞叁
ao	早造遭燥灶躁蚤皂枣凿	草曹操糙嘈	扫嫂搔骚臊瘙
ai	在再灾栽	才菜采材财裁猜踩彩蔡	塞腮赛
ei	贼	—	—
en	怎	参(差)岑	森
eng	曾增赠憎	曾层蹭	僧

活动 2　舌尖前音(平舌音)字分类识记

【任务安排】

根据平舌音字归类表，完成表 2-5 分类识记，比比看，哪个组找的多，记得多。

表 2-5　平舌音字分类识记任务单

序号	分类标准	分类字
1	按照形声字分	如：曾增赠憎蹭僧
2	按照姓氏分	如：宋
3	按照做菜的作料、味道分	如：酸
4	按照文学体裁分	如：杂文
5		
6		
7		
8		

【任务评价】

对照表 2-5 平舌音字分类识记任务单，比比看谁分类得多，谁记得多。

> **小贴士**
>
> 借助形声字记字根，普通话训练需要巧识、巧记。

活动 3　趣味组词记忆训练

【任务安排】

趣味组词、组场景巧记舌尖前音的字，例如：曹操、做早操、一日三餐……

你组的词有：____

____

____

你组的场景有：

(1) 校园早晨的生活场景。

(2) 校园寝室的生活场景。

【任务评价】

两个场景组合，每个 50 分，每组成一个场景得 10 分。

活动 4　舌尖后音（翘舌音）辨音训练

【任务安排】

发音和辨音的练习

(1) 反复读舌尖后音声母，要求发音部位准确，发音方法正确。

(2) 对比发音练习。

zh—ch　　ch—sh　　zh—sh

zh—z　　ch—c　　sh—s

zh—z—zh　　ch—c—ch　　sh—s—sh

> **小贴士**
>
> 发 z、c、s 时，舌尖抵着牙齿，上下牙咬紧；发 zh、ch、sh 时，舌尖抵上颚，上下牙分开。

① 四是四，十是十，十四是十四，四十是四十。谁能说准四、十、十四、四十四，谁来试一试。

② 大柴和小柴，帮助爷爷晒白菜，大柴晒的是大白菜，小柴晒的是小白菜，大柴晒了四十四斤四两大白菜，小柴晒了三十三斤三两小白菜，大柴和小柴，总共晒了七十七斤七两大大小小的白菜。

(3) 同声母练习。

① 词汇练习。

zh—zh

执掌 zhízhǎng　　忠贞 zhōngzhēn　　主张 zhǔzhāng

制止 zhìzhǐ　　追逐 zhuīzhú　　庄重 zhuāngzhòng

ch—ch

长处 chǎngchù　　传唱 chuánchàng　　抄查 chāchá

出差 chūchāi　　车场 chēchǎng　　超产 chāochǎn

sh—sh

时事 shíshì　　手术 shǒushù　　少数 shǎoshù

赏识 shǎngshí　　首饰 shǒushì　　舒适 shūshì

② 绕口令练习。

z—zh 练习

撕字纸

Gé zhe chuāng hù sī zì zhǐ, Yī cì sī xià héng zì zhǐ,
隔着窗户撕字纸，一次撕下横字纸，
Yī cì sī xià shù zì zhǐ, Shì zì zhǐ sī zì zhǐ,
一次撕下竖字纸，是字纸撕字纸，
Bù shì zì zhǐ, Bù yào hú luàn sī yī dì zhǐ。
不是字纸，不要胡乱撕一地纸。

s—sh 练习

三山撑四水

Sān shān chēng sì shuǐ, Sì shuǐ rào sān shān,
三山撑四水，四水绕三山，
Sān shān sì shuǐ chūn cháng zài, Sì shuǐ sān shān sì shí chūn
三山四水春常在，四水三山四时春

zh—ch—sh 练习

大车拉小车

Dà chē lā xiǎo chē, Xiǎo chē lā xiǎo shí tóu,
大车拉小车，小车拉小石头，
Shí tóu diào xià lái, Zá le xiǎo jiǎo zhǐ tóu。
石头掉下来，砸了小脚指头。

sh 练习

施氏食狮史

Shí shì shī shì shī shǐ, Shì shī, Shì shí shí shī, Shì shí shí shì
石室诗士施史，嗜狮，誓食十狮，氏时时适
shì, Shì shì shí shī, Shì shǐ shì, shǐ shì Shí shī shì shì, Shì shí
市，氏视十狮，恃矢势，使是十狮逝世，氏拾
shì shí shī shī, Shì shí shì, Shì shì shī, Shì shǐ shì shì shí shì,
是十狮尸，适石室，石室湿，氏使侍拭石室，
Shí shì shì, Shì shǐ shì shí shí shī shī, Shí shí, Shǐ shí shí shī shī
石室拭，氏始试食十狮尸，食时，始识十狮尸
shí shì shí shí shī shī, Shì shì shì shì shí。
实是十石狮尸，试释是事实。

③ 名言警句训练。

莫愁前路无知己，天下谁人不识君！（唐·高适）

服装好只会引人注目，本领好才会受人欢迎。（俄罗斯）

富贵寓于才能之中，而不在财产之中。（伊朗）

聪明才智是拨动社会的杠杆。（巴尔扎克）

才能是上帝赏赐的无价之宝，千万别毁了它。（果戈里）

才能它本身不就是痛苦吗？（托马斯·曼）

才华需要同情，需要有人了解。（陀思妥耶夫斯基）

每个人都会靠自己的本事而受人尊重的。（伊索）

最漂亮的聘礼就是才干。（巴尔扎克）

轻易地完成别人难以完成的工作是才能；完成有才能的人力所不能及的工作是天才。（阿米尔）

才能存在于悟性之中，它常常可以由遗传获得；天才把理性和想象力变成行动，很少以至根本没有遗传的可能。（柯尔律治）

才能和天才的差别就如同泥瓦匠和雕塑家的差别。（英格索尔）

天赋是埋藏在矿里的黄金，才能是挖掘矿藏的矿工。（英国）

天才是智力的特殊表现。（巴尔扎克）

诗必兼才、学、识三者。（清·方东树）

才、学、识三长，识为尤重。（清·刘熙载）

大船在深水中才能行驶。（欧洲）

船啊！她载着我驶向远方，把遥远的土地带到我身旁。（乔·贝尔）

船总少不了需要修理。（约·泰勒）

只要能到达彼岸，乘坐破船又何妨。（布伦特）

不受舵盘支配的船，注定会受礁石的支配。（迪斯累利）

相关知识

舌尖后音的发音方法

1. 舌尖后音的定义

由舌尖抵住或接近硬腭前部阻碍气流而形成的音。汉语拼音中以 zh、ch、sh、r 开头的音节。

2. 发音部位和方法

(1) zh：舌尖后、不送气、清、塞擦音。发音时，舌尖上翘，抵住硬腭前部，软腭上升，堵塞鼻腔通路，声带不颤动，较弱的气流把舌尖的阻碍冲开一道窄缝，并从中挤出，摩擦成声。例如，

单音节：赵　郑　知　中　朱　专　庄　周　重　抓　追　摘

双音节：庄重　主张　支柱　转折　指针　战争　政治　挣扎　郑重　状纸　招致　制止　招展

多音节：掌上明珠　招兵买马　振振有词　争先恐后　珠圆玉润　郑重其事　知法犯法　知己知彼　知无不言　咫尺天涯　至高无上　至理名言

(2) ch：舌尖后、送气、清、塞擦音。发音的情况和 zh 相比，只是气流较强，其余都相

同。例如，

单音节：产　吵　车　陈　程　冲　除　船　吹　春　查　揣　床　抽

双音节：超产　长城　船厂　穿插　车床　出产　长处　乘车　拆穿　沉重　初春　铲除

多音节：触类旁通　长篇大论　长期共存　畅所欲言　陈词滥调　沉默寡言　成败利钝　成人之美　成竹在胸　承上启下　吃苦耐劳　赤胆忠心　叱咤风云　冲出虎口　愁眉不展

(3) sh：舌尖后、清、擦音。发音时，舌尖上翘，接近硬腭前部，形成窄缝，软腭上升，堵塞鼻腔通路，声带不颤动，气流从舌尖和硬腭前部形成的窄缝中挤出，摩擦成声。例如，

单音节：沙　蛇　俙　省　双　书　生　上　顺　山　水　晌　赏　诗

双音节：山水　双手　闪烁　神圣　沙石　绅士　手术　赏识　审视　少数　设施　烧水　上山　闪失　首饰

多音节：深入人心　神采奕奕　身价百倍　实事求是　史无前例　始终不解　始终如一　世外桃源　事半功倍　事在人为　适得其反　势如破竹

(4) r：舌尖后、浊、擦音。发音的情况和 sh 相近，只是摩擦比 sh 弱，同时声带颤动，气流带音。例如，

单音节：日　入　如　忍　软　荣　让　然　若　柔　辱　弱　儒

双音节：仍然　柔韧　容忍　荣辱　如若　软弱　忍让

多音节：入情入理　若无其事　若有所思　如愿以偿　如箭在弦　如闻其声　仁至义尽　人云亦云　人死留名　燃眉之急　人定胜天　日落西山　如梦初醒　人心所向　如鱼得水

任务4　情景训练——规范服务用语使用

【任务目标】

(1) 能做到用标准的声母发音进行相关的职业规范开头语交流。

(2) 能在情景训练中按照话术流程要求规范使用服务用语。

(3) 能区分电话服务礼仪中的“宜”与“忌”。

(4) 识记礼貌称呼客户的用语。

【任务描述】

呼叫中心座席员的工作任务的完成主要是靠用标准普通话与客户进行沟通交流，是语言运用的艺术。无论是呼出类业务还是呼入类业务，对座席员的素质要求首先都是能说好开头语，这是一个电话成功的关键；其次是能对客户姓名等关键信

息的核实、录入；最后掌握好服务中的礼貌用语和服务忌语、专业术语、结束语等，是保证任务圆满完成的关键。本单元的情景任务训练主要就是针对座席员的服务用语规范使用进行基本训练，养成良好的职业基本素养。

任务实施

活动 1　规范播报开头语

1. 呼入类话术训练

【任务安排】

(1) 讨论：平常你用到的问候语有哪些？

常用问候语有：____

____

(2) 呼入类业务标准话术中开头语的使用与训练。

开头语：“您好，××××号为您服务。请问有什么可以帮您？”

(3) 分析开头语话术流程组成。

问候语：____

座席员工号：____

主动提问：____

(4) 找出开头语中礼貌用语的字和读不准的字，读准字音。

礼貌用语的字：____

读不准的字：____

(5) 按照行业质检标准进行开头语规范使月训练。

(6) 角色模拟训练。两人一组，一人模拟电话铃声响起，一人模拟座席员进行电话开头语交流。

行业质检标准及要求：

① 用语完整、清新，语气上扬、有亲和力、感染力；创造一个良好的开端。

② 服务忌语：座席员接起电话时不能使用“喂”来开头。

③ 电话铃声响起三下以前接起电话。

【任务评价】

呼入类话术开头语能力测试标准如表 2-6 所示。

表 2-6　呼入类话术开头语能力测试标准

序号	能力点	考核标准	考核分值	得分
1	铃声响起	(1) 铃响 3 声内接起	10 分	
		(2) 铃响 3 声后接起	0 分	

续表

序号	能力点	考核标准	考核分值	得分
2	问候语	(1)“您”字发音准确	10分	
		(2)“您好”发音甜美	10分	
		(3)无问候语	0分	
3	报工号	(1)工号清楚	10分	
		(2)语速适中	10分	
		(3)未报工号	0分	
4	主动提问	(1)有提问	10分	
		(2)语气上扬、有亲和力	10分	
		(3)无提问	0分	
5	礼貌用语使用	(1)“请”、“您”、“服”、“什”发音准确	10分	
		(2)未使用“请”、“您”	0分	
6	服务忌语	(1)没有使用“喂”	10分	
		(2)使用了“喂”	0分	

小贴士

(1)说“您好”时一定要用心微笑，让客户感受到您的优雅。

(2)声音是可以表达喜怒哀乐的各种情感的。试试在不同情绪状态下您的声音，会有意外惊喜的哟！

2. 呼出类话术训练

【任务安排】

(1)呼出类业务标准话术中开头语的使用与训练。

开头语:“您好，我是飞讯公司的客户代表××号，抱歉打扰您一下，请问您是189×××××(需报手机全号)的机主牛××，牛先生对吧?”

(2)分析开头语话术流程组成。

问候语:____________

自我介绍:

① 公司名称:____________

② 座席员工号:____________

机主确认主动提问:____________

报手机号码:____________

再次核实客户身份:____________

(3)找出开头语中礼貌用语的字和读不准的字，读准字音。

礼貌用语的字:____________

读不准的字:____________

(4) 按照行业质检标准进行开头语规范使用训练。

两人一组，一人模拟电话铃声响起，一人模拟座席员进行电话开头语交流。

行业质检标准及要求：

① 用语完整、清新，语气上扬、有亲和力、感染力；创造一个良好的开端。

② 服务忌语：座席员接起电话时不能使用“喂”来开头。

③ 自我介绍公司时必须说是飞讯公司的，把自己介绍成电信或移动等其他公司的，视为不合格。

④ 机主确认提问时，如果客户对“机主”二字不理解时，座席员可换成另一种说法：“请问您一直在接听的这个号码是不是您长期使用的？”，客户回答“对/是的/是”才算机主确认。

⑤ 未确认机主、未报号码或报错号码等均视为不合格。

⑥ 再次核实身份时用姓加先生/女士对客户进行称呼，在每次通话中，务必带姓氏称呼客户3次以上。

【任务评价】

呼出类话术开头语能力测试标准如表2-7所示。

表2-7　呼出类话术开头语能力测试标准

序号	能力点	考核标准	考核分值	得分
1	问候语	(1) “您”字发音准确	10分	
		(2) “您好”发音甜美	10分	
		(3) 无问候语	0分	
2	报公司名称	(1) 公司名称正确	10分	
		(2) 未报公司名或报错公司名	0分	
3	报工号	(1) 工号清楚	10分	
		(2) 语速适中	10分	
		(3) 未报工号	0分	
4	主动提问	(1) 机主姓名正确	10分	
		(2) 再次确认礼貌称呼	10分	
		(3) 未确认机主	0分	
5	报手机号	(1) 手机号正确	10分	
		(2) 未报手机号或报错手机号	0分	
6	礼貌用语使用	(1) “请”、“您”、“服”、“是”、“户”、“主”、“牛”、“生”发音准确	10分	
		(2) 使用抱歉等礼貌用语	5分	
		(3) 未使用“请”、“您”	0分	
7	服务忌语	(1)没有使用“喂”	5分	
		(2)使用了“喂”	0分	

相关知识

座席员工作流程及基本职业素养

一、呼叫中心的业务种类

呼叫中心承接的绝大部分业务都是外包业务中的BPO外包业务，即业务流程外包，BPO是指某些企业或公司以长期合同的形式，将企业或公司的某项业务交由外部业务提供者(如呼叫中心等)去完成，以达到使公司增值的目的。BPO现已涉入金融、保险、医疗、人力资源、抵押、资产管理、物流、客户服务以及营销等商务管理行业的大部分领域。

呼叫中心最开始是因一些企业为客户提供售前、售后服务而建立的。早在20世纪80年代，西方国家的电信服务企业、航空公司和银行企业为了与其客户取得密切联系，提高服务质量，初步设立了呼叫中心。

呼叫中心是指综合利用先进的计算机、电话等通信技术，由一批专业的服务人员(座席员或客服代表)处理来自客户的电话呼入和来自企业的电话呼出业务的综合服务场所。其业务种类主要也分为呼出类和呼入类。典型的以客户服务为主的呼叫中心在提供查询信息、消费投诉、业务咨询等呼入业务服务的同时，也可以同时处理客户回访、满意度调查、主动营销等呼出业务服务。

二、呼叫中心工作流程

呼叫中心座席员日常主要工作内容有：受理查询、等级预约、报名登记受理、受理订单、预定产品、客户服务热线。账务查询、货品跟踪、支持热线、投诉热线等，每一项业务都包含了规范、严格的业务流程，通常每一块业务流程下都会有相应的流程话术来支持流程的执行。流程是一个相对固化的工作顺序，它为座席员指明了工作做方向和沟通方向，这就需要座席员在与客户沟通的工作过程中运用各种沟通技巧完成流程的执行，所以座席员的流程执行能力十分重要。座席员的流程执行能力决定了呼叫中心的整体工作效率，也会影响座席员的个人工作效率。流程的严格执行同样也会给客户一个统一、良好、专业的印象，提高企业的专业化程度和企业形象。

1. 呼入电话(inboend)服务中座席代表的主要工作流程

呼入电话服务工作中座席员的工作职责是针对客户的需要与要求提供信息、解决问题的方式或解决方法。呼叫中心常规呼入业务主要包括：电话咨询、电话查询、呼入式销售热线、预约登记服务热线、技术支持热线、客户服务热线/投诉热线等。

呼入电话服务中座席代表的主要工作流程为：

(1) 介绍(介绍公司或自我介绍)。

介绍包括三方面的主要内容：公司名称、部门名称、你的名字(或工号)。

问候：“有什么可以帮助你的?”

“早上好”、“中午好”、“晚上好”。

“节日快乐”。

(2) 倾听并同时做好准备。

倾听的主要内容：客户的诉求、客户的情感、客户的名字等。

准备：准备谈及的酷虎意见及问题，在之后谈话中务必使用带姓氏称呼客户。

(3) 使用积极倾听的技巧。

对客户的信息给与积极的回应。

(4) 适时归纳要点。通过适时归纳要点来主动控制和引导谈话,并能避免遗漏客户需求,让客户体会到坐席代表的专业性。

(5) 让客户知道你在听,并愿意帮助他们。

(6) 通过提问找到信息。

(7) 确认你和客户的交流时顺利的。

(8) 提出解决方案。尽量提供多个方案供客户选择。

(9) 达成一致。

(10) 核实。

(11) 结束。

2. 呼出电话(outbound)服务中坐席代表的主要工作流程

呼出电话服务在呼叫中心常见的业务有:电话销售(或产品推广)、电话问卷调查、客户资料确认及访问预约、数据整理、客户满意度回访、客户查询机投诉回复、客户关系管理、费用催缴等。

呼出类业务与呼入类业务的主要区别是:呼出类的电话是由呼叫中心座席员主动打出,而呼入类业务则由客户主动打入,业务相对被动。

呼出电话服务中座席代表的主要工作流程为:

(1) 准备工作。

从系统中获得客户信息资料,熟悉客户姓名及相关信息。

熟悉话术流程,结合项目及客户进行话术调整及设计。

事先准备好要提的问题,并对客户有可能的回答做出预判,设定好解答方案,熟悉常见问题解答方法。

(2) 开头语。要问候客户并介绍你的公司名称和你和工号身份等,还要有饱满的热情。

(3) 讲明打电话的原因或事由。说明电话意图,核心在引起客户兴趣。

(4) 找出所需信息。关键在对客户进行有效提问,帮助你发现客户的情感或期望,找出需要解决问题的关键。

(5) 适时提出建议,引导客户完成业务推销,取得客户初步认可。

(6) 核实。每个电话需要二次确认客户意见。

(7) 结束语。

(8) 工单填写。最后完成工单的时候处理,需要完成工单内容填写并保存到数据库中。

活动2 带姓氏称呼客户

【任务安排】

小贴士

我国到底有多少姓,至今尚未有一个精确的统计数,俗称的"百家姓",其实在明朝(1368～1644年)时就已有3000多个姓了,《中华姓氏大辞典》记载为:11969个,其中单字姓 5327 个，双字姓 4329 个，三字姓 1615 个，四字姓 569 个，五字姓 96 个，六字姓 22 个，七字姓 7 个，八字姓 3 个，九字姓 1 个，此外还有异译、异体字姓氏 3136 个。据说，这是迄今为止中国姓氏数量的最新统计，也是最多的统计。在我国众多的姓氏中，有些姓氏因所姓的人数少，又由于汉字多音读法，尤其应该注意不能读错。

1. 易读错姓氏辨正训练

对照表 2-8 中列出的姓氏找出自己读错的姓氏进行辨正字音训练。

表 2-8　易读错姓氏训练

序号	姓氏	正确读音	例子
1	卜	bǔ	卜(bǔ)姓是当今中国姓氏排行第 150 位的姓氏，人口较多，约占全国汉族人口的 0.07%
2	柏	bǎi	
3	查	zhā	金庸原名查良镛
4	仇	qíu	
5	单	shàn	
6	过	guō	
7	哈	hǎ	
8	黑	hēi	
9	华	huà	数学家华罗庚
10	纪	jǐ	清代才子纪晓岚
11	解	xiè	歌手解晓东
12	乐	yuè	战国时燕国大将乐毅
13	蒯	kuǎi	汉初谋士蒯通
14	牟	móu	民营企业家牟其中
15	那	nā	歌手那英
16	朴	piáo	韩国影星朴海镇
17	区	ōu	柳宗元《童区寄传》中的区寄
18	任	rén	任弼时
19	胥	xū	中央电视台《新闻 30 分》主持人胥午梅
20	燕	yān	燕青
21	应	yīng	香港影星应采儿
22	长孙	zhǎngsūn	唐初名臣长孙无忌
23	令狐	línghú	唐代宰相令狐楚，令单独作姓时读 lìng
24	鲜于	xiānyú	元代书法家鲜于枢

2. 音近姓氏区分训练

读准表 2-9 所列音近姓氏字的读音，并进行拆字练习。

表 2-9　音近姓氏训练

序号	姓氏	读音	姓氏	读音	姓氏	读音
1	孙		申			
2	江		姜			
3	周		邹			
4	吴		伍		武	
5	乌		邬		巫	
6	袁		元			
7	于		余		郁	
8	李		黎			
9	付		傅		富	
10	甫		府		胡	
11	伏		代		戴	
12	毛		茅		冒	
13	姬		嵇		稽	
14	集		籍		棘	
15	纪		吉			
16	季		计		冀	
17	郭		国		果	
18	戈		革		葛	
19	陈		谌		岑	
20	成		程		乘	
21	林		吝		蔺	
22	凌		宁			
23	何		和		合	
24	贺		赫		霍	
25	于		余		虞	
26	宇		禹		庾	
27	玉		郁		遇	
28	邱		仇		裘	
29	张		章		掌	
30	母		木		穆	
31	睦		慕			
32	杨		羊		阳	
33	干		甘			
34	刘		留		柳	
35	牛					
36	朱		诸		竺	
37	主		褚		祝	
38	祖		蔡		柴	
39	才		欧		区	
40	师		施		司	
41	石		时		史	
42	黄		皇			

续表

序号	姓氏	读音	姓氏	读音	姓氏	读音
43	冶		叶		业	
44	沙		萨		撒	
45	宗		钟			
46	陆		卢		鲁	
47	衣		伊			
48	龚		弓			
49	金		靳		井	
50	粟		宿			

【任务评价】

(1) 语音错误,每个音节扣0.1分。增读、漏读每个音节扣0.1分。

(2) 声母或韵母的系统性语音缺陷,视程度扣0.5分、1分。

(3) 语调偏误,视程度扣0.5分、1分、2分。

(4) 停连不当,视程度扣0.5分、1分、2分。

(5) 朗读不流畅,视程度扣0.5分、1分、2分。

(6) 超时扣1分。

单元练习

(1) 作品朗读(读准红色字体的字词)。

那是力争上游的一种树,笔直的干,笔直的枝。它的干呢,通常是丈把高,像是加以人工似的,一丈以内绝无旁枝。它所有的桠枝一律向上,而且紧紧靠拢,也像是加以人工似的,成为一束,绝无横斜逸出。它的宽大的叶子也是片片向上,几乎没有斜生的,更不用说倒垂了。它的皮光滑而有银色的晕圈,微微泛出淡青色。这是虽在北方风雪的压迫下却保持着倔强挺立的一种树。哪怕只有碗那样粗细,它却努力向上发展,高到丈许,两丈,参天耸立,不折不挠,对抗着西北风。

这就是白杨树,西北极普通的一种树,然而决不是平凡的树。

它没有婆娑的姿态,没有屈曲盘旋的虬枝。也许你要说它不美。如果美是专指“婆娑”或“横斜逸出”之类而言,那么,白杨树算不得树中的好女子。但是它却是伟岸,正直,朴质,严肃,也不缺乏温和,更不用提它的坚强不屈与挺拔,它是树中的伟丈夫。当你在积雪初融的高原上走过,看见平坦的大地上傲然挺立这么一株或一排白杨树,难道你就只觉得它只是树?难道你就不想到它的朴质,严肃,坚强不屈,至少也象征了北方的农民?难道你竟一点也不联想到,在敌后的广大土//地上,到处有坚强不屈,就像这白杨树一样傲然挺立的守卫他们家乡的哨兵?难道你又不更远一点想到,这样枝枝叶叶靠紧团结,力求上进的白杨树,宛然象征了今天在华北平原纵横决荡,用血写出新中国历史的那种精神和意志。

——茅盾《白杨礼赞》

【任务评价】

每读错1字扣0.5分。

(2) 不查字典，找出下列段落中的舌尖前音和舌尖后音的字。

在多数企业中，呼叫中心是客户服务部门的核心组成部分，座席代表为客户和企业架起了沟通的桥梁，座席代表的每一次应答都代表企业的形象，体现着企业对客户的承诺，赢得客户对企业的信任。因此，在受理客户诉求时，座席代表应严格依照企业服务标准，规范服务用语，为客户提供最优质的服务。

服务用语的基本标准包括吐字要清晰、音量要恰当、音色要甜美、语调要平和、用语要规范、感情要亲切、心境要平和。

【任务评价】

每找对并读准一个4分，共计100分。

(3) 准确报手机号、身份证号码比赛。

(4) 常见开头语、礼貌用语训练。

① 常见开头语：

“您好，×××××公司×××号客服代表为您服务，请问您现在方便接电话吗？”

“您好，002号很高兴为您服务，请问有什么可以帮您？”

“你好，欢迎致电×××护甲中心，请问有什么可以帮您？”

“上午好黄女士，请问有什么可以帮您？”

“新年快乐陈先生，请问有什么可以帮您？”

② 常用文明礼貌用语训练：

“您好”、“请”、“对不起”、“谢谢”、“再见”

(5) 职场情景运用：名字拆字训练(2人一组，一人做拆字练习，一人通过听做同步记录)。

学生做自我介绍，要求将自己的名字做拆字介绍。

例如，我叫刘浩星，文刀刘(或刘少奇的刘)，浩瀚的浩，明星的星，来自贵州省贞丰县，爱好唱歌。

【任务评价】

字音标准，每错1个扣0.5分。

拆字通俗，记录人员记录的字每错1个字扣1分。

(6) 常用百家姓辨音训练。

赵(zhào)	钱(qián)	孙(sūn)	李(lǐ)	周(zhōu)	吴(wú)	郑(zhèng)
王(wáng)	冯(féng)	陈(chén)	褚(chǔ)	卫(wèi)	蒋(jiǎng)	沈(shěn)
韩(hán)	杨(yáng)	朱(zhū)	秦(qín)	尤(yóu)	许(xǔ)	何(hé)
吕(lǚ)	施(shī)	张(zhāng)	孔(kǒng)	曹(cáo)	严(yán)	华(huà)
金(jīn)	魏(wèi)	陶(táo)	姜(jiāng)	戚(qī)	谢(xiè)	邹(zōu)
喻(yù)	柏(bǎi)	水(shuǐ)	窦(dòu)	章(zhāng)	云(yún)	苏(sū)
潘(pān)	葛(gě)	奚(xī)	范(fàn)	彭(péng)	郎(láng)	鲁(lǔ)
韦(wéi)	昌(chāng)	马(mǎ)	苗(miáo)	凤(fèng)	花(huā)	方(fāng)
俞(yú)	任(rèn)	袁(yuán)	柳(liǔ)	酆(fēng)	鲍(bào)	史(shǐ)
唐(táng)	费(fèi)	廉(lián)	岑(cén)	薛(xuē)	雷(léi)	贺(hè)

倪(ní) 汤(tāng) 滕(téng) 殷(yīn) 罗(luó) 毕(bì) 郝(hǎo)
邬(wū) 安(ān) 常(cháng) 乐(yuè) 于(yú) 时(shí) 傅(fù)
皮(pí) 卞(biàn) 齐(qí) 康(kāng) 伍(wǔ) 余(yú) 元(yuán)
卜(bǔ) 顾(gù) 孟(mèng) 平(píng) 黄(huáng) 和(hé) 穆(mù)
萧(xiāo) 尹(yǐn) 姚(yáo) 邵(shào) 湛(zhàn) 汪(wāng) 祁(qí)
毛(máo) 禹(yǔ) 狄(dí) 米(mǐ) 贝(bèi) 明(míng) 臧(zāng)
计(jì) 伏(fú) 成(chéng) 戴(dài) 谈(tán) 宋(sòng) 茅(máo)
庞(páng) 熊(xióng) 纪(jì) 舒(shū) 屈(qū) 项(xiàng) 祝(zhù)
董(dǒng) 梁(liáng) 杜(dù) 阮(ruǎn) 蓝(lán) 闵(mǐn) 席(xí)
季(jì) 麻(má) 强(qiáng) 贾(jiǎ) 路(lù) 娄(lóu) 危(wēi)
江(jiāng) 童(tóng) 颜(yán) 郭(guō) 梅(méi) 盛(shèng) 林(lín)
刁(diāo) 钟(zhōng) 徐(xú) 邱(qiū) 骆(luò) 高(gāo) 夏(xià)
蔡(cài) 田(tián) 樊(fán) 胡(hú) 凌(líng) 霍(huò) 虞(yú)
万(wàn) 支(zhī) 柯(kē) 昝(zǎn) 管(guǎn) 卢(lú) 莫(mò)
经(jīng) 房(fáng) 裘(qiú) 缪(miào) 干(gān) 解(xiè) 应(yīng)
宗(zōng) 丁(dīng) 宣(xuān) 贲(bēn) 邓(dèng) 郁(yù) 单(shàn)
杭(háng) 洪(hóng) 包(bāo) 诸(zhū) 左(zuǒ) 石(shí) 崔(cuī)
吉(jí) 钮(niǔ) 龚(gōng) 程(chéng) 嵇(jī) 邢(xíng) 滑(huá)
裴(péi) 陆(lù) 荣(róng) 翁(wēng) 荀(xún) 羊(yáng) 於(yū)
惠(huì) 甄(zhēn) 曲(qū) 家(jiā) 封(fēng) 芮(ruì) 羿(yì)
储(chǔ) 靳(jìn) 汲(jí) 邴(bǐng) 糜(mí) 松(sōng) 井(jǐng)
段(duàn) 富(fù) 巫(wū) 乌(wū) 焦(jiāo) 巴(bā) 弓(gōng)
牧(mù) 隗(kuí) 山(shān) 谷(gǔ) 车(chē) 侯(hóu) 宓(mì)
蓬(péng) 全(quán) 郗(xī) 班(bān) 仰(yǎng) 秋(qiū) 仲(zhòng)
伊(yī) 宫(gōng) 宁(nìng) 仇(qiú) 栾(luán) 暴(bào) 甘(gān)
钭(tǒu) 厉(lì) 戎(róng) 祖(zǔ) 武(wǔ) 符(fú) 刘(liú)
景(jǐng) 詹(zhān) 束(shù) 龙(lóng) 叶(yè) 幸(xìng) 司(sī)
韶(sháo) 郜(gào) 黎(lí) 蓟(jì) 薄(bó) 印(yìn) 宿(sù)
白(bái) 怀(huái) 蒲(pú) 邰(tái) 从(cóng) 鄂(è) 索(suǒ)
咸(xián) 籍(jí) 赖(lài) 卓(zhuó) 蔺(lìn) 屠(tú) 蒙(méng)
池(chí) 乔(qiáo) 阴(yīn) 鬱(yù) 胥(xū) 能(nài) 苍(cāng)
双(shuāng) 闻(wén) 莘(shēn) 党(dǎng) 翟(zhái) 谭(tán) 贡(gòng)
劳(láo) 逄(páng) 姬(jī) 申(shēn) 扶(fú) 堵(dǔ) 冉(rǎn)
宰(zǎi) 郦(lì) 雍(yōng) 郤(xì) 璩(qú) 桑(sāng) 桂(guì)
濮(pú) 牛(niú) 寿(shòu) 通(tōng) 边(biān) 扈(hù) 燕(yān)
冀(jì) 郏(jiá) 浦(pǔ) 尚(shàng) 农(nóng) 温(wēn) 别(bié)
庄(zhuāng) 晏(yàn) 柴(chái) 瞿(qú) 阎(yán) 充(chōng) 慕(mù)
连(lián) 茹(rú) 习(xí) 宦(huàn) 艾(ài) 鱼(yú) 容(róng)

向(xiàng)　古(gǔ)　易(yì)　慎(shèn)　戈(gē)　廖(liào)　庾(yǔ)
终(zhōng)　暨(jì)　居(jū)　衡(héng)　步(bù)　都(dū)　耿(gěng)
满(mǎn)　弘(hóng)　匡(kuāng)　国(guó)　文(wén)　寇(kòu)　广(guǎng)
禄(lù)　阙(quē)　东(dōng)　欧(ōu)　殳(shū)　沃(wò)　利(lì)
蔚(wèi)　越(yuè)　夔(kuí)　隆(lóng)　师(shī)　巩(gǒng)　厍(shè)
聂(niè)　晁(cháo)　勾(gōu)　敖(áo)　融(róng)　冷(lěng)　訾(zǐ)
辛(xīn)　阚(kàn)　那(nā)　简(jiǎn)　饶(ráo)　空(kōng)　曾(zēng)
母(mǔ)　沙(shā)　乜(niè)　养(yǎng)　鞠(jū)　须(xū)　丰(fēng)
巢(cháo)　关(guān)　蒯(kuǎi)　相(xiàng)　查(zhā)　后(hòu)　荆(jīng)
红(hóng)　游(yóu)　竺(zhú)　权(quán)　逯(lù)　盖(gài)　益(yì)
桓(huán)　公(gōng)

万俟(mòqí)　司马(sīmǎ)　上官(shàngguān)　欧阳(ōuyáng)
夏侯(xiàhóu)　诸葛(zhūgě)　闻人(wénrén)　东方(dōngfāng)
赫连(hèlián)　皇甫(huángpǔ)　尉迟(yùchí)　公羊(gōngyáng)
澹台(tántái)　公冶(gōngyě)　宗政(zōngzhèng)　濮阳(púyáng)
淳于(chúnyú)　单于(chányú)　太叔(tàishū)　申屠(shēntú)
公孙(gōngsūn)　仲孙(zhòngsūn)　轩辕(xuānyuán)　令狐(lìnghú)
钟离(zhōnglí)　宇文(yǔwén)　长孙(zhǎngsūn)　慕容(mùróng)
鲜于(xiānyú)　闾丘(lǘqiū)　司徒(sītú)　司空(sīkōng)
亓官(qíguān)　司寇(sīkòu)　仉督(zhǎngdū)　子车(zǐjū)
颛孙(zhuānsūn)　端木(duānmù)　巫马(wūmǎ)　公西(gōngxī)
漆雕(qīdiāo)　乐正(yuèzhèng)　壤驷(rǎngsì)　公良(gōngliáng)
拓跋(tuòbá)　夹谷(jiágǔ)　宰父(zǎifǔ)　榖梁(gǔliáng)
晋楚(jìnchǔ)　闫法(yánfǎ)　汝鄢(rǔyān)　涂钦(túqīn)
段干(duàngān)　百里(bǎilǐ)　东郭(dōngguō)　南门(nánmén)
呼延(hūyán)　归(guī)海(hǎi)　羊舌(yángshé)　微生(wēishēng)
岳帅(yuèshuài)　缑亢(gōukàng)　况后(kuànghòu)　有琴(yǒuqín)
梁丘(liángqiū)　左丘(zuǒqiū)　东门(dōngmén)　西门(xīmén)
商牟(shāngmóu)　佘佴(shénài)　伯赏(bóshǎng)　南宫(nángōng)
墨哈(mòhǎ)　谯笪(qiáodá)　年爱(niánài)　阳佟(yángtóng)
第五(dìwǔ)　言福(yánfú)

【任务评价】

以读音错误的个数测评，每字 0.5 分。

单元3 韵母辨正训练

任务1 单韵母辨正训练

【任务目标】

(1) 能读准普通话单韵母"o、ê、u、ü"的发音。

(2) 能区别单韵母与贵州方言的差异性。

【任务描述】

熟记单韵母并读准读音,能区分与方言单韵母的读音。

任务实施

活动1 单韵母"o"的辨正

【任务安排】

给下列加横线的词语注音并朗读,说说与贵州方言的区别。

脖子　　老婆　　蘑菇　　鸟窝　　伯父

哥哥　　天鹅　　河水　　毒蛇　　记者

叵测　　波折　　恶魔　　刻薄　　河坡

【任务评价】

以完成的准确率进行加分(包含朗读),满分15分。

活动2 单韵母"ê"的辨正

【任务安排】

给下列词语注音并朗读,说说与贵州方言的区别。

革　　克　　劾　　浙　　车　　黑

蛇　　舌　　则　　塞　　涩　　者　　得　　特　　和

【任务评价】

以完成的准确率进行加分(包含朗读),满分15分。

活动3 单韵母"u、ü"的辨正

【任务安排】

给下列加横线的词语注音并朗读,说说与贵州方言的区别。

大佛　　绿色　　第六　　吃肉　　稀粥　　轴线

大鱼　　语言　　举行　　教育　　区域　　旭日

【任务评价】

以完成的准确率进行加分(包含朗读)，满分 12 分。

相关知识

单韵母辨正

1．“o、e”的辨正

普通话的韵母 o 只跟 b、p、m、f 拼合，而韵母 e 却相反，不能和这四个声母拼合（“什么”的“么”字除外），所以大家记住 b、p、m、f 后面的韵母一定是 o 而不是 e。

普通话中声母是 g、k、h 或零声母，韵母是 e、uo、iao 的，这个“e”在贵州话中都读成“o”，例如，(e)哥、喝、饿、课、可。(uo)过、活、我、火。(iao)角。

2．ê 的辨正

(1) 普通话中的“e”在贵州话中，一般改为零声母音节的 ê，例如，额、厄等。贵州一些地区把普通话的卷舌韵母“er”(儿、而)读成“ê”。

(2) 普通话中，与 d、t、n、l、g、k、h 相拼的“e”，贵州话多数读成“ê”，例如，“德、得、特、各、核”等，个别读“ei”的字贵州话也读成“ê”，例如，“勒、黑”。

(3) 在普通话中，与 zh、ch、sh、r、z、c、s 相拼的“e”，贵州话多数读成“ê”，例如，“设、蛇、车、涉、则、热、厕、涩、色”等，少数读“ai”的字贵州话也读成“ê”，例如，“拆、摘、塞”等，贵州话常读“北”—“ei”为“ê”。

(4) 在普通话中，与 b、p、m 相拼的“o”，贵州话一部份读成“ê”，例如，“伯、迫、墨、默”等；贵州话一部分把“ai”的字读成“ê”，例如，“白、拍、脉”等。声母是“b、p、m、f 的“u”遵义话中读“ê”，例如，“不、瀑、目、服、木”等。

在普通话中的“an”，在贵州黔南、黔东南部分方言中读成“ê”，如“班、满、南、山、三、安”等。

3．“u”的辨正

(1) 普通话中的“o、ü、iu、ou”在贵州话中，一部分读成“u”，例如，“佛、绿、六、肉、轴”。

(2) 贵州黔南、黔东南部分地区把与“d、t、n、l”相拼的“u”读成“ou”，例如，“肚、秃、读、图、怒、努、路、露”等。

4．“ü”的辨正

(1) 普通话中的“ü”在贵州话中部分读成“i”，例如，“雨、鱼、女、举、区、需、旭”等。

(2) 在贵州大部分地区，有、无撮口呼韵母的地区一般读为“iu”韵(不是 iou 的省略式，是 i 和 u 的直接拼合)，少数地方如盘县读为“iou”韵。

(3) 贵州方言读音不同于普通话的还有以下情况：“绿”大部分读“lu”，桐梓话读“lo”，遵义话读“lue”。“吕、屡”等读“lui”。

任务2 复韵母辨正训练

【任务目标】

能读准复韵母“i、ü、ie、üe/uei、ei”的发音，针对贵州方言进行复韵母辨正强化训练。

【任务描述】

理解复韵母与贵州方言的区别，并能正确发音。

任务实施

活动1 方言复韵母“i、ü、ie、üe”的辨正

【任务安排】

给下列加横线的词语注音并朗读，说说与贵州方言的区别。

岳飞 决定 确定 雪人 觉悟

姐姐 剥削 钢铁 结束 约会

下雨 吃鱼 爷爷 叶子 余额

姐姐 节约 吉祥 感谢 写字

【任务评价】

以完成的准确率进行加分(包含朗读)，满分20分。

活动2 方言复韵母“io、iu、üê”的辨正

【任务安排】

给下列加横线的词语注音并朗读，说说与贵州方言的区别。

虐 觉 角 确 却 雀

脚 钥 药 咬

局 菊 曲 屈 旭 蓄 育 域

国 扩 豁 获 或 括 廓

【任务评价】

以完成的准确性进行加分(包含朗读)，每字1分，满分25分。

活动3 方言复韵母“uei、ei”的辨正

【任务安排】

给下列加横线的词语注音并朗读，说说与贵州方言的区别。

堆 追 吹 水 崔 内 雷 累 馁 泪

【任务评价】

以完成的准确率进行加分(包含朗读)，满分10分。

相关知识

üe、ie、i、ie、io、iu 的辨正

1. üe 的辨正

普通话中的“üe”，贵州部分地区读成“io”如“约、岳、确、学、觉”等。

2. i、ie、ü、üe 的辨正

贵州北部部分地方，i 和 ie、ü 和 üe 相混或不分。

(1) i 和 ie 的分辨。

ie 韵字比 i 韵字少得多，常用字有：

b：别憋；p：撇；m：灭、蔑；t：贴、铁；d：爹、叠；n：捏、聂；l：列、猎；j：节、结、姐；q：切、且、窃；x：写、些、谢。

(2) ü、üe 的辨正：

① 记住少数推知多数。总的说来，üe 韵字少于 ü 韵字，如普通话中念“lüe”的字只有“略、掠”。年“lü”；字有 20 多个；念“xüe”的常压字有 7 个“学雪薛血穴靴削”；念“xü”的字有 20 来个。

② 记住声符字类推，如“撅—厥噘”等。

3. “uei(ui)”的辨正

(1) 在普通话中 d、t、zh、ch、sh、r、z、c、s 与 uei(ui) 相拼，不与“ei”相拼(除口语字得 děi 这 zhèi 贼 zéi 外)，如“水、瑞、堆、推、最、崔、虽”。

(2) 在普通话中 n、l 只与 ei 相拼，不与 uei(ui) 相拼。如“累、泪、雷、内、馁”等。

4. “io、iu、uê”的辨正

这是西南方言(包括贵州)中的三个特殊韵母，都属古入声字，因此必须改读。

io 韵字在普通话中要分流为“üe、iao”。如“虐觉角确却(üe)；脚觉角钥药(iao)

iu 在普通话中要分流为“üe、ü”。如“掘倔(üe)；局菊曲屈旭蓄育域(ü)。

uê 在贵州话中多数地区把声母是 g、k、h，韵母是 uo 的少数韵母读成 uê，如“国扩豁获或括廓”等。

任务3　鼻韵母辨音训练

【任务目标】

(1) 能区分、识记鼻韵“an、ian、uan、üan”的字。

(2) 能区分、识记鼻韵母“en、in、uen、ün”的字。

(3) 能区分后韵母“ang、uen、eng、ing、ong”的字。

(4) 能在作品朗读中读准鼻韵母的字。

【任务描述】

本项任务是韵母辨音正音训练的又一个环节。由于贵州方言区大多数人在读前鼻韵母的部分字时，有弱化、脱落、韵母异读、韵母合并等现象，掌握普通话辨音正音方法，准确区分、读准与普通话鼻韵母读音不一样的字，对提高贵州方言区学生普通话标准性和规范性，激发学生学习普通话的兴趣，改善贵州学生说普通话的方音重的语音面貌起着重要作用。

任务实施

活动1　鼻韵母“an、ian、uan、üan”的辨正

【任务安排】

(1) an—ian 对比练习，体会韵母发音的主要区别。

音节发音训练：

an—i—an—ian

an—ian

ian—üan

üan—uan

üan—ian—uan

小贴士

(1) 复韵母 ian 由韵头 i、韵腹 a、韵尾 n 组成，发音时，从前面的轻而短的韵头滑到中间较响亮的主要元音(韵腹)，软腭逐渐降下来，鼻腔通路打开，紧接着舌尖抵住上齿龈作发 n 的状态，口腔前部的通道阻塞，整个韵母发音完毕才除阻。

(2) 复韵母 uan、üan、uen 的发音方法同 ian。

(2) 查字典，归纳普通话读为“an、ian、uan、üan”的字，对照普通话读音纠正读为方音的字。

① 普通话与方言韵母对比发音练习。

uan(普通话语音)—uê(方言语音)　　an(普通话语音)—ê(方言语音)

ian(普通话语音)—in(方言语音)　　üan(普通话语音)—ian(方言语音)

üan(普通话语音)—ün(方言语音)

② 查字典，找出普通话读为 an、ian、uan、üan 字，组词并读准归类表 3-1 中的字。

表 3-1　韵母 an、ian、uan、üan 字归类辨正表

声母＼韵母	an	ian	uan	üan
零声母	案岸安按氨庵俺暗谙			冤渊元员园圆袁猿辕援缘原源远院愿
b	办瓣扮颁　般搬班斑板版阪　半伴拌	变边便贬鞭卞　辩辫辨扁匾遍编蝙		
p	盼攀畔蹒盘　叛判潘蟠磐槃盤	片骈便　篇骗偏谝翩		

续表

声母＼韵母	an	ian	uan	üan
m	蛮 满瞒 曼漫慢幔蔓谩	免眠沔 棉绵 勉冕娩面缅腼		
f	范烦繁泛梵犯樊凡帆反饭返贩 番翻幡藩蕃			
d	丹弹诞耽氮聃 旦担但胆 单郸	电垫奠淀 颠滇癫巅殿癜点店玷惦掂踮 典碘甸佃		
t	贪探叹弹昙檀忐谈痰毯谭潭摊滩瘫炭碳坦袒坛	天田填甜恬腆殄 添舔	团湍	
n	男囡难 南楠喃腩	年碾廿蔫 辇撵 念捻鲶粘拈黏	暖	
l	岚懒澜兰烂栏拦蓝篮褴滥 览揽缆	恋帘怜奁 炼练 廉镰连莲涟链裢琏 脸敛殓	乱卵鸾峦栾孪挛	
g	感竿赣尴 敢橄 甘柑干杆赶		观关冠鳏官馆管棺贯惯灌罐	
k	看侃刊槛瞰龛 勘堪磡砍坎		款宽髋	
h	韩寒汉憨邯 喊撼憾含晗颔 汗罕旱焊捍悍函涵翰瀚		还欢环幻患豢缓宦奂唤换涣焕寰鬟	
j		件见建健键贱减兼尖肩监奸渐鉴歼坚艰碱荐舰谏 捡剑俭箭煎剪间简涧锏		卷倦眷 娟捐涓鹃镌隽
q		钱浅前牵铅欠签虔乾钳潜茜黔堑倩 歉谦千迁仟阡纤		泉权劝圈犬颧 全诠荃痊醛 拳券绻蜷
x		仙先纤氙掀鲜跹闲贤弦咸娴涎衔舷嫌显险县苋宪陷羡献腺		选轩绚癣悬 玄眩炫宣渲喧暄旋漩
z	暂咱赞攒簪		钻攥	
c	餐残蚕灿惭璨 参惨		篡攒氽 窜蹿撺	
s	三散伞叁		算酸蒜	
zh	盏湛栈绽蘸 展辗占战沾粘斩詹瞻		专传转砖 赚撰篆馔	
ch	缠掺颤阐蟾忏谄产铲禅蝉婵潺孱搀馋		川船穿传串喘	
sh	闪衫陕擅赡扇煽善膳缮山讪汕舢删栅姗珊		涮闩拴栓	
r	染然燃冉苒髯		软阮朊	
y		言眼烟燕艳演严沿盐焰炎岩延研验闫阎雁厌宴筵堰焱衍砚檐魇 彦颜咽胭掩淹阉腌焉嫣		
w			万丸玩弯湾皖莞烷纨晚挽宛碗腕豌婉	

(3) 对照表 3-1 韵母 an、ian、uan、üan 字归类辨正表，完成表 3-2 中的方音与普通话音节对比。

表 3-2 方音与普通话对比表

例词	方言读音	普通话读音	例词	方言读音	普通话读音
办案			安全		
漫谈			案板		
天边			变迁		
脸面			边沿		
转暖			换算		
船断			宦官		
圆圈			全权		
原卷			编年		
渊源			传唤		
贯穿			源远		

小贴士

(1) 贵州黔南的福泉、贵定、都匀、平塘、龙里、惠水、长顺，黔东南的凯里、黄平、丹寨、麻江、雷山、印江、施秉、遵义地区的仁怀、湄青等县(市)把 an 读成 ê，如谈判读成 têpê。独山、三都等部分地区把 an 读成 a，如“盘山”近似读成“爬沙”。

(2) 上述把 an 读成 ê 的地区，同样把 ian 读成 ie。如“年限”读成 liexie。

(3) 务川、思南、德江、印江、沿河等地把 ian 读为 in，如“外边”近似“外宾”，“面”近似“min”，钱近似“qin”。

(4) 黔南地区一般把 uan 读为 uê，如“关键”读成 guêjiê；都匀等地 uan 韵母与声母 zh、ch、sh、r、z、c、s 相拼时，声母就变为 j、q、x，如转弯读成 juêwê，贯穿读成 guêquê。

(5) 贵州没有 ü 的地区，把 üan 归入 ian，读用权等同用钱，白云等同白银；把 an 读成 ê 的地区，也把 üan 读成 üê，元月读为 yueyue；务川、沿河等把 ian 读为 in 的地区，同样把 üan 读入 ün，完全近似读成文群，玄妙近似读成寻妙。

【任务评价】

(1) 音节声韵调拼写正确，每字 1 分，方言读音 40 分，普通话正音 40 分。

(2) 读字准确 20 分，每错 1 字，扣 0.5 分。

活动 2 鼻韵母“en/eng、in/ing、ueng”的辨正

【任务安排】

1. en/eng、ine/ing、ueng 对比练习

体会韵母发音的主要区别。

en—eng　　in—ing　　in—en　　en—ueng

ing—eng　　ueng—eng　　ing—eng—ueng

小贴士

（1）口自然张开，发音时，舌面自然放在中央元音 i/e 位。然后舌根抬起，向后运动与软腭接触塞气流使之从鼻腔通过，发出后鼻尾韵母 ing/eng。

（2）双唇撮住，舌位由后高元音 u 向央元音 e 方向落下，紧接着舌根抬起与软腭接触，使声音归至 ng 处。双唇由撮状自然放开，发出后鼻尾韵母 ueng。

2. 归纳普通话读为“eng、ing、ueng”的字

查字典，如表 3-3 所示，归纳普通话读为“eng、ing、ueng”的字，对照普通话读音纠正方音中没有的后鼻韵的字。

表 3-3　普通话“eng、ing、ueng”读音字归类表

声母	eng	ing
b	泵迸甭崩绷蹦	秉冰兵禀摒并饼丙病炳柄
p	彭膨澎朋鹏棚蓬篷怦抨碰捧烹	屏乒凭平萍坪评瓶苹
m	懵梦孟猛盟萌蒙朦檬濛	命明鸣冥瞑名铭茗
f	封冯风凤疯枫丰峰锋奉逢缝蜂	
d	等邓灯登凳瞪蹬	顶鼎定锭丁叮订盯钉
t	疼腾藤滕誊	听厅亭婷停廷挺庭艇霆
n	能	凝宁拧柠狞咛
l	冷棱楞愣	另灵领令玲零岭龄铃凌菱陵
g	耕耿庚羹哽更梗	
k	坑铿	
h	横衡恒亨哼	
j		井警景晶精静净京惊敬竞镜境颈径经劲迳
q		庆轻氢卿擎青请情清晴顷倾罄磬
x		杏性姓兴星腥惺猩醒行形型刑
z	曾增赠憎	
c	层曾蹭	
s	僧	
zh	郑蒸拯正证整政征症怔争挣睁峥	
ch	乘承丞盛骋成城呈逞程惩撑称诚秤橙澄	
sh	声省升圣盛剩绳昇生笙牲胜	
r	仍扔	
y		应营英颖迎影蝇赢硬映盈鹰樱婴缨萤莹莺萦
ueng	翁嗡瓮蓊蕹	

小贴士

贵州方言区没有后鼻韵母 ing 与 eng，学习时必须记清楚哪些字韵母必须读成 ing、eng、ueng。识记方法可借助找拼读规律、借助形声字、组词等进行巧识巧记。贵州方言区有的后鼻韵母为：ang、iang、uang、ong、iong 等，这类韵母的字就不用再作区分记忆。

3. 方言韵母“en、in、ong”的辨正

(1) 从方言“en、in”中分离出 eng、ing、uen(un)来，如表 3-4、表 3-5 所示。

表 3-4　方言中易读错的 uen(un) 韵母字归类表

声调 声母	阴平	阳平	上声	去声
d	吨蹲敦墩		盹趸	钝炖顿囤盾遁
t	吞	屯饨囤豚		褪
l	抡	仑伦论轮纶		论
z	尊遵樽		撙	
c	村皴	存		寸
s	孙荪狲		损笋	

表 3-5　易读错的 ün 韵母字归类表

声调 声母	阴平	阳平	上声	去声
零声母	晕	云匀芸	允陨	运晕孕韵熨酝蕴
j	均军君菌钧皲			菌俊骏峻竣郡
q		群裙		
x	勋熏薰	寻询旬巡驯荀荨浔循		训讯汛迅驯逊殉

小贴士

(1) 从贵州方言“en、in”中分离出 eng、ing”的字可参见表 3-3，普通话 d、t 不与 en、in 相拼，贵州方言读成 din、tin 音节的字一律改读成 ing。

(2) 贵州方言 en 一部分改为 eng(表 3-3)，一部分改为 un，多数地区把与 d、t、l、n、z、c、s 相拼的 uen 读成 en，丢掉了韵头 u。普通话声母 l 只拼 eng、uen，而贵州方言则将这两个韵母归入 en。

(3) 贵州方言读成 ong 的除“翁、嗡、瓮、蓊、蕹”读为 ueng 外与声母 b、p、m、f 相拼一律可改为 eng。

(4) n 声母带鼻韵母的字很少，nen 音节的字只有“嫩”一个字；neng 音节的字只有“能”一个字。

(5) 普通话声母 z、c、s 拼 en 的字很少，念 zen 的只有“怎”一个字；念 sen 的只有“森”一个字；念 cen 的只有“岑、参、涔”三个字。其余贵州方言念 zen、cen、sen 的字，韵母都要改读为 uen 或 eng。声符是“尊、寸、孙”的改 uen，声符是“曾”的字改读为 eng。

（2）写出表 3-6 中字词的正确声母和韵母。

表 3-6　声母与韵母辨析

例词	方言读音	普通话读音	例词	方言读音	普通话读音
伦敦			嫩		
争论			尊称		
顿顿			寸钉		
停定			增订		
论听			冯峰		
孙屯			朦朦		
孙孙			蹦蹦		

4. 后鼻韵母拼读找规律训练

（1）声母 f 只与__________后鼻韵母相拼，而在方言中这类字读成了__________。

（2）ueng 韵母单独成音节，只有____________________这几个字。

（3）声母 r 只与__________后鼻韵母相拼，而在方言中，这类字读成了__________。

（4）声母 z、c、s、zh、ch、sh 只与__________后鼻韵母相拼。声母 z、c、s 只有少数几个字如_______________读成 z(c、s)ueng，其余的字读成 z(c、s)uen。

（5）声母 j、q、x 只与__________后鼻韵母相拼，而在方言中这类字读成了__________。

（6）声母 g、k、h 只与__________后鼻韵母相拼，而在方言中这类字读成了__________。

（7）读成 neng 音节的只有__________一个字。

5. 找出可以借助形声字记忆的字

填入表 3-7 中。

表 3-7　可借助形声字记忆的字

声母	eng	ing
b	崩	
p		
m		
f		
d		
t		
n		
l		
g		
k		
h		
j		

续表

声母	eng	ing
q		
x		
z		
c		
s		
zh		
ch		
sh		
r		
y		
ueng		

【任务评价】

(1) 2～4 题填空部分每空 2 分。

(2) 第 5 题韵母 eng 的字除“崩”外可借助形声字记忆的有 78 个，韵母 ing 可借助形声字记忆的有 74 个，每少找出 1 个字扣 0.5 分，共计 76 分。

相关知识

鼻韵母的发音方法

一、韵母的发音训练

普通话韵母可以从两个不同角度进行分类，一是根据韵母的结构特点；一是根据韵母开头元音的发音口形。

1. 按结构分类

根据韵母内部结构成分的不同，把韵母分为单韵母、复韵母、鼻韵母三类。

(1) 单韵母。它是由一个元音音素构成的韵母。普通话有 10 个元音，都可以充当单韵母。单韵母是学好普通话韵母和音节的基础。单韵母的发音特特点是，发音时舌位、唇形及开口度按发音要求维持发音状态，始终不变，没有动程。单韵母的不同音色是由舌位的前后和高低、唇形的圆扁及开口度的大小不同造成的。根据发音时舌头的部位及状态，又将 10 个单韵母分为三种：

① 舌面元音韵母：ɑ、o、e、ê、i、u、ü。

② 舌尖元音韵母：-i(前)、-i(后)发音时舌尖位置起主要作用的元音韵母。

er-卷舌，er 不同声母相拼，只能自成零声母音节，如“儿、耳”等。符号 r 不代表音素，只表示卷舌动作，所以 er 是由两个字母标写的单韵母。

(2) 复韵母。它是由两个或三个元音复合而成的韵母。普通话有 13 个复韵母。

复韵母的发音特点，是发音时舌位、唇形及开口度有变化，即有动程。复韵母中的几个元音有主有次，可以分为韵头、韵腹、韵尾三部分。韵腹，是韵母的主干，是开口度越大、声音最清晰响亮的主要元音；韵腹前面的元音是韵头（又称“介音”—介于声母与韵腹之间），发音较轻且短，往往只表示发音的起点，由高元音 i、u、ü 充当；韵腹后面是韵尾，元音韵尾由 i、u(o)充当，音值含混而不固定，往往表示舌位滑动的方向。

根据韵腹所处的位置，将复韵母分为三种：

① 前响复韵母：ai、ei、ao、ou。

② 后响复韵母：ia、ie、ua、uo、üe。

③ 中响复韵母：iao、iou、uai、uei。

(3) 鼻韵母。它是由元音和鼻辅音韵尾构成的韵母叫鼻韵母。普通话有 16 个鼻韵母。根据鼻辅音韵尾的不同，鼻韵母可分为两种：

① 前鼻韵母：an、en、ian、in、uan、uen、üan、ün，由元音和前鼻辅音韵尾 n 构成。

② 后鼻韵母：ang、eng、ong、iang、ing、iong、uang、ueng，由元音和后鼻辅音韵尾 ng 构成。

2. 按口形分类

按照韵母开头元音的发音口形，汉语传统的音韵学还将韵母分为“四呼”。

开口呼：不是 i、u、ü 或不以 i、u、ü 开头的韵母。

齐齿呼：i 或用 i 开头的韵母(即韵母表中 i 行韵母)。

合口呼：u 或用 u 开头的韵母(即韵母表中 u 行韵母)。

撮口呼：ü 或用 ü 开头的韵母(即韵母表中 ü 行韵母)。

二、韵母辨正

(一) 分清前鼻韵母 en(in)和后鼻韵母 eng(ing)

普通话里，前鼻韵母和后鼻韵母分得很清楚，如“陈”读 chén、“程”读 chéng；“深”读 shēn，“生”读 shēng；但是贵州等地方言却不能分清，多数表现为 en 和 eng、in 和 ing 不分，只有 en、in 韵，没有 eng、ing 韵；贵州方言区大都能分别 an 韵和 ang 韵，却不能分别 en(in)和 eng(ing)。下面介绍几种辨正的方法：

1. 利用形声字偏旁类推

例如：以“分(fēn)”代“pén 盆；fēn 芬、吩、纷、氛，fén 汾、棼，fěn 粉，fèn 份、忿”；以“正(zhèng)”代“zhēng 怔、征、症，zhěng 整，zhèng 证、政；chéng 惩”等。

2. 利用普通话声韵配合规律类推

在汉语拼音中，有的声母只能和前鼻音相拼；有的声母只能和后鼻音相拼；有的声母虽能和前后鼻音相拼，但其中一项仅有一、两个字。简要归纳如下：

(1) d,t,n,l 不与 en,in 相拼，只与 eng,ing 相拼。

(2) z,c,s 后，主要是 eng 韵。

(3) b,p,m,f 只与 eng 相拼，不与 ong 相拼。

3. 记少不记多(记单边)

记少不记多(记单边)如普通话里，声母 z 与韵母 en 相拼的字，只有一个“怎 zěn”字，其余的“曾 zēng、憎 zēng、增 zēng、甑 zèng(甑子)、赠 zèng”等字都是 eng 韵。

任务4 情景训练——规范播报结束语及致谢语

【任务目标】

(1) 能做到用标准的鼻韵母发音进行相关的职业规范结束语的播报。

(2) 能在情景训练中按照话术流程要求规范使用服务用语,识记礼貌称呼客户的用语。

(3) 区分电话服务礼仪中的"宜"与"忌"。

【任务描述】

呼叫中心座席员的工作任务的完成主要是靠用标准普通话与客户进行沟通交流,是语言运用的艺术。无论是呼出类业务还是呼入类业务,对座席员的素质要求首先都是能说好开头语,这是一个电话成功的关键;其次是能对客户姓名等关键信息的核实、录入;最后掌握好服务中的礼貌用语和服务忌语、专业术语、结束语等,是保证任务圆满完成的关键。本单元的情景任务训练主要就是针对座席员的服务用语规范使用进行基本训练,养成良好的职业基本素养。

任务实施

1. 呼人类业务标准话术中结束语的使用与训练

【任务安排】

(1) 讨论:日常生活中你与别人告别时进场使用的结束语有哪些?

常用结束语有:____________________

话术案例

本呼出话术是某呼叫公司为电信公司已开通七彩铃音功能的天翼移动用户开设的增值业务,目的是通过电话营销活动吸引用户,提高爱音乐产品的知名度和渗透率,其外呼脚本见表3-8。

表3-8 "七彩风"铃音盒外呼脚本

角色	话术流程	话术组成说明
座席员	您好,我是彩铃业务的客户代表××号,请问您是189××××× (需报手机全号)的机主对吧?	表明身份核实身份
客户	嗯!	客户
座席员	先生/女士,您好!为感谢您长期支持,特别为您准备5元包月"翼动潮流"铃音盒,每月会有8首经典流行音乐作为您的手机彩铃,您在使用中不清楚的问题记得拨打9610001号联系我们,费用不包含在套餐内,为您办理可不可以?好不好?	说明营销目的及业务初次确认

续表

角色	话术流程	话术组成说明
客户	回答场景(1)好的 回答场景(2)不用(根据用户拒绝问题,转换留词)	客户意见
座席员	好的,48 小时内就可以使用到 5 元包月的"翼动潮流"铃音盒可不可以?好不好?(等用户回答才行)	二次确认
座席员	好的,祝您使用愉快(天天开心),再见!	结束语
客户	再见!	
座席员	再见!	

(2) 分析结束语话术流程组成。

找出结束语的组成:________________________

____

____

(3) 找出结束语中礼貌用语的字和读不准的字,读准字音。

礼貌用语的字:________________________

读不准的字:________________________

(4) 按照行业质检标准进行开头语规范使用训练。

行业质检标准及要求:

① 结合营销规范灵活运用外呼脚本。

② 保持规定语速。

③ 在用户身份确认、业务介绍、资费、办理意向等营销关键点方面,需放慢语速向用户介绍,并得到同意后,才可作为营销成功单。

④ 结束语必须在二次与客户确认后方可进行。先表达祝福或致谢,再说告别语,最后等客户先挂机再结束通话。

(5) 角色模拟训练。两人一组,一人模拟客户,一人模拟座席员进行上面话术情景交流。

【任务评价】

按表 3-9 所列呼出类话术结束语能力测试标准进行打分。

表 3-9　呼出类话术结束语能力测试表

序号	能力点	考核标准	考核分值	得分
1	初次提示结束语	(1) 祝福或致谢	3 分	
		(2) 无祝福或致谢	0 分	
2	再次提示结束语	(1) 说道别语	3 分	
		(2) 未再次提示结束	0 分	
3	等客户挂机	(1) 等客户说再见后挂机	4 分	
		(2) 未等客户说再见就挂机	0 分	

小贴士

(1) 说“再见”时不能敷衍了事，让客户感受到您对他的尊重。

(2) 结束语的语速不能过快，以免让客户感受到您在机械完成话术流程。

2. 呼出类业务标准话术中开头语的使用

话术案例

本话术案例是座席员对某品牌的汽车在售后客户满意度进行回访。车主在12月中旬到汽车4S店进行了一次车辆的第二次保养，汽车客户服务中心的座席代表需对本次汽车售后保养服务进行服务质量跟踪调查。

座席员：王先生，您好！我是贵州××汽车4S店的客服代表。打扰您一下可以吗？

客户：好的，您讲。

座席员：您家的车子近期在我们4S店进行了第二次保养，我们就想了解一下您的车保养之后目前的车辆状况怎么样？

客户：现在应该还可以。

座席员：还可以是吗？

客户：是的。

座席员：那请问一下工作人员有没有概述您下一次车辆保养的公里数及时间呢？

客户：他讲了，是明年的4月份左右。

座席员：就是3个人月或者5000公里后就可以再保养一次。时间或公路数两者任意一个先到就可以去4S店做下一次保养。

客户：好的。

座席员：下一次保养前，您可以拨打这个电话进行提前预约，可以享受折扣优惠，还可以节约时间。

客户：好的，谢谢您！

座席员：不客气，最后请您对我们的总体服务做一下评分。9分是合格，10分是满意，请问一下您评多少分呢？

客户：那就打10分吧。

座席员：好的，非常感谢您的肯定。如果您以后再使用车的时候需要帮助或咨询的话，可以拨打这个电话和我们联系。

客户：好的，谢谢！

座席员：不客气，打扰您了。祝您生活愉快！再见。

客户：再见。

座席员：再见。

【任务安排】

(1) 读话术案例中倒数第10行至最后1行，分析结束语话术流程组成。

① 座席员的首次结束提示语：________________

② 客户表达谢意后，座席员的话术语：____________________

③ 最后一次结束语：____________________

④ 道别语：____________________

(2) 找出结束语中礼貌用语的字和读不准的字，读准字音。

礼貌用语的字：____________________

读不准的字：____________________

(3) 按照行业质检标准进行开头语规范使用训练。

行业质检标准及要求：

① 用语完整、亲切、温馨；创造一个良好的结尾。

② 客户有道谢时，必须说“不客气”等回敬的语言。

③ 座席员不能先行挂断电话，先引导说再见等结束语，必须让客户先挂电话。

④ 多使用“打扰您了”、“祝您愉快”等温馨礼貌的语言，提升服务质量。

⑤ 服务忌语：“bye-bye”。

(4) 角色模拟训练。两人一组，一人模拟客户，一人模拟座席员进行上面话术的情景交流。

【任务评价】

按表 3-10 所列呼出类话术结束语能力测试标准进行测试。

表 3-10　呼出类话术结束语能力测试表

序号	能力点	考核标准	考核分值	得分
1	初次提示结束语	(1) 致谢	10 分	
		(2) 欢迎再次致电	10 分	
		(3) 无致谢语	0 分	
3	客户致谢	(1) 说回敬的话语	10 分	
		(2) 没说回敬的话语	0 分	
4	再次提示结束语	(1) 温馨祝福	10 分	
		(2) 说结束语	10 分	
		(3) 未再次提示结束语	0 分	
5	等客户挂机	(1) 等客户说再见后挂机	10 分	
		(2) 未等客户说再见就挂机	0 分	
		(3) 未使用“请”、“您”	0 分	
6	服务忌语	(1) 没有使用“bye-bye”	5 分	
		(2) 使用了“bye-bye”	0 分	

相关知识

电话礼仪中的“宜”与“忌”

一名优秀的座席员需要具备良好的电话服务礼仪。作为座席员，从拿起电话的那一刻起，便代表企业的形象，融入到客户的世界中，必须要尽快摆脱自己的世界，要使自己和客户进行有效的沟通，要让客户感到舒服，感到被理解和尊重。这就要求座席员具备良好的电话服务礼仪，能够同客户建立良好的关系，在沟通中得到客户的信任和配合，从而提高工作效率，帮助企业建立竞争优势，使客户更加满意。

1. 常见电话礼仪

(1) 电话铃声响起三声前愉快而迅速接听电话。

(2) 多使用礼貌用语。

(3) 恰当问候客户。

(4) 适时询问客户的称呼，正确地称呼客户，知道客户姓氏后，必须带姓氏称呼客户。

(5) 与客户沟通时保持高度注意，以示对客户的尊重。

(6) 礼貌对待打错的电话。

(7) 抓住谈话重点，语言表达准确、简明、真诚。

(8) 谈话内容围绕客户需求。

(9) 多运用同理心，对客户表达友好和关心及体谅。

(10) 因某种原因需要在谈话中中断电话时，需要向客户说明原因并得到客户许可后，才可以离开电话。

(11)与客户谈话结束后，须等待客户先挂断电话。

2. 电话礼仪中的“宜”

(1) 在问候客户时，应说“早上好”等问候语，遇到节假日，可适时问候客户“节日快乐”。

(2) 说话时保持微笑和平和的心态，使声音愉快，语速不要太快，音量不宜过大。

(3) 让客户等待时要说明原因。返回后要向客户的耐心等待表示谢意。

(4) 客户主动说谢谢时，要回敬：不客气。

(5) 说“再见”等结束语前要向客户表达谢意。

(6) 让客户先挂断电话才可以挂断电话。

(7) 若答应给客户回电话，一定要准时回电话，以获得客户信任。

(8) 及时记录下客户需求等重要信息。

(9) 挂电话前要对客户姓名、电话号码、地址、预定的时间、酒店姓名、机票航班等核心信息进行再次确认。

3. 电话礼仪中的“忌”

(1) 问候时说“你”、“喂”等。

(2) 嘴里吃着东西与客户交流。

(3) 说话的声音过大。

(4) 在倾听客户说话时保持沉默或心不在焉。

(5) 与客户交谈中使用一些否定词，如“我不清楚”、“不知道”等。

(6) 使用不标准的普通话或深奥的专业术语，让客户听不明白。

(7) 使用口头语，如“这个、那个”、“嗯”、“哎”。

(8) 不对客户核心信息做记录，依靠记忆记录客户信息。忘记信息又给客户回电话询问。

(9) 让客户等待后不致谢就马上告知客户查询结果。

(10) 为核实客户信息前就让客户挂断电话。

单元练习

1. 单韵母对比练习

(1) i—ü。

集体—具体　农技—农具　出气—出去
瓷器—辞去　气味—趣味　里程—旅程
拟人—女人　移民—渔民　登记—灯具
比翼—比喻　得意—德育　机遇—拘役
意气—玉器　理由—旅游　情理—情侣

(2) e—uo。

科大—扩大　开课—开阔　河水—活水
乐和—洛河　和平—和面　贺喜—获悉
大哥—大锅　计策—记错

(3) u—ou。

图书—投书　涂饰—头饰　突击—偷鸡
肚子—豆子　硬度—硬斗　炉台—楼台

2. 单韵母词语练习

ai:爱戴　白菜　拍卖　拆开
ei:配备　肥美　蓓蕾　北美
ao:逃跑　吵闹　草稿　号召
ou:口头　丑陋　猴头　欧洲
ia:压价　假牙　加价　佳佳
ie:谢谢　铁鞋　结业　贴切
ua:娃娃　挂画　花袜　耍滑
uo:没落　过错　骆驼　蹉跎
üe:决绝　约略　雪月　雀跃
iao:妙药　巧妙　逍遥　教条
iou:优秀　绣球　久留　求救
uei:归队　灰堆　摧毁　回味
uai:乖乖　摔坏　外快　怀揣

打靶(dǎbǎ)　大厦(dàshà)　发达(fādá)　马达(mǎdá)
喇叭(lǎba)　哪怕(nǎpà)　大妈(dàmā)　哪怕(nǎpà)
刹那(chànà)　泼墨(pōmò)　腌臜(āzā)　磨墨(mómò)
薄膜(bómó)　勃勃(bóbó)　默默(mòmò)　婆婆(pópo)
合格(hégé)　特色(tèsè)　隔热(gérè)　割舍(gēshě)
合辙(hézhé)　客车(kèchē)　笔记(bǐjì)　离奇(líqí)

激励(jīlì)	击毙(jībì)	厘米(límǐ)	立即(lìjí)
互助(hùzhù)	初步(chūbù)	颅骨(lúgǔ)	鼓舞(gǔwǔ)
督促(dūcù)	出土(chūtǔ)	区域(qūyù)	曲剧(qǔjù)
旅居(lǚjū)	女婿(nǚxù)	须臾(xūyú)	迟疑(chíyí)
武术(wǔshù)	食物(shíwù)	此刻(cǐkè)	打击(dǎji)
敌视(díshì)	发热(fārè)	袜子(wàzi)	破除(pòchú)
气息(qìxī)	女子(nǚzǐ)	皮革(pígé)	日期(rìqī)
西服(xīfú)	只得(zhǐdě)	义务(yìwu)	薄膜(bómó)
贺词(hècí)	压抑(yāyì)	旅途(lǚtú)	把戏(bǎxì)
不惜(bùxī)	测试(cèshì)		

3. 复韵母词语练习

zāipéi 栽培	páiduì 派对	báitù 白兔	fēijī 飞机	cìwei 刺猬
sàipǎo 赛跑	nàiláo 耐劳	páiqiú 排球	tóukào 投靠	kāihuì 开会
hǎidài 海带	měilì 美丽	huíjiā 回家	xüéfèi 学费	lüèduó 掠夺
jiébào 捷报	chuíliǔ 垂柳	huǐhuài 毁坏	yòumiáo 幼苗	miáohuì 描绘
wāixié 歪斜	jiāoyóu 郊游	bǎicǎo 百草	dàishǔ 袋鼠	shūguì 书柜
bēiāi 悲哀	huóyuè 活跃	dàobái 道白	dōushòu 兜售	biǎoshuài 表率
wǎjiě 瓦解	xuéyè 学业	huáxià 华夏	jiēqià 接洽	yǒuhǎo 友好
zuǐba 嘴巴	láihuí 来回	qíguài 奇怪	kuàilè 快乐	zhuīzhú 追逐
tuìbù 退步	xīshuài 蟋蟀	guāiháizi 乖孩子	jiǔcài 韭菜	niǔkòu 纽扣
yāoqiú 要求	xiǎocǎo 小草	bàozhǐ 报纸	chǎonào 吵闹	lǎoshī 老师
jiāoào 骄傲	guòqiáo 过桥	duōshǎo 多少	tèbié 特别	píxuē 皮靴
tiàoshuǐ 跳水	hǎiōu 海鸥	zìjué 自觉	húdié 蝴蝶	tiělù 铁路
yuèqiú 月球	báixuě 白雪	máquè 麻雀	tiàoyuè 跳跃	xiāomiè 消灭
quēshǎo 缺少	zhédié 折叠	bùxié 布鞋	liūzǒu 溜走	zushǒu 左手

4. 复韵母对比训练

(1) ai—ei。

分派—分配	摆布—北部	排场—赔偿
小麦—小妹	成败—成倍	耐心—内心
卖力—魅力	来迟—雷池	稗子—被子
埋头—眉头	买光—镁光	安排—安培
买回—每回	耐热—内热	拜望—备忘

(2) ao—ou。

刀锋—兜风	稻子—豆子	考试—口试
高洁—勾结	牢房—楼房	思潮—丝绸
烧了—收了	浩瀚—后汉	豪杰—喉结
镐头—狗头	嗜好—事后	掏钱—偷钱
逃奔—投奔	暗道—暗斗	毛利—牟利

(3) iao—iou(iu)。

角楼—酒楼	摇动—游动	药片—诱骗
耀眼—右眼	生效—生锈	求教—求救

(4)ie—üe。

竹叶—逐月	切实—确实	猎取—掠取
学业—协约	午夜—五月	列表—略表
茄子—瘸子	劫掠—决裂	日夜—日月

(5) ou—ai。

寄走—记载	上楼—上来	大吼—大海
河藕—和蔼	阴谋—阴霾	

(6) uai—ai。

奇怪—乞丐	踝骨—骸骨	损坏—损害
老师—老晒	摔掉—筛掉	

(7) ei—uei(ui)。

一倍—一会	黑色—灰色	酒类—酒醉
不给—不轨	刚黑—光辉	

(8) ia—ie。

一架—一届	红霞—红鞋	推下—推卸
好虾—好些	大家—大街	

5. 鼻韵母词语对比练习

检验—建言	婉转—玩转	源泉—圆圈	昆仑—困倦
盐泉—沿边	演员—艰难	旋转—全面	显现—宣传
认真—本分	人参—审慎		

辛勤—信心　　贫民—亲近
风筝—更生　　奉承—省城
冰凌—冰晶　　冰清—兵营
双簧—狂妄　　装潢—往往
深沉—尽心　　秉性—惶惶　　丙丁—冷风　翁—瓮

【任务评价】

每读错 1 个字扣 0.5 分。

单元4 声调辨正训练

任务1 声调拼读训练

【任务目标】

(1) 能按照普通话各调类的调值规范读音，读准每个音节的声调。

(2) 能将普通话的调值与方言调值、调类进行对比，提升普通话的声调的准确性。

【任务描述】

理解普通话声调的调值、调类。并能熟记正确的标记法和发音。

任务实施

【任务安排】

完成表4-1任务。列举5～10字同音字，并标注调值。

表4-1 同音字归类

例字	列举例字	普通话调值	方言调值
鹰			
霞			
狡			
玉			

小贴士

(1) 易出现的问题：阴平不够高，阳平拐弯上不去，上声没有曲折或出现两次曲折，去声下不来。

(2) 阴平：起音高平不低昂，气势均衡不紧张；阳平：从中起音朝上扬，用气弱起逐渐强；上声：先降转上扬，降时气稳扬时强；去声：高起直降向低唱，强起到弱气通畅。

【任务评价】

评价标准：按正确率给分，1个字1分，累计加分。

相关知识

普通话声调基础知识

声调是一个音节高低升降的音高变化。例如“贵阳”一词的这两个音节，读的时候明显能够感到声音是高低起伏的，这就是声调。声调也叫字调。汉语的声调具有区别意义的作用。如辉(huī)、回(huí)、毁(huǐ)、惠(huì)。汉语中还存在着一种特殊声调，叫做轻声，有时也叫第五声，在汉语拼音中不标调。

从语音的物理属性说，声调就是由音节的高低升降形式。主要取决于音高。

普通话的调值和调类：

调值指声调的高低升降和曲直长短的变化形式，就是声调的实际读法。

调类就是声调的分类，是根据声调的实际读法归纳出来的。有几种实际读法就有几种调类，也就是将相同调值的字归为一类。调类是声调的名称，调值是声调的实际读音。调类的多少取决于调值的多少，就一个方言来说，语音中有几种基本调值就可以归纳出几种调类。普通话中有四种基本调值，归纳出的调类也是四种(表 4-2)。

普通话有四个调类，也叫做四声。它们是阴平(第一声)、阳平(第二声)、上声(第三声)、去声(第四声)。四声的调值不同：阴平是高平 55，阳平是中升 35，上声是降升 214，去声是高降 51。具体描写如下：

(1) 阴平。高而平，叫高平调。发音时由 5 度到 5 度，基本没有升降变化，调值为 55。例如，妈、天、轻、今、衣。

(2) 阳平。由中音升到高音，叫中升调。由 3 度到 5 度，调值为 35。

(3) 上声。由半低音降到低音再升到半高音，叫降升调。由 2 度降到 1 度，再升到 4 度，调值为 214。例字：马、笔、请、览、好。

(4) 去声。由高音降到低音，叫高降调。由 5 度到 1 度，调值为 51。例如，痛、做、架、去。

表 4-2　普通话声调表

调类	例字	调值	调型	调号	发音方法
阴平	科飞	55	高平	ˉ	发音时声带始终是拉紧，声音又高又平
阳平	学提	35	中升	ˊ	发音时声带由不松不紧，逐渐拉紧，声音由不高不低升到最高
上声	好笔	214	降升	ˇ	声带从略微有些紧张开始，立刻松弛下来，稍稍延长，然后迅速绷紧。起音半低，先降后升
去声	用作	51	全降	ˋ	声带从紧开始到完全松弛为止，声音高起猛降到低音

五度标记图如图 4-1 所示。

汉语拼音中标声调位置的规则如下：

若有两个韵母(元音)，且第一个韵母(元音)为 i、u、或是 ü 时，则将声调标示在第二个韵母(元音)上。其余状况下声调皆应标示于第一个韵母(元音)之上。

《汉语拼音方案》规定，“声调符号标在音节的主要母音上”。主要母音就是主要元音，

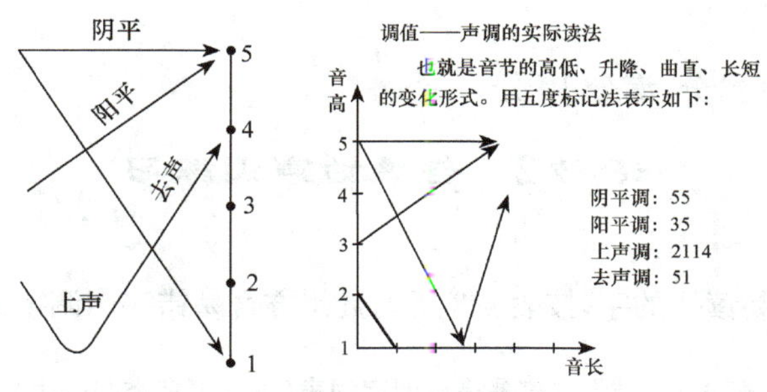

图 4-1 五度标记图

也就是韵母的韵腹。有 ɑ、o、e 的韵母，ɑ、o、e 就是主要元音。以单元音 i、u、ü 作为韵母的，i、u、ü 就是主要元音。《汉语拼音方案》的规定，iou、uei、uen 前面加声母的时候要写成 iu、ui、un，主要元音 o、e、e 省略。声调符号本应该标在主要元音上，主要元音既已省略，能反映复韵母、鼻韵母的就只有后面的 u、i、n 三个字母，所以调号标在后一个元音字母上，即标在 iu 的 u 上、ui 的 i 上。un 标在 u 上。

任务2 方言声调辨正训练

【任务目标】

(1) 能进行声调辨正，能对贵州方言易读错的声调进行矫正。

(2) 读准易读错的古入声字。

【任务描述】

贵州方言和普通话虽然语法结构基本上一致，词汇方面也大同小异，语音方面也有很多共同点，但是，它们之间的差异仍然是明显的，尤其是声调的高低升降的具体读法区别较大。方音浓厚，声调极易产生偏误，因此掌握普通话的声调对学好普通话有重要作用。

任务实施

活动1 贵州方言与普通话声调的发音区别

【任务安排】

标写以下词语的拼音并找出声调与方言读音有区别的字。

普通话 工作 大力 贵州省 事实 很少 恢复 酸涩 肥肉

小贴士

普通话中的第一声与贵州话的第一声是相同的；而普通话中第二声、第三声，在贵州话里通常读成了普通话的第三声，并且要将读音 214 变成 21；普通话中的第四声，在贵州话里通常读成了普通话的第二声。

【任务评价】

按标写的准确率给分，满分 10 分。

活动 2　普通话声调练习

【任务安排】

归纳、读准声调易读错的字，按表 4-3 所列贵州方言易错字声调字词表进行读音练习。

表 4-3　贵州方言易错声调字词表(古入声字类归类表)

声母	阴平	阳平	上声	去声
零声母	鸭、押、压、挖、噎、约、屋、壹、一	额	恶	袜、厄、鄂、噩、卧、握、沃、业、液、叶、页、曳、悦、阅、越、月、岳、(音)乐、勿、物、育、域、浴、欲、玉、狱、郁、易、亦、役、疫、益、翼、逸、驿、亿、忆、屹、抑、轶、药、钥
b	八、捌、憋、逼、剥(皮儿)	拔、跋	补、扁、瘪、(姓)卜、笔、北、百、柏	薄(荷)、不、别(扭)、壁、必、毕、碧
p	趴、泼、扑、撇(开)、劈、霹	爬、琶、	普、朴、匹、癖	迫、魄、瀑、辟、僻
m	抹		马、码、母	骂、末、陌、莫、寞、默、墨、灭、木、幕、睦、目、穆、牧、密、蜜、觅、麦、脉
f	发	服	法、砝、府	发、负、复、腹、覆、馥
d	答、搭、督、掇、贴、滴	达、得、德、毒	打、赌	大、剁、杜
t	踏、塌、贴、突、秃、凸、拖、脱、剔、踢	驮、图	塔、妥、吐、帖、铁	踏、特、拓、(字)帖、兔、惕
n	捏	拿、哪、奴	哪、努	纳、诺、聂、怒、虐、疟、匿、溺、逆
l	抡、捋、勒	卢	喇、俩、裸、鲁	辣、蜡、腊、乐、洛、落、络、列、烈、洌、裂、猎、劣、陆、略、掠、鹿、赂、录、陆、律、率、立、粒、笠、栗、力、历、沥、雳、砾、烙、酪、六
g	嘎、刮、疙、郭、鸽、搁、割	寡、革、国、骨	葛、果、谷	尬、挂、各、过、故
k	喀、磕、哭、窟	咳、壳	渴、卡、垮、可、苦	克、刻、客、阔、括、扩、廓、酷、跨
h	哈(达)、哗(啦)、喝、豁、忽、黑、嘿	合、阂、滑、和、活、胡	哈、火、虎	划、画、褐、或、惑、户、赫、鹤
j	夹、撅、揭、接、鞠、激、击、积	颊、绝、脊(梁)	甲、井(供)给、脊(髓)	价、假、静、镜、圈、剧、迹、绩、鲫、寂
q	掐、切、缺、七、柒、漆、戚	瘸	卡、犬、(歌)曲	恰、蟹、却、鹊、雀、阕、切、怯、妾、窃、泣、讫
x	瞎、薛、(剥)削、歇、吸、膝、蟋、熄、析、蜥、昔、夕、悉、锡	匣、侠、辖	雪、(出)血	吓、泄、亵、血(压)、续、畜(牧)、恤、旭、(缝)隙
zh	扎、卓、桌、捉、拙、只、织、汁、摘、粥	闸、折、哲、啄、烛	眨、爪、者、主、嘱、窄	这、栅、浙、住、祝、筑、帜、秩、掷、质、窒、炙、炽、斥、赤、叱
ch	插、出、吃	茶、储	扯、楚、尺	彻、澈、撤、刹、绰、触、矗、畜

续表

声母	阴平	阳平	上声	去声
Sh	杀、刹、刷、说、叔、淑、虱、湿、失	舌、熟	傻、耍、舍（弃）、数、蜀	厦、射、设、摄、硕、束、术、述、刷、室、释、适、饰、式、率(领)
z	砸、作(坊)	杂、责、昨	左	仄、作、坐、(确)凿
c	擦、撮		此	侧、测、厕、策、册、错、醋、促、簇、刺
s	撒、缩、(瓶)塞儿	俗	洒、索、所、色	塞、萨、色、涩、素、宿、肃、粟、速
y	压、鸭		雅	轧
w	哇	娃	瓦	袜
r		如、扔	惹、辱、扰	热、入、绕、若、弱、日、肉

【任务评价】

以读音错误的个数测评，每字0.5分。

任务3 情景训练——常用服务用语使用

【任务目标】

(1) 识记常用规范服务用语。

(2) 能用正确的语气、语调进行规范场景用语的交流。

【任务描述】

在呼叫中心，座席员的每一次应答都代表企业形象，为客户和企业架起了沟通的桥梁，体现着企业对客户的承诺，赢得客户对企业的信任。因此，在接听每一个电话时，座席员应严格按照企业服务标准，规范服务用语，为客户提供优质的服务。本任务主要训练学生规范使用呼叫中心服务用语的能力，提高语言运用能力。

任务实施

小贴士

行业对座席员优质语音的要求：

咬字要清晰：发音标准，字正腔圆，没有乡音或杂音。

音量要恰当：说话音量既不能太响，也不能太轻，以客户感知度为准。

音色要甜美：声音要富有磁性和吸引力，让人喜欢听。

语调要柔和：说话时语气语调要柔和，恰当把握轻重缓急、抑扬顿挫。

语速要适中：语速适中应该让客户听清楚你在说什么。

用语要规范：准确使用服务规范用语，“请、谢谢、对不起……”不离嘴边。

感情要亲切：态度亲切，多从客户的角度考虑问题，让他感到你是真诚为他服务。

心境要平和：无论客户的态度怎样，始终要控制好情绪，保持平和的心态。

活动1　常用的服务用语训练

【任务安排】

按照优质语音的要求练习下列常用的服务用语。

常用称呼："先生"、"小姐"、"您"、"我们"等。

常用礼貌用语："请"、"对不起"、"谢谢"、"再见"、"很抱歉"、"不用客气"等。

问候："您好，请问有什么可帮您"、"早上好"、"上午好"、"下午好"、"晚上好"等。

等候："请稍等"。

重复："对不起，请重复一次好吗？"用户声音较轻时，"我没有听清您的讲话，请您再说一遍，好吗？"

业务处理："我马上为您处理"。

征求意见："您看……，这样行吗？"

查询："我帮您查一下"。

道歉："打扰了"、"请原谅"、"请稍候"、"给您添麻烦了"。

感谢："谢谢您"、"感谢您的提醒"、"谢谢您的建议"等。

答谢："不用谢"、"没关系"、"不客气"等。

询问："请问我有什么可以帮到您的吗？"、"请问……"

约定："请问您什么时候方便，我们再与您联系？"

拒绝："我能做的是……"、"这个问题致电到……将会帮助您……"

承诺："我会尽力在……"

结束语："谢谢您的来电，再见。"

【任务评价】

以读音错误的个数测评，每字 0.5 分，填入表 4-4 中。

表 4-4　任务评价表

考评项目	能力点	标准性	不足之处
普通话标准程度	声母		
	韵母		
	声调		
	轻声		
优质语音	吐字清晰		
	音量适当		
	音色甜美/有磁性		
	语调柔和		
	语速适中		
	停顿达意		
	具有亲和力		
	有节奏		
	微笑服务		

活动2　呼叫中心情景交流用语训练

【任务安排】

按照优质语音的要求练习下列常用的服务用语。

1. 开头语

开头语：

先生(女士)，您好！我是中粮地产客户关系中心的工作人员，请问有什么可以帮您？

节日首问语：

先生(女士)，您好！节日快乐，请问有什么可以帮您？

呼人类：

“您好！老板公司，×××号为您服务，请问有什么可以帮您？”

呼出类：

客户代表：“您好！我是老板电器的回访员，请问是××先生(小姐、女士)吗？”

客户：“……”。

客户代表：“能打扰您1、2分钟时间咨询您几个问题吗(了解您产品的使用情况吗)？

2. 等待用语

等待前用语：

“先生(女士)，请您稍等，马上帮您查询(核实)……

等待后用语：

先生(女士)，抱歉让您久等了……”

(因用户使用免提而)无法听清楚时：客户代表：“对不起，我这里听不清您的声音，请您靠近话筒一点好吗？”

服务忌语：不可以说：“喂，大声一点儿！”

3. 遇到客户音小听不清楚时

客户代表保持自己的音量不变的情况下，“对不起！我这里听不清您的声音，请您大声一点，好吗？”若仍听不清楚，客户代表：“对不起，我这里还是无法听清您的声音，请您换一部电话，好吗？”

(1) 遇到客户讲方言客户代表却听不懂时。

客户代表：“对不起，我这里听不懂您的方言，请您讲普通话，好吗？谢谢！”

当客户继续讲方言，不讲普通话时，客户代表：“对不起，我这里听不懂您的方言，请您找一个可以讲普通话的人再联系我们，可以吗？谢谢！”

(2) 遇到客户抱怨客户代表声音小或听不清楚时。

客户代表：“对不起，(稍微提高音量)，由于线路问题，您看我大声一点可以吗？”

(3) 遇客户来电找正在上班的客户代表。

客户代表：“对不起，公司有规定，上班时间不允许接听私人电话，请您下班后再与她联系好吗？谢谢您，再见！”

4. 礼貌用语

在任何时候均使用表示礼貌的语言，如“您、请、不客气、谢谢、非常抱歉”等，礼貌称呼对方。

客户对客服代表的解释不清楚时用语：“××先生（女士），请问您还有什么不清楚的地方，需要我再帮您解释一遍吗？”

5. 对方咨询公司领导私人或办公电话时用语

(1) “作为客户代表，我的职责是帮助客户解决问题，请您相信我，我一定会尽力帮助您解决的。”

(2) “非常抱歉，您咨询的问题超出了我们的服务范围，请您通过其他方式查询，好吗？”

6. 遇到客户向客户代表表示感谢时

客户代表必须回应：“请不必客气”或“不客气”，若客户进一步表扬，客户代表：“请不必客气，这是我们应该做的(或这是我们的工作职责)，感谢您对我们工作的支持，随时欢迎您再次来电。”

7. 反映客服代表服务态度不好或业务不熟悉时用语

“非常抱歉，给您带来了不便，我们会在以后的工作中改进，感谢您并希望您继续监督我们的服务！”

8. 对方报的手机号码有误时用语

(1) “非常抱歉，请问您的手机号码是×××吗？”

(2) 如果对方确认：“很抱歉，您报的号码有误，请您再核对一下，好吗？”

9. 遇到客户提出建议时

客户代表：“谢谢您，您提出的宝贵建议，我们将及时反馈给公司相关负责人员，再次感谢您对我们工作的关心和支持。”

服务中的不宜做法：没有对客户的建议做出感谢或赞扬。

10. 需请求客户谅解时

客户代表：“对不起，请您原谅。”或“对不起，很抱歉。”

11. 遇到客户向客户代表致歉时

客户代表：“没关系，请不必介意。”

12. 遇到客户提出的要求无法做到时

客户代表：“很抱歉，恐怕我帮不到您！”或“很抱歉，这超出我们的服务范围，恐怕我帮不到您。”

服务忌语：不可以说：“喂，不可能的吧。”或“不可以，完全不可以！”

13. 转接来电时用语

(1) “请稍等，正在为您转接，请不要挂机，好吗？”

(2) 转接不成功时,"非常抱歉,由于话务正忙,暂时不能帮您转接。您的问题我会做详细的记录,稍后转相关部门处理,您看好吗?"

14. 遇到需要核实客户信息时

(1) 客户代表:"对不起,请您留下您的联系电话,我们查询后将尽快与您联系,好吗?"
客户:"……"。
(2) 客户代表:"先生/(小姐)女士:请问您贵姓?"
客户:"……"。
(再次确认)客户代表:"×先生/(小姐)女士,您的联系方式是……,对吗?"
客户:"……"
客户代表:"感谢您的支持,再见!"

15. 来电表示很难拨通热线时用语

"非常抱歉! 由于咨询量大量增加,造成系统繁忙,技术部门正在研究解决,给您造成的不便,我们深感歉意!"

16. 来电表示热线等待时间过长时用语

"非常抱歉,让您久等了! 请问有什么可以帮您?"

17. 来电责怪话务员操作太慢时用语

"非常抱歉,现在系统繁忙,我会尽快帮您处理,请您稍等! 谢谢!"

18. 结束语

"感谢您的来电/祝您愉快/祝您晚安,再见!"

【任务评价】

以读音错误的个数测评,每字0.5分,填入表4-5中。

表4-5 任务评价表

考评项目	能力点	标准性	不足之处
普通话标准程度	声母		
	韵母		
	声调		
	轻声		
优质语音	吐字清晰		
	音量适当		
	音色甜美/有磁性		
	语调柔和		
	语速适中		
	停顿达意		
	具有亲和力		
	有节奏		
	微笑服务		

单元练习

1. 单字的声调练习

每组字声调相同，第一字定调后，依照读下去。

阴平：宣 xuān　安 ān　功 gōng　八 bā　春 chūn　收 shōu
阳平：缠 chán　怀 huái　文 wén　查 chá　无 wú　责 zé
上声：反 fǎn　法 fǎ　雪 xuě　紧 jǐn　北 běi　采 cǎi
去声：浩 hào　不 bù　信 xìn　较 jiào　气 qì　谢 xiè

2. 双音节词语的声调练习

(1) 去声连接阳平。
上学 shàngxué　问题 wèntí　过年 guònián　未来 wèilái
自觉 zìjué　地图 dìtú　秘诀 mìjué　顺从 shùncóng

(2) 去声连接上声。
政府 zhèngfǔ　字母 zìmǔ　至少 zhìshǎo
个体 gètǐ　戏曲 xìqǔ　地理 dìlǐ

(3) 阴平连接去声。
公共 gōnggòng　区域 qūyù　粗细 cūXì
欢乐 huānlè　音乐 yīnyuè　丰富 fēngfù

(4) 阳平连接去声。
别动 biédòng　华夏 huáxià　杂志 zázhì
服务 fúwù　容易 róngyì　结束 jiéshù

(5) 阴平连接上声。
钢笔 gāngbǐ　风险 fēngxiǎn　出产 chūchǎn
操场 cāochǎng　溪水 xīshuǐ　温暖 wēnnuǎn

(6) 阴平连接阳平。
珍奇 zhēnqí　功劳 gōngláo　花红 huāhóng　鲜红 xiānhóng
诗人 shīrén　青年 qīngnián　川流 chuānliú

(7) 阳平连接上声。
明理 mínglǐ　洪水 hóngshuǐ　苹果 pīngguǒ　执法 zhífǎ
茶水 cháshuǐ　浏览 liúlǎn　纯碱 chúnjiǎn

3. 四字句的声调练习

天长地久 tiānchángdìjiǔ
聪明透顶 cōngmíngtòudǐng
虚怀若谷 xūhuáiruògǔ
千言万语 qiānyánwànyǔ
争长论短 zhēngchánglùnduǎn

4. 声调辨正练习

（1）声母 b。

跋涉 báshè	碧空 bìkōng	白天 báitiān	墙壁 qiángbì
捌拾 bāshí	必须 bìxū	璧玉 bìyù	鼻子 bízi
毕业 bìyě	拔河 bāhé	复辟 fùbī	憋闷 biēmèn
冰雹 bīngbáo	百万 bǎiwàn	逼迫 bīpò	扒土 bātǔ
铅笔 qiānbǐ	荸荠 bíqí	驳斥 bóchǐ	鱼鳖 yúbiē
分别 fēnbié	搏斗 bódòu	泊船 bóchuán	拨冗 bōróng
博士 bóshì	干瘪 ganbie	百色 bǎisè	赤膊 chìbó
渤海 bóhǎi	柏林 bólín		

（2）声母 c。

擦洗 cāxǐ	测验 cèyàn	古刹 gǔchà	出现 chūxiàn
清澈 qīngchè	赤子 chìzǐ	矗立 chùlì	拆信 chāixìn
簇拥 cùyōng	绰号 chuòhào	手册 shǒucè	吃力 chīlì
邮戳 yóuchuō	决策 juécè	厕所 cèsuǒ	彻底 chèdǐ
插手 chāshǒu	尺子 chǐzi	家畜 jiāchù	斥责 chízé
侧目 cèmù	触觉 chùjué	促进 cùjìn	撤职 chèzhí

（3）声母 d。

搭桥 dāqiáo	敌对 díduì	嫡系 díxì	间谍 jiàndié
品德 pǐndé	竹笛 zhúdí	答理 dālǐ	的确 díquè
点滴 diǎndī	重叠 chóngdié	得到 dédào	独立 dúlì
跌足 diēzú	碟子 diézi	读书 dúshū	表达 biǎodá
忖度 cǔnduó	洗涤 Xǐdí	督促 dūcù	嘀咕 dígu
蝴蝶 húdié	毒计 dújì		

（4）韵母 e。

名额 míngé	遏制 èzhì	恶心 ěxīn	愕然 èrán
噩梦 èmèng	鳄鱼　èyú		

（5）声母 f。

复习 fùxí	发达 fādá	仿佛 fǎngfú	阀门 fámén
福利 fúlì	乏味 fáwèi	筏子 fázi	拂晓 fúxiǎo
腹地 fùdì	伏击 fújī	采伐 cǎifá	服务 fúwù
覆没 fùmò	理发 lǐfà	辐射 fúshè	束缚 shùfù
佛教 fójiào	幅度 fúdù	蝙蝠 biānfú	惩罚 chéngfá

（6）声母 g。

夹肢窝 gāzhīwō	胳膊 gēbo	鸽子 gēzi	搁浅 gēqiǎn
恶习 èxí	个体 gètǐ	山谷 shāngǔ	隔离 gélí
各别 gèbié	交给 jiāogěi	葛藤 géténg	姓葛 xìnggě

骨朵 gūduo　　刮风 guāfēng　　城郭 chéngguō

(7) 声母 h。

喝水 hēshuǐ　　光滑 guānghuá　　计划 jìhuà　　惑众 huòzhòng
黑夜 hēiyè　　豁口 huōkǒu　　或者 huòzhě　　获取 huòqǔ
狡猾 jiǎohuá　　活期 huóqī　　嘿嘿 hēihēi　　忽然 hūrán
豁亮 huòliàng

(8) 声母 j。

打击 dǎjī　　集中 jízhōng　　极限 jíxiàn　　嫉妒 jídù
夹衣 jiáyī　　成绩 chengjì　　脚底 jiǎodǐ　　竭力 jiélì
橘子 júzi　　及时 jíshí　　揭开 jiēkāi　　籍贯 jíguàn
听觉 tīngjué　　诀窍 juéqiào　　垃圾 lājī　　立即 lìjí
供给 gōngjǐ　　豆荚 dòujiá　　寂静 jìjìng　　结局 jiéjú
嚼舌 jiáoshé　　节日 jiérì　　鞠躬 jūgōng　　绝境 juéjìng
倔强 juéjiàng　　积极 jījí　　剧本 jùběn　　急速 jísù
脊梁 jǐliáng　　脸颊 liǎnjiá　　鲫鱼 jìyú　　吉利 jílì
三角 sānjiǎo　　挖掘 wājué　　局部 júbù　　激烈 jīliè
抢劫 qiǎngjié　　棘手 jíshǒu　　决定 juédìng　　疾病 jíbìng
级别 jíbié　　夹道 jiādào　　足迹 zújì　　甲子 jiǎzǐ
菊花 júhuā　　咀嚼 jǔjué　　饺子 jiǎozi　　角色 juésè

(9) 声母 k。

瞌睡 kēshuì　　蛋壳 dànké　　窟窿 kūlong　　残酷 cánkù
客人 kèrén　　刻苦 kèkǔ　　克服 kèfú　　扩展 kuòzhǎn
轮廓 lúnkùo　　咳嗽 késòu　　渴望 kěwàng　　哭声 kūshēng
总括 zǒngkuò

(10)声母 l。

拉杂 lāzá　　腊月 làyuè　　落枕 làozhěn　　落下 làxià
辣子 làzi　　蜡烛 làzhú　　烙印 làoyìn

【任务评价】

每错一个字扣 0.5 分。

5. 熟读绕口令

(1) 李莉买了一斤梨,黎里买了一斤栗,李莉要用梨换栗,黎里要用栗换梨,不知是李莉换了黎里的栗,还是黎里的栗换了李莉的梨。

(2) 时时注意,政治时事,事事报道,绝不失实,重大史实,写成史诗,可贵之处,实事求是。石勇、施庸,研究时钟,刻苦十冬,终于成功。通过试用,非常实用。"狮勇"时钟,都爱使用。

(3) 老师是让老史写日志,老史老是不去写日志,老史老是骗老师,老师老是说老史不老实。

6. 分组扮演角色进行规范服务用语对话练习

单元5 语流音变训练

任务1 变调字音训练

【任务目标】

(1) 了解普通话的各种音变的规则，包括“上声”、“一”、“不”、轻声；儿化；“啊”的变读和轻重格规律。

(2) 能做到声、韵、调、音变、语速均较标准。

【任务描述】

重点理解“上声”的变读规律。

任务实施

活动 “上声、一、不”变调训练

【任务安排】

请试读这几个句子，找出变调的字。

① 我很了解你。

② 我请表姐给我讲舞蹈表演。

③ 讲一讲、一声不响、不增加。

④ 琐碎。

> **小贴士**
>
> 普通话的变调情况很复杂，但很有规律，多数是由前后一个音节声调的影响引起的。

【任务评价】

共计20个变调字，以读音错误的字的个数进行测评，每读错1个字扣0.5分，共计10分，填入表5-1中。

表5-1 “上声、一、不”变调评分表

句子	变调读音正确的字	变调读音错误的字
(1)		
(2)		
(3)		
总评		

相关知识

语流音变基础知识

音变：说话或朗读时，要把音节组成词、句连续发出。在连续的语流中，音节之间、音

素之间、声调之间相互影响，就会产生语音变化，这就是音变。

音节连续发出时，有些音节地调值会发生变化，就是变调。普通话主要有上声的变调，“一”、“不”的变调和重叠式形容词的变调。

1. 上声变调规律

普通话上声音节在单念或处于句尾以及处于句子中语音停顿位置时，没有后续音节的影响，即可读原调。在其他情况下一般要作变调处理，具体分为：

(1) 两个上声相连　前面一个上声字变成阳平。即：上声＋上声＝阳平＋上声(35＋214)例如：很好、理想。

(2) 三个上声字相连　前面两个上声字变成阳平。即阳平＋阳平＋上声(35＋35＋214)例如：演讲稿、展览馆。

(3) 三个以上的上声字相连　按词或语气划分为两个或三个字一节，(“双单格”结构即 AAB 式)。前两个变阳平，(“单双格”结构即 BAA 式)。前一个变半上，第二个变阳平。例如：我很|了解你，请你|给我|找好手|整理好。

(4) 上声在非上声(阴平、阳平、去声)前变为半上(调值由 214 变为 21)。例如：北方、火车、满足、朗读、宝贵、宇宙。

(5) 上声重叠表示亲属称谓的词或上声＋轻声，变为“半上＋轻声”(21＋轻声)。例如：姥姥、姐姐。部分词语变(阳平＋轻声)例如：手里、跑跑、打手。

2.“一”的变调

(1) 单念，在词句末尾，表示序数、基数或后面跟着别的数词时，读本调阴平。例如：始终如一、第一、一九九三年。

(2) 在去声字前读阳平。例如：一定、一切。

(3) 在非去声字(阴平、阳平、上声)前，读去声。例如：一心、一年、一起。

(4) 夹在重叠的词中间读轻声。例如：看一看、尝一尝。

3.“不”的变调

(1) 单念，在词句末尾或去声(阴平、阳平、上声)前读本调去声。例如：不写、不说、不谈。

(2) 在去声前读阳平。例如：不错、不去。

(3) 夹在词语之间读轻声。例如：来不来、差不多。

任务2　“轻声、儿化、啊”字音变调训练

【任务目标】

(1) 了解普通话的轻声；儿化。

(2) 了解“啊”的变读规律。

(3) 能读准轻声、儿化和啊字的变调。

【任务描述】

能读出正确的“轻声、儿化”的读音。

任务实施

【任务安排】

1. 对“轻声、儿化”变调的认识

试读这几个词语，对比并解释词语。

兄弟 xiōngdì　　兄弟 xiōngdi
运气 yùnqì　　运气 yùnqi
地道 dìdào　　地道 dìdao
东西 dōngxī　　东西 dōngxi
画 huà　　画儿 huàr　　头 tóu　　头儿 tóur
眼 yǎn　　眼儿 yǎnr　　破烂 pòlàn　　破烂儿 pòlànr

> **小贴士**
>
> （1）普通话里有些词或词组靠轻声音节与非轻声音节区别意义和词性。
>
> （2）普通话儿化音有区别词义和词性的作用。

【任务评价】

以完成的准确率进行加分，满分10分。

2. “啊”字变调训练

【任务安排】

请试读这几个句子，标出啊的读音。

（1）她怎么不回家啊？
（2）怎么给我这么多啊？
（3）多漂亮的天鹅啊？
（4）那是谁的鞋啊？
（5）桂林的山真奇啊！
（6）会不会下雨啊！

> **小贴士**
>
> “啊”用在语句末尾时，由于受前面音节末尾音素的影响，常发生不同的音变现象。

【任务评价】

以完成的准确率进行加分，满分10分。

相关知识

轻声、儿化知识及“啊”字音变规律

一、轻声、儿化知识

轻声：是一种特殊的变调现象。语流中有的音节在一定条件下失去原有声调的调值，读得又轻又短的的调子。轻声没有固定的调值，不是四声之外的第五种声调，而是四声的一种特殊音变。

（一）轻声的规律

（1）语气词“吧、吗、呢、啊”等读轻声。如：行啊、好吧、去吗。

（2）助词“的、地、得、着、了、过、们”读轻声。如：写了、买得起、看过、忙着。

（3）名词后缀“子、儿、头”等读轻声。如：桌子、罐头、老头儿、椅子。

(4) 方位词读轻声。例如:天上、家里、墙上、河里、地下、底下、那边。

(5) 以"头、面、边"为后缀构成的合成方位词,其后缀一般念作轻声。例如:前头、后头、外头、下头、上头、后头、里头。

(6) 叠音词和动词的重叠形式后面的字。例如:说说、想想、弟弟、奶奶、谈谈、跳跳。

(7) 附着于中心词之后的趋向动词作补语时,念作轻声。若中心词与趋向动词之间插入了"不、得"时,"不、得"念作轻声,趋向动词一般改念原调。例如:起来、看出、拿出来、看上、说出来。

(8) 某些常用的双音节词的第二个音节习惯上读轻声。例如:明白、暖和、萝卜、玻璃、葡萄、知道、事情、衣服、眼睛。

(二) 儿化

在普通话里,卷舌元音 er 与它前一音节的韵母结合成一个音节,并使这个韵母带上卷舌音色的这种特殊的音变现象叫作"儿化",我们把这种有卷舌色彩的韵母称作"儿化韵"。

儿化的音变规则

(1) ɑ、o、e、ê、u 收尾的韵母,儿化时主要元音基本不变,韵母直接卷舌。例如:ɑ—ɑr 刀把儿,o—or 粉末儿,e—er 模特儿,u—ur 没谱儿。

(2) 韵尾是 i,n 的韵母,韵尾脱落,主要元音卷舌。例如:cai—car 小菜儿,qian—qiar 书签儿。

(3) 韵母是 i,ü 的,韵腹不变,原韵母后加 er。例如:li—lier 米粒儿,yü—yüer 金鱼儿。

(4) 韵母是舌尖前韵母-i 和舌尖后韵母-i 的,将韵母改成 er。例如:zi(前)—zi:er 瓜子儿,shi(后)—shi:er 没事儿。

(5) 韵尾是—ng 的,丢韵尾、韵腹鼻化,并卷舌。例如:fang—far 药方儿,feng—fer 夹缝儿,ping—ir 花瓶儿,dong—or 洞儿。

有的词语后面加上了"er"以后,不仅韵母出现了卷舌现象,其声调也发生了变化。例如:慢慢(mànmàn)—慢慢儿(mànmānr),中间(zhōngjiān)—中间儿(zhōngjiànr),早早(zǎozǎo)—早早儿(zǎozāor),相片(xiàngpiàn)—相片儿(xiàngpiānr)。

二、"啊"字的变调规律

(1) 前面的音素是 ɑ、o、e、ê、i、ü 时,读 yɑ,可写作"呀"。例如:真多啊、回家啊、鞋啊、山坡啊、唱歌啊。

(2) 前面的音素是 u(包括 ɑo、iɑo)时,读 wɑ,可写作"哇"。例如:真好啊、跳舞啊、碰巧啊、真高啊。

(3) 前面的音素是 n 时,读 nɑ,可写作"哪"。例如:真准啊、好人啊、看不见啊、多鲜艳啊。

(4) 前面的音素是 ng 时,读 ngɑ。例如:唱啊、行不行啊、好冷啊。

(5) 前面的音素是-i(后)、r(er 或儿化韵)时,读 rɑ。例如:老师啊、花儿啊、同事啊、可耻啊。

(6) 前面的音素是-i(前)时,读[z]ɑ。例如:字啊、多少次啊、三思啊。

任务3　情景训练——录音分析

【任务目标】

（1）识记 CCSS 系统“客户沟通能力教学录音集”的操作流程。

（2）能做到用标准的声、韵、调、音变的发音进行呼叫中心座席员语音对话中的语速训练。

【任务描述】

听录音，找出语音错误，并进行正确的语音练习。

任务实施

活动 1　识记 CCSS 系统“客户沟通能力教学录音集”的操作流程

【任务安排】

试进行 CCSS 系统操作，打开录音语音记录。

【任务评价】

以在规定时间内完成的准确率进行加分，满分 10 分。

> **小贴士**
>
> 能进行 CCSS 系统的熟练操作是座席员的技能之一。

活动 2　情景训练

【任务安排】

（1）听录音，找出语音错误做好记录。

（2）情景练习（分角色）。纠正语音的声韵调。注意座席员规范用语。

【任务评价】

以在规定时间内完成的准确率进行加分，满分 10 分。

> **小贴士**
>
> 练习听力，注意语音的声韵调。

单元练习

【任务安排】

1. 上声变调练习

（1）上声＋阴平。

海军	祖宗	演出	许多	早操	打针
首都	火车	礼花	雨衣	省心	警花
老师	主编	把关	贬低	饼干	补充

产生　取消　法规　反思　感激

(2) 上声+阳平。

脸盆　党员　伟人　羽毛　企鹅　简洁
古人　祖国　补偿　乞求　可能　厂房
品尝　旅行　举行　火柴　海洋　典型
表达　狠毒　打球　改革　抢夺

(3) 上声+去声。

法律　果树　解放　美术　宝贵　鼓励
本质　法律　北部　百货　小麦　讲话
狡辩　稿件　保证　保护　宝贝　女士
理发　美丽　法院　跑步　野兔

(4) 上声+轻声。

小姐　打手　宝宝　奶奶　铲子
奶奶　傻子　马虎　早晨　暖和
老婆　嫂嫂　口袋　伙计　姥姥
骨头　枕头　比方　讲究　姐姐
嘴里　想起　想想　小姐　管管
等等　桶里　晌午　走走　找补

(5) 上声+上声。

保险　保养　党委　尽管　老板
本领　引导　古老　敏感　鼓舞
产品　永远　语法　口语　岛屿
晃眼　口水　拇指　理解　鼓掌
广场　勇敢　彩礼　水桶　本领

(6) 三个上声相连的变调。

演讲稿　跑马场　党小组　管理组　洗澡水
考古所　虎骨酒　守海岛　手写体　好小伙
水彩笔　选取法　好总理　耍笔杆　请允许
老保姆　蒙古语　很友好　旅党委　小雨伞
古典舞　纸老虎　水彩笔　草稿纸　冷处理
洗脸水　跑百米　李厂长　岂有此理

2. 上声调句子练习

(1) 两国人民是永远友好,还是挑起事端燃起战火。

(2) 这是五百块钱,你去买两百本笔记本。

(3) 一切反动派都是纸老虎。

(4) 今晚百花广场有好几百人表演的大型舞蹈。

(5) 李厂长批评了管理组的做法,要求他们按时整改。

3.“一”字变调练习

(1)“一”字在句末单用读本调。

十一 万一 统一 第一 一层

一九二一 一连 举一反三

(2)“一”字在去声前面变阳平。

一致 一再 一向 一律 一瞬 一定 一共 一道 一并

不看 不怕 不累 不要 不跳 不叫 不去 不必 不便

(3)“一”字后的字为非去声时(“一”字在第一、二、三声的字前面)变去声。

一早 一晚 一览 一连 一朝 一夕 一心 一生 一直

一瞥 一些 一体 一瓶 一厢 一曲 一缕 一回 一样

一身 一张 一年 一切 一群 一笔 一斤 一家 一组

(4)“一”字夹在重叠词中间要轻读。

等一等 试一试 来一下 去一下 想一想

好一些 说一遍 试一试 走一回 听一听

(5)四字练习。

一了百了 一落千丈 一致通过 一天到晚 一来二去

一毛不拔 一劳永逸 一切顺利 一脉相承 一张白纸

一知半解 一样轻重 一律作废 大年初一 始终如一

一声大喊 一帆风顺 百里挑一 国家统一 一定照办

4.“不”字练习

不忍 不想 不看 不去 不行 不惜 不要 不来

来不及 说不定 买不起 不卑不亢

不大可能 不义之财 不三不四 不伦不类 不拘一格

不即不离 不信鬼神 不算高明 不说假话 不怕困难

不相上下 不必客气 不听劝告 不知好歹 不愁吃穿

不欢而散 不由自主 不能迟到 不难学会 不劳而获

不敢相信 不可多得 不许说谎 不管闲事

5. 轻声词语练习

(1)阴平+轻声。

差事 嘀咕 家伙 衣服 搀和 巴结 风筝

槟榔 玻璃 巴掌 哆嗦 舒服 休息 张罗

稀罕 生日 芝麻 妖精 秧歌 周到 思量

书记 交情 宽绰 烧饼 包袱 作坊 饥荒

花哨 招呼 家伙 邋遢

(2)阳平+轻声。

妯娌 狐狸 年月 神仙 盘算 枇杷 篱笆

活泼	玄乎	麻烦	学生	云彩	拾掇	节气
匀称	年成	萝卜	奴才	蛤蟆	石榴	棉花
朋友	笤帚	行李	蘑菇	玫瑰	折磨	能耐
财主	柴火	残疾	凉快			

(3) 上声+轻声。

老爷	脑袋	喇叭	讲究	老婆	摆布	口袋
嘴巴	指头	瓜子	扭捏	小姐	打扮	已经
指甲	主意	委屈	打听	耳朵	伙计	响动
嘱咐	打发	女婿	稳当	首饰	爽快	点心
牡丹	哑巴	喜欢	体面			

(4) 去声+轻声。

月亮	屁股	利落	自在	忘性	吓唬	相公
力气	漂亮	算盘	队伍	地方	风数	痛快
念叨	秀气	上司	阔气	亲家	意思	豆腐
笑话	丈夫	热乎	志气	钥匙	悟性	告示
厚道	正经	做作	位置	动静	热闹	便当
下场	栅栏	勾当	地方	报酬	桌子	鼻子
小子	庙子	凳子	椅子	裤子	院子	袜子
鞋子	盆子	盘子	瘦子	炉子	兔子	燕子
曲子	胖子	铲子	儿子	胡子	桃子	李子
甜头	石头	样子	馒头	舌头	风头	来头
盼头	码头	木头	赚头	兆头	浪头	想头

6. 绕口令

(1) 一个手指头拉勾勾,两个手指头捡豆豆,三个手指头系扣扣,四个手指头提兜兜,五个手指头合一拢,攥成个拳头有劲头。请你爱护好你的手,保护好十个手指头。

(2) 打南坡走过来个老婆婆,两手托着两笸箩。左面笸箩里装的菠萝,右面笸箩里装的萝卜。你说说,是左面笸箩里的菠萝多,还是右面笸箩里的萝卜多?说得对,送给你一笸箩菠萝;说得不对,罚你替老婆婆把两笸箩菠萝和萝卜送到大北坡。

7. 儿化词语练习

找茬儿、刀把儿、板擦儿、小孩儿、蒜瓣儿、老伴儿、收摊儿、包干儿、一下儿、照片儿、扇面儿、差点儿、一点儿、聊天儿、露馅儿、鼻梁儿、一块儿、打转儿、好玩儿、烟卷儿、出圈儿、人缘儿、绕远儿、老本儿、哥们儿、纳闷儿、高跟儿鞋、一阵儿、走神儿、小人儿书、杏仁儿、刀刃儿、脖颈儿、旦角儿、主角儿、一会儿、墨水儿、走味儿、打盹儿、冰棍儿、没准儿、小翁儿、瓜子儿、垫底儿、肚脐儿、玩意儿、有劲儿、花瓶儿、打鸣儿、门铃儿、人影儿、小曲儿、毛驴儿、痰盂儿、碎步儿、儿媳妇儿、梨核儿、胡同儿、酒盅儿、灯泡儿、口罩儿、绝招儿、鱼漂儿、面条儿、老头儿、年头儿、门口儿、纽扣儿、线轴儿、顶牛儿、抓阄儿、大伙儿、邮戳儿、

被窝儿、小说儿。

8. “啊”字变调练习

是他啊　　可怜啊　　快划啊　　可笑啊　　老师啊　　快去啊　　好脏啊

ia 你怎么还不回家啊(jiāya)!

o 他是你大伯啊(bóya)!

ai 你发什么呆啊(dāiya)!

iou 这是什么酒啊(jiǔwa)!

ian 这孩子真可怜啊(liánna)!

ao 实习老师对我们多好啊(haowa)!

ong 电话打不通啊(tōnga)!

-i 要实事求是啊(shì [za])!

üe 好大的雪啊(xueya)!

uei 你看对不对啊(duìya)!

ü 漓江的水真绿啊(lǜya)!

ou 这么多够不够啊(gòuwa)!

eng 这几天真冷啊(leng a)!

üan 你快点选啊(xuanna)!

-i 办学要舍得投资啊(zī[za])!

er 明天是二月二十二啊(èrra)!

【任务评价】

以完成的准确率进行加分，读错 1 字扣 0.5 分。

单元6 情景朗读与说话沟通训练

任务1 散文作品朗读

【任务目标】

（1）了解朗读的技巧（语法停顿、感情停顿、语法重音、逻辑重音等）。

（2）能运用朗读的多种技巧进行有感染力的文学作品朗读。

【任务描述】

朗读，是把文字作品转化为有声语言的创作活动，是朗读者在理解作品的基础上用自己的语音塑造形象，反映生活，说明道理，再现作者思想感情的再创造过程。朗读可以让人感觉到文章独有的韵律和节奏，培养和感知语言的美感。通过朗读可以更好地理解作品，体悟情感、涵养性灵，丰富语感经验；另外，还可以舒展胸襟，锻炼口语表达能力和良好的心理素质。

任务实施

1. 停顿训练

小贴士

（1）标点符号停顿。标点符号是书面语言的停顿符号，也是朗读作品时语言停顿的重要依据。标点符号的停顿规律一般是：句号、问号、感叹号、省略号停顿略长于分号、破折号、连接号；分号、破折号、连接号的停顿时间又长于逗号、冒号；逗号、冒号的停顿时间又长于顿号、间隔号。另外，在作品上的段落之间，停顿的时间要比一般的句号时间长些。以上停顿，也不是绝对的。有时为表达感情的需要，在没有标点的地方也可以停顿，在有标点的地方也可以不停顿。

（2）语法停顿。语法停顿是句子中间的自然停顿。它往往是为了强调、突出句子中主语、谓语、宾语、定语、状语或补语而做的短暂停顿。学习语法有助于我们在朗读中正确地停顿断句，不读破句，正确地表达作品的思想内容。

（3）感情停顿。感情停顿不受书面标点和句子语法关系的制约，完全是根据感情或心理的需要而作的停顿处理，它受感情支配，根据感情的需要决定停与不停。它的特点是声断而情不断，也就是声断情连。

【任务安排】

作品朗诵:给范文作停连设计,并按照设计进行停顿训练。

(1) 亲爱的爸爸妈妈/欢迎您。

(2) 亲爱的爸爸/妈妈欢迎您。

(3) 亲爱的/爸爸妈妈欢迎您。

(4) 桃树、杏树、梨树,/你不让我,我不让你,/都开满了花赶趟儿。

(5) 一个夏天,太阳/暖暖地照着,海/在很远的地方奔腾怒吼,绿叶/在树枝上沙沙地响。

青春,是生命深泉的/自在奔流。明媚、忧伤;单薄、明亮。成长的点点滴滴,烙在/生命的/记忆里,风乍起,满眼/惆怅……

当时光/渐行渐远,温暖的阳光/变换了经纬度,春天来了,夏天来了。我们/都散了。

离散的风,吹凉了心。光年流转,于一个/不经意的瞬间,岁月的书/又悄然翻过了一页。翻过的/不只是时间,还有依附在时间之上的/快乐、忧伤,甜蜜、辛酸,幸福、难过,笑靥、眼泪,路过的/或亮丽或黯淡的风景,以及我们的/心境。

青春,一个人的过场,却有着/无数人的过往,和明媚的忧伤。回忆,曾经拥有的/每一天。记忆,在脑海里/荡着秋千。时光,匆匆流走,留下的/只是事物的变迁。

就/这样长大,像真实的童话。躺在草地上/凝望,看/日子在飘荡,我们就像/云彩一样,来不及/回头望。青春的/花开花谢,疲惫/却不后悔。四季的/雨飞雪飞,心碎/却不堪憔悴。轻轻的风/轻轻的梦,轻轻的/晨晨昏昏。淡淡的云/淡淡的泪,淡淡的/年年岁岁。

青春,多么美好的字眼。彼时的我们/那么年轻,那么诚恳,无助却又无畏的/呼喊着,追逐着,梦想着/我们的梦想,欲望着/我们的欲望。

某一刻,青春/成为想象与回忆,轻轻的/飘走了,隐没在/遥远的角落。谁/曾从谁的青春里/走过,留下了笑靥。谁/曾在谁的花季里/听留,温暖了思念。谁/又从谁的雨季里/消失,泛滥了泪眼。不曾知晓。

轻波荡漾,浅浅的感伤。天空淡定,留下了/空寂的心情,没有/固定的永恒。终究,还是要/分离。

青春,走的/那么急,走过了/花季雨季,一路/马不停蹄。

青春散场,一切/已成过往。

青春散场,六月过后,各自/飞翔。

青春散场,只为/心中的梦想。

青春散场,换来/成长。

青春散场,彼此,莫失/莫忘。

【任务评价】

顿号、逗号,句中画"/"线处停顿1秒。句号停顿2秒。段落之间停顿3秒。每处停顿时间不足,扣0.3分,共计56分。

2. 重音训练

小贴士

重音是指那些在表情达意上起重要作用的字、词或短语在朗读时要加以强调的技巧。重音是通过声音的强调来突出意义的，能给色彩鲜明、形象生动的词增加分量。重音有以下几种情况：

(1) 语法重音。语法重音是按语言习惯自然重读的音节。这些重读的音节大都是按照平时的语言规律确定的。一般说，语法重音不带特别强调的色彩。

(2) 强调重音。强调重音不受语法制约，它是根据语句所要表达的重点决定的，它受应试者的意愿制约，在句子中的位置上不固定的。强调重音的作用在于揭示语言的内在涵意。由于表达目的不同，强调重音就会落在不同的词语上，所揭示的涵意也就不相同，表达的效果也不一样。

(3) 感情重音。感情重音可以使朗读的作品色彩丰富，充满生气，有较强的感染力。感情重音大部分出现在表现内心节奏强烈，情绪激动的情况。

【任务安排】

给范文作重音设计，并按照设计进行重音朗读训练。

(1) 我在读英语——谁在读英语？

(2) 我在读英语——你在读什么？

(3) 我在读英语——你在干什么？

(4) 我在读英语——你在读英语吗？

(5) 我知道你会唱歌——不用问别人。

(6) 我知道你会唱歌——你不用瞒我了。

(7) 我知道你会唱歌——不是别人。

(8) 我知道你会唱歌——你别谦让。

(9) 我知道你会唱歌——不是别人。

【任务评价】

错读一处或停顿扣 1 分。

3. 节奏训练

小贴士

节奏是朗读时思想感情的波澜起伏所造成的抑扬顿挫、轻重缓急的声音形式的回环往复。节奏的运用往往使得朗读自始至终贯穿着一种生命的律动，使朗读者情感的抒发和听众的心灵相互触动和感染，交流与沟通。节奏的产生离不开语言的抑扬顿挫、轻重缓急的变化。语言的节奏变化远比音乐节拍的变化复杂得多。既要注重对比，又要注重变化。同时也要注意相似的声音形式回环往复构成的节奏转换。朗读时，要在气息、吐字、声调、感情色彩等方面做细微的处理，使节奏得到更完美、更全面的体现。

节奏包括语言表达技巧问题，但又不仅仅是语言技巧，它要求朗读者从内心情感出发，随感情变化的起伏跌宕控制节奏，体现作品的内在韵律。一般来说，节奏可以分为六种类型。

高抗型——语势向高峰逐步推进，声音明亮、高昂、爽朗，如《海燕》。

紧张型——气急、音短、急促、紧张，如《最后一次演讲》。

轻快型——多扬少抑，轻快、欢畅，如《春》。

低沉型——少扬多抑，语速缓慢、偏暗、偏沉，如《一月的哀思》。

凝重型——多抑少扬，多重少轻，语音沉着、坚实、有力，如《葛底斯堡演说》。

舒缓型——舒展自如，气长而稳，如《再别康桥》。

【任务安排】

给范文作节奏类型设计，并按照设计进行语言节奏表达训练。

小鸟说："我愿意为朋友们唱歌，让它们高兴。"

大象说："我愿意为朋友们干活，让它们高兴。"

小兔说："我愿意为朋友们送信，让它们高兴。"

小蜗牛好着急，它能为朋友们做什么呢？

一天，一群小蚂蚁正在忙着搬东西，它们从小蜗牛身边走过，小蜗牛向它们友好的微笑。

小蜗牛想：对呀，我可以把微笑送给朋友们，让它们高兴啊！小蜗牛就画了好多张图片，上面一只小蜗牛在甜甜的微笑。朋友们看到这张图片，也高兴地笑了。

小贴士

这篇散文通过简练优美的语言向我们展示了一个互助友爱的童话世界，表现了小蜗牛美好的心灵。作者让"我愿意……让别人高兴"的句型反复出现，充分表现了小动物们助人为乐的美德。作品字里行间始终洋溢着欢快热烈的气氛，让人充分领略到小朋友之间纯洁的友情。宜以活泼、轻快的语气朗读，主要使用轻快型节奏。

【任务评价】

使用轻快型节奏，无轻快、欢畅的音色表达为不合格。

4. 语气训练

小贴士

语气是指思想感情支配下语句的具体声音形式，是表达语义的重要手段。在朗读时，语气的表达可以从两个方面入手：一是语气内在的感情色彩和分量；二是语气外在的快慢、高低、虚实、强弱的声音形成。

丰富的思想感情，必须透过变化多样的声音形式才能体现出来。感情真挚，气息就会控制自如，音色就会饱满有力度，吐字也会清晰流畅。总的来说，语气是情、气、声的结合体，有什么样的感情，就产生什么样的气息；有什么样的气息，就有什么样的声音状态。

【任务安排】

给范文设计语气，并按照语气表达的要求进行朗诵。

海睡熟了。

大小的岛拥抱着，偎依着，也静静地恍惚入了梦乡。

小贴士

作者描写的是一幅静美、平和、充满柔情的图画，表现了落潮时大海片刻的宁静。朗读时感情应是平静、温柔的，气息应是舒展缓慢的，声音应是柔和和低细的。

没有风。海自己醒了，喘着气，转侧着，打着哈欠，伸着懒腰，抹着眼睛。因为岛屿挡住了它的转动，它狠狠地用脚踢着，用手推着，用牙咬着。它一刻比一刻兴奋，一刻比一刻用劲。岩石也仿佛渐渐战栗，发出抵抗的嗥叫，击碎了海的鳞甲，片片飞散。

小贴士

“它一刻比一刻……”是发展，作者生动逼真地描绘出大海的躁动，海潮涌动的情景。感情是急躁的，火辣的，气息是磅礴、冲撞的，声音是响亮有力的，节奏变得急促。

朗读《济南的冬天》的片段，请做出停连设计、划出重音位置、掌握朗读的节奏、注意语气的轻重缓急。

对于一个在北平住惯的人，像我，冬天要是不刮风，便觉得是奇迹；济南的冬天是没有风声的。对于一个刚由伦敦回来的人，像我，冬天要能看得见日光，便觉得是怪事；济南的冬天是响晴的。自然，在热带的地方，日光是永远那么毒，响亮的天气，反有点叫人害怕。可是，在北中国的冬天，而能有温晴的天气，济南真得算个宝地。

设若单单是有阳光，那也算不了出奇。请闭上眼睛想：一个老城，有山有水，全在天底下晒着阳光，暖和安适地睡着，只等春风来把它们唤醒，这是不是个理想的境界？小山整把济南围了个圈儿，只有北边缺着点口儿。这一圈小山在冬天特别可爱，好像是把济南放在一个小摇篮里，它们安静不动地低声地说：“你们放心吧，这儿准保暖和。”真的，济南的人们在冬天是面上含笑的。他们一看那些小山，心中便觉得有了着落，有了依靠。他们由天上看到山上，便不知不觉地想起：“明天也许就是春天了吧？这样的温暖，今天夜里山草也许就绿起来了吧？”就是这点幻想不能一时实现，他们也并不着急，因为有这样慈善的冬天，干啥还希望别的呢！

最妙的是下点小雪呀。看吧，山上的矮松越发的青黑，树尖上顶着一儿白花，好像日本看护妇。山尖全白了，给蓝天镶上一道银边。山坡上，有的地方雪厚点，有的地方草色还露着；这样，一道儿白，一道儿暗黄，给山们穿上一件带水纹的花衣；看着看着，这件花衣好像被风儿吹动，叫你希望看见一点更美的山的肌肤。等到快日落的时候，微黄的阳光斜射在山腰上，那点薄雪好像忽然害了羞，微微露出点粉色。就是下小雪吧，济南是受不住大雪的，那些小山太秀气！

【任务评价】

同桌两个同学互相检查标注，倾听对方朗读，给对方打分，最后由老师加上过程评分。

相关知识

朗读的表达方法

朗读的表达方法。是实现朗读目的的重要手段。任何表达方法都是受朗读者心理

状态支配的。为此，朗读方法应分两步训练；第一步是“内部心理状态”训练，包括形象感受、逻辑感受、内在语气等：第二部是外部表达技巧训练，包括语调、停连、重音、节奏等。

（一）内部心理状态

1. 形象感受

感受是理解和表达之间的桥梁，也是调动感情的基础。感受又可分形象感受和逻辑感受。形象感受，是从作品的文字语言所包含的形象中获得的具体感受。它要求朗读者根据文字描述，在作品形象性词语的刺激下，调动自己的记忆联想和再造想象。感知（看到、嗅到、尝到、触到等）具体事物的形象，并产生相应的内心体验，这就叫做有动与衷。

训练要领：

(1) 朗读者的形象感受，来源于作品的词语概念对朗读者内心刺激而引起的对客观事物的感知、体会、思考，是“感之于外，受之于心”而形成的。

(2) 朗读者要善于抓住那些表达事物形象的“实词”，透过文字，“目击其物”好像“看到、听到、嗅到、尝到，伸手即可得到”一样，使作品中的情、景、物、人、事、理在朗读者内心“活”起来，形成“内心现象”。

(3) 朗读者自身的经历、经验和知识积蓄，是形成“内心现象”的重要条件。朗读者要善于发挥记忆联想和再造想象的能力，以增强有声语言表达的强烈感染力。

2. 内在语

没有内在语，有声语言就会失去光彩和生命。要学会在朗读中运用“内在语”的力量，赋予语言一定的思想态度和感情色彩。

(1) 朗读时，内在语要像一般巨大的潜流，在朗读者的语言底下不断滚动着，赋予有声语言以根据，以生命。内在语的潜流越厚，朗读也就越有深度，越有“味儿”。

(2) 作品中的某些词语和句子，有时并不服从其直接含义或表面意思。如用“恳求”的语气来命令，用“命令”的语气来劝告；“亲爱的”一词也可以表示“恨”，“你真坏”一句，也可以是“你真好”。

3. 语气的运用

语气，从字面上理解，“语”是通过声音表现出来的“话语”、“气”是支撑声音表现出来的话语的“气息状态”。运用于朗读，语气则包含两个方面的内容：既有内在的思想感情的色彩和分量（也称“神”），又有外在的快慢、高低、强弱、虚实的声音形式（又称形），所以说，语气就是朗读中“话语”的“神”“与”“形”的结合体。

朗读时，朗读者的感情、气息、声音状态，同表达有着极为密切的关系。声音受气息支配，气息则由感情决定，有什么样的感情，就产生什么样的气息；有什么样的气息，就有什么样的声音状态。语气运用的一般规律是：喜则气满声高，悲则气沉声缓，爱则气缓声柔，憎则气足生硬，急则气短声重，疑则气细声粘，静则气舒声平。朗读实践告诉我们，只有感情上的千变万化。才有气息上的千姿百态，也才有声音上的姹紫嫣红。当然，感情的引发不是随心所欲的，而要受到朗读目的和语言环境的制约。

（二）外部表达技巧

一般说来，朗读好一篇文章，有了充分的感受、理解之后，还要借助相应的外部表达技巧，借助顿连、重音、语调、节奏等，才能准确地表达文章的内容，生动地再现作者所要表达的思想感情。

(1) 顿连:包括停顿和连接,是指语流中声音的中断和延续。

(2) 动词和宾语比较,宾语读得重一些。

(3) 表性状、程度等的状语和中心语比较,状语读得重一些。

(4) 表结果和程度的补语读得重一些。

(5) 疑问代词和指示代词读得重一些。

任务2 情景训练——脚本朗读训练

【任务目标】

(1) 掌握呼叫中心外呼脚本设计方法。

(2) 能够用正确的方法对脚本进行朗读。

(3) 能对CCSS操作系统中的复读练习及语音互动练习进行模拟训练。

【任务描述】

随着呼叫中心市场的发展,呼叫中心的服务模式也正从以往的被动式服务向主动式服务进行过渡,外呼服务的发展已与日俱增。为了更好地为客户提供服务,并培养企业的忠诚客户,企业利用呼叫中心平台进行外呼服务,一方面将最新的市场资讯传递给客户,随时与客户保持友好的联系,另一方面也通过进行客户的相关调查,为企业不断进行市场策略的调整提供依据。由于外呼是一种"主动进攻"式的服务,因此,外呼语言脚本的设计对外呼的成功率起着非常重要的作用。

任务实施

活动1 呼叫中心外呼语言脚本设计

小贴士

在设计外呼的语言脚本时,应注意以下几个方面:

1. 开场白的设计

(1) 开场白设计的好与坏,直接关系到客户对外呼电话的认同度。在开场白中,第一个必不可少的内容就是:"自报家门",即让客户明确电话的来缘。此时话务员可能用到的语言是:"您好,我是×××公司的外呼话务员。"

(2) 针对不同的用户情况做相应的语言设计。如果拨叫的是对方的手机号码,那么在设计语言脚本时就应该考虑被访者的接听心理。我们知道,手机采用的是双向收费的计费方式,因此被访者在接听电话时,会顾虑自己的通话费用,若脚本设计人员此

时没有在开场白中将类似“您所接听的电话是免费的，请您放心接听”等这种关于话费如何收取的内容设计进来，那么外呼时被拒访的比率就可能会增高。如果拨叫的是对方的固定电话，则不必考虑这方面的内容。

(3) 针对不同类型的用户设计不同的语言。对于首次进行外呼的用户，外呼语言脚本的内容中就应该将外呼的原因详细地告知被访者，让被访者从思想上认同并接受此次的通话，最终获得被访者良好的配合。例如：“您使用我公司的产品已经有好几年了，作为我们的老客户，我们想对您作一个电话的回访。”、“××先生(女士、小姐)您好，一个月前您购买了一台我公司生产的×××牌家用空调器，现在想了解一下这台机器的使用情况。”会让客户放松紧张的心情，积极的配合话务员完成整个外呼过程。如果我们所拨叫的是一位不久前曾经接受过电话外呼访问的用户，那么所使用的语言就应该和首次接受电话外呼访问的用户有所不同，此时就应该将一些亲情化的语言增加进来，如：“××先生(女士、小姐)您好，很高兴能够再次为您服务。”、“××先生/(女士、小姐)您好，很高兴又听到您的声音。”然后再向被访者说明来电的目的。

(4) 开场白的最后一个重要的内容就是征询语的设计。如果外呼的电话不是事先与客户约定好的话，那么征询语的设计对整个外呼过程是否成功或效果的好坏起着重要的作用。只有当被访者表示出愿意配合的意愿时，被访者才会将他最真实的信息传递给我们，外呼才可能成功。如若不然，即使有些客户因为礼貌而没有挂机，但也难免会出现敷衍了事的现象。在进行征询语的设计时，还有一点值注意的是，最好能够将本次通话大致所需要的时间告知被访者，让被访者判断是否有时间配合我们的电话访问，访问员也应该严格遵守事先约定好的时间，尽量不要出现超时的现象，除非是被访者愿意增加时间。常用的征询语如：“这次的电话访问大约需要 3 分钟的时间，请问您方便接听吗?”

2. 访问语的设计

外呼项目多种多样，如：客户回访、客户满意度调查、客户需求调查、产品使用情况调查、业务推广等，因此，在进行外呼语言脚本的设计时要针对不同的项目内容，设计不同的访问语。但在设计时必须要注意以下几点：

(1) 问题简单明了，避免设计让客户不理解或无法确定回答内容的问题。有时设计脚本的人设计出来的问题太大，范围太广，让客户不知该如何回答，影响外呼的效果。

(2) 设计人员要具有“角色转换”的意识。即设计脚本的人应首先站在客户的角度，去理解和体会客户的想法与需求，并结合企业的运营特点，设计出贴近客户的访问语，保证外呼的有效性。

(3) 减少“专业术语”和“生僻词”的使用，多用让被访者明白的词语，保持与客户的新近感。比如通信行业的话务员在了解被访者使用增值业务的相关信息时，就不能说，请问“您是否经常使用 SP 业务”？如果保险公司的话务员在向一个不了解保险知识的人推荐保险业务时，就应尽量避免使用“保险人、被保险人、生存金”等这样的专业词语。

3. 特殊情况处理时的语言设计

外呼时，话务员对客户的状态是不可知的，因此，话务员在进行外呼时就可能会遇到被访者因开会、用餐、开车、休息、生病等各种不适宜进行外呼的状况。那么，在进行外呼语言脚本的设计时，不仅要有供话务员在常规状态下使用的语言脚本，同时还要能够为话务员设计出一套遇特殊情况时所使用的语言脚本。如：

(1) 被访者在参加会议时，外呼话务员就不能够按照平常所使用的语言脚本对被访者进行电话访问了，此时，话务员应能够使用简短的语言迅速结束通话，以避免打扰被访者的工作。此时，语言脚本中就应该设计出这样的语句"对不起，本来想对您作一个电话回访，您现在在开会，我就不打扰您了，谢谢，再见"。

(2) 被访者在用餐时，有时也会不方便接听外呼的电话，那么语言脚本中就应该包括这样的语句："对不起，本来想对您作一个电话回访，您现在在用餐，我就不打扰您了，祝您用餐愉快，谢谢，再见。"

(3) 被访者若在生病时，语言脚本中就应该加入一些关心的语言，以体现我们服务的人性化与亲情化。此时可能用到的语言有："对不起，本来是想对您作一个电话访问，不过您现在身体不舒服就不打扰您了，看过医生了吗？有什么需要我可以帮助您。"、"对不起，本来想对您作一个电话访问，不过您现在身体不舒服我就不打扰您了，祝您早日康复，再见。"

4. 结束语的设计

恰当的结束语的设计不仅能留住客户和使客户满意，同时还能为下一次成功进行客户访问奠定基础。对于第一次接听外呼电话的被访者来讲，在结束语的设计中就应该将"愿与客户建立长期外呼服务"的信息传递给他，此时可用到的语言有："非常感谢您的支持与配合，今后公司推出了新的产品，我们会使用免费电话在最快的时间通知您，祝您工作愉快，再见。"

总之，外呼服务比起以往的呼入服务来讲具有更大的挑战性。呼叫中心的主管在指导话务员进行外呼时，除了要提供切实好用的语言脚本来指导话务员的工作外，同时还要运用多种方式来激励话务员，鼓励他们不要因多次被拒访而丧失工作的热情，不断调整外呼对策，最终取得优秀的外呼成绩。

活动2　脚本朗读要求

【任务安排】

进行呼叫中心外呼语言脚本设计。

【任务评价】

按外呼语言要求进行打分。

小贴士

脚本朗读要求：

(1) 吐字能清晰：发音标准，字正腔圆，没有乡音或杂音。

(2) 音量能恰当：说话音量既不能大，也不能小，以客户感知度为准。

(3) 音色能甜美：声音要有感染力、悦耳动听。

(4) 语调能柔和：能恰当把握轻重缓急、抑扬顿挫。

（5）停顿能达意：能合理停顿，以达到正确表意和强调重点。

（6）心境（语气）能平和：能保持平和的心态，进行微笑交流。

【任务安排】

按朗读要求练习以下三则呼叫中心脚本。

案例 6.1

A：您好，富康保险客户服务中心，请问有什么可以帮您？

C：我问下哈，分红保险与传统寿险产品有什么不同？

A：是这样的女士，首先，分红保险具有保障和投资双重功能。传统产品都有一个固定的预定利率，风险保障基本是固定不变的。分红保险除具有基本保障功能外，每年还可以根据分红保险业务的经营情况，决定红利分配，这是本产品的最大特点。其次，我公司有专家对分红保险资金进行专业化运作，既可投资基金，又可以投资债券；既可以在一级市场运作，又可以在二级市场运作，因此可有效化解风险。再次，保险公司每年向保单持有人寄送一份分红业绩报告，保险公司与客户共同分享保险公司的经营成果。

C：哦，明白了。谢谢你啊。

A：不客气，女士请问还有什么可以帮您的？

C：没了。

A：好的，很高兴为您服务，再见。

案例 6.2

A：您好，我是彩铃业务的客户代表××号，请问您是137××××××××机主对吧？

C：嗯！

A：（开场白）先生（女士），你好！为感谢您长期支持，特别为你准备5元包月“铃声悠扬”音乐盒，每月会有5首经典流行音乐作为您的手机彩铃，您在使用中不清楚的问题记得拨打×××××××号联系我们，费用不包含在套餐内，为您办理了好不好？

C：（1）好的。

（2）不用（根据用户拒绝问题，转挽留词）。

A：（客户同意，二次确认）（1）先生（女士），请问你的意思是同意办理5月包月的“铃声悠扬”音乐盒了，对吗？

（2）好的，48小时内就可以使用到5月包月的“铃声悠扬”音乐盒好不好？

C：好的。

A：好的，祝你使用愉快，再见！

A：（客户不同意，转挽留词）（1）先生（小姐），您好！本次我们推出的彩铃的经典流行音乐，让您感受的不一样的彩铃音乐，所以才让您第一时间使用到，现在为您办理了好吧？

（2）先生（小姐），您好！现在彩铃已经成为时尚达人、成功人士的必需品，您平时都很忙，别人在拨打您的电话时您可能没有及时接听，加入“琴声悠扬”后这些问题就不再是问题，因为您的亲朋好友可以在音乐中等待您接听电话了，给您办理了好吧？

（3）先生（小姐），您好！我们的音乐盒和您之前办理的彩铃业务是有区别的，是根据我们的老用户使用后反馈的意见，经过我们精心调整制定出来的，是经典的流行音乐，给您办理了好吧？

(4)先生(小姐)，您好！今天之所以打电话给您是不想让您错过这样的机会，因为将5首经典流行音乐包装成一个音乐盒，不需要您做设置，您亲朋好友打您电话时我们就会为您循环播放，让他们听到不一样的音乐，非常的方便，给您办理了好吧？

案例 6.3

A：您好，北京×××宅急送工号119号很高兴为您服务！请问有什么可以帮你？

C：我刚才上网想通过宅急送订餐，但是怎么都说我地址错误？我住的地方一般快递都能找到，怎么可能是我输入错误？

A：您好，女士，请先不要着急，请问您的具体居住地址是？

C：我的居住地址是北京市海淀区西直门外66号。

A：您好，您的送餐地址确实超出我们的送餐范围，造成无法送餐。

C：为什么呀？住得远就不是你们的客户了吗？现在快递都是全国都可以送到了，你们只是负责北京这一块还要限制？你们这样子相当于拒客，而且我家也住的不算太远，为什么不给我送餐？不行，我就不信我今天吃不上这顿饭了。我要投诉你们服务不到位！

A：很抱歉，为了保证产品的口感和品质，我们有严格的外送范围规定，如果您的住址超出了我们的外送范围，我们将无法提供×××宅急送服务。敬请谅解。您看是否可以选择就近的×××餐厅用餐。感谢您的理解和支持。

C：那你们就派一个人给我送一下就不成吗？我愿意出钱，你们不是收费6元钱一次吗？我愿意出15元钱，你们送不？

A：很抱歉，女士，我们确实也是有公司规定的，其实也有一部分客户提出相同的要求，我们会尽快提交给上级领导考虑是否可以扩展我们的送餐范围，希望您能理解和体谅我们的工作，谢谢！

C：我愿意出钱也不成吗？

A：确实很不好意思，还是建议您是否可以选择就近的×××餐厅用餐。十分感谢您的理解和支持！

C：那算了，我自己去餐厅吃吧。

A：非常感谢您的理解和支持！谢谢，再见！

【任务评价】

按脚本朗读要求，进行打分。

活动3 识记CCSS系统操作流程

【任务安排】

能完成华唐CCSS操作系统中的复读练习及语音互动练习。

【任务评价】

按CCSS操作系统要求，进行操作打分。

单元 7 情景朗读与说话沟通训练

任务 1　3分钟主题说话训练

【任务目标】

(1) 掌握方言与普通话所产生的不同的语法与词汇现象。

(2) 能清楚认识语音中存在的系统问题，在主题说话中使用规范词汇与语法。

(3) 能熟悉考试的流程，自主调节心理状态。

(4) 能熟悉 3 分钟主题说话的主题。

(5) 能用标准的普通话进行 3 分钟说话。

【任务描述】

在普通话水平测试中，说话一项的测试主要考查学生在没有文字凭借的情况下说普通话的能力和所能达到的规范程度，也就是学生用普通话的语音、词汇、语法进行思维、遣词造句并进行表达的能力及水平。

任务实施

活动 1　语音与语调练习

【活动安排】

(1) 请尝试用普通话不同的语气与语调表达以下句子。

你好。(日常问候)

你好。(愤恨地)

你好。(嘲讽地)

你好。(开心地)

小贴士

以上练习中的“好”字在不同语境中的实际读音，与它的理论读音并不完全相同。实际读音起到区分情感的作用，这是普通话字音在口语交际中实际状态的表现之一。事实上，除了字音的层面，词句、语段都会根据传情达意的需要呈现不同的“临时状态”。

(2) 请试用不同的语调说出下面的话，注意要表达出不同的情感。

讨厌。

你真好。

小贴士

讨厌:这句话在不同的语境中可以用来表达截然不同的感情,可以是厌恶,也可以是撒娇,还可以是没有敌意的责备。学生在语调的处理上,应有明显的区别。

你真好:这句话可以表达衷心的谢意,也可以表达讽刺之意,在日常交流中,我们除了可以通过上下文来明确意思之外,还应在语调、重音上有所区别。

(3) 用普通话的不同语气与语调表述以下句子,力求尽可能多地表达出不同的感情色彩。

你的钱包丢了。

他忘记吃药了。

他还在看这本书。

小贴士

注意说话者要强调的内容可能是不同的。

【任务评价】

(1) 评价内容:将任务(2)～(3)中的5句话,用不同的两种语调进行表达。

(2) 评价标准:每一种语调表达能体现出感情色彩,得1分,共计10分。

活动2　词汇与语法练习

【任务安排】

(1) 练一练(绕口令)。

白庙外蹲着一只白猫,
白庙里有一顶白帽。
白庙外的白猫看见了白帽,
叼着白庙里的白帽跑出了白庙。

(2) 故事赏析。

清朝的时候,有一天,纪昀因为体胖,经不起炎热酷暑,于是脱掉上衣,打着赤膊,把辫子也盘到头顶,坐在桌子旁校阅书稿。不巧,这时乾隆皇帝慢慢走进馆来,当纪昀发觉时,已经来不及穿衣服了,于是赶忙把脖子一缩,钻到书桌下,并随手用窗帘布裹住身体。过了好一会儿,纪昀以为乾隆皇帝已经走了,便探起身子问:"老头子已经走了吗?"话音刚落,却发现皇帝就坐在他的身旁!皇帝听到"老头子"的称呼,一时大怒,便喝问:"这三个字作何解释?"纪昀从容地回答道:"万寿无疆之谓老,顶天立地之谓头,父母君王之谓天之子,简称老头子。"皇帝听了纪昀的解释,转怒为喜。

小贴士

这则故事让我们联想到,言语与其所表述的真正含义之间其实是有距离的,在人们利用言语对事物进行阐释与理解的过程中,就有可能出现许多偏差。同理,方言与普通话属于不同的语言系统或支系统,要表达同样的意思,它们却各自产生不同的词汇与语法现象,这是情理之中的事。因此,要说好普通话,掌握其规范的词汇与语法是关键之一。

(3) 请指出以下句子中不符合普通话表述规范的地方,并加以改正。

① 这次旅游,我们都是踩单车去的。

② 冬天的时候,我们都要带上厚厚的手袜。

③ 他还在路上呢,我们食饭先吧。

④ 这两个细佬个子差不多,但其实男仔大过女仔好几岁。

⑤ 落雨了,还不快收衫!

⑥ 这么大的日头,就不要出门了吧。

⑦ 夏天太热了,我要经常冲凉才觉得凉爽点儿。

⑧ 他不讲道理,霸住这房间不让我入。

⑨ 这本书新出的,我无看过。

⑩ 我同他讲了半日道理都是白讲。

【评价标准】

每找出一处不规范表达的地方得1分,共计10分。

小贴士

在以上例子中,如"踩单车"、"手袜"、"食"等词都属于方言词汇,用在普通话里面是不规范的;另外,像"食饭先吧"这样将表示时间先后的"先"放在动词的后面,同属不规范,类似的问题就属于语法范畴了。

(4) 听录音,并分析对话中普通话表述不规范的地方。

小贴士

方言与普通话的区别,不仅在于语音、语调,也在于词汇与语法。语言在产生与发展的过程中,是既遵循着自己的道路,也相互影响着的。举例说明,"的士"一词,在20世纪80年代初由香港进入内地,由粤语进入普通话,并逐渐为普通话所接受,如今,这个词已为中国人广泛使用,成为正式用语了,由这个词,还派生出"面的"、"的哥"等词语,显见其已被广泛使用,甚至是某种方言对另一种方言的渗透,也不是什么稀罕事了。比如东北方言中的"忽悠"一词,就随着某个小品而流行于大江南北,逐渐融入到各地的方言中去,成为一个流行用语。

虽然语言之间的影响不可避免,但呼叫中心工作毕竟是面向大众的一种标准化的服务,要求客服人员必须使用普通话中的标准词汇与语法来进行口语表述,因此,一些虽然流行而不规范的用语,或者直接取自方言,但还未成为普通话中正式用语的,客服人员都应避免使用。

(5) 以下是部分方言词汇与普通话词汇的对照(加粗字体并有下划线标示的词汇才是规范的普通话用语)。

① 手袜、**手套**、手囊、手套儿。

② 粟米、包粟、**玉米**、包谷。

③ 姑姑、阿姑、姑姐。
④ 围巾、围领、脖巾。
⑤ 上面、上便、高头、上背。
⑥ 老豆、爷老子、阿爸、父亲(爸爸)。
⑦ 个里、呢处、支里、这里。
⑧ 为么子、做脉个、为什么、为啥、为怎样。

小贴士

应该看到，语言的存在并非一成不变的，相反，它们始终处于高度的活跃状态，是不断地在演变的。因此，我们应该注重日常的积累，留意方言词汇与普通话的对应关系，避免将方言词汇直接化，用普通话语音读出来的现象。只有积累多了，我们在一定的语料库里才能灵活自由地取用自己需要的材料，而不会捉襟见肘。

(6) 读出符合普通话规范的量名短语(例如:一条——鱼)。
① 家具　对联　交响乐　西装　猪　炸弹　电影　球拍　牛　卫星
② 大钟　三轮车　医生　仓库　教师　汽车　阳光　屋子　井　树叶
③ 钥匙　桌子　钞票　树　笔　学校　门　草　花

小贴士

在使用普通话的过程中，除了注意词汇的使用外，语法也是普通话学习者必须掌握的一个方面。虽然从表面看来，方言与普通话都被包括在汉语里面，但由于他们分属不同的语系，实际上在彼此的语法上，相差还是很大的。

方言与普通话之间的语法对比问题，至今依然是语言学家们孜孜以求的研究方向及内容，我们在此所作的一些归纳，仅仅是其中的一部分。更多的对比需要学习者自己在实践中留心观察，注意积累及反思。

中国方言学会理事、贵州大学汉语言文字学现代汉语方言方向硕士生导师涂光禄教授介绍，贵阳方言属汉语北方方言西南官话的川黔方言。川黔方言的一致性很高，贵阳方言总的说来与贵州省境内川黔方言各小片的差别不大，与省境之外其他川黔方言点如重庆、成都等地的方言也很接近。他发现了贵阳话有类似英文现在进行时的“把字句”句式(如:1. 他把走噢。2. 天把下起雨噢。)，所表达的意思，是刚完成不久的事件。这是贵阳话独有的，其他任何方言没有这种句式。

活动3　心理训练

【任务安排】

(1) 请用普通话当众表演一段自己最拿手的绕口令。
(2) 请用普通话告诉大家，当你要当众说普通话的时候，心理感受如何。

小贴士

一个人要把话说好，离不开过硬的心理素质。交际能力强、会说话的人在什么时候都能做到自信、自控与自强、拥有主动性、坚毅性和果断性。这些良好的心理素质不是天生具备的，而是通过后天的训练得以形成的。只要时刻保持说话中的热情，学会调节说话中的自卑、羞怯及其他心理，学会处理说话中的冷场等情况，善于向他人学习，就会慢慢向一个善于沟通的说话高手迈进。

每个人的心理素质固然有所差异，但并不是不可改变的。明白了以上所讲的心理问题的源头所在之后，自己应该有的放矢地在平面注重提高自己在这些方面的能力。大致来说，我们做到：

第一，清楚地认识自己语音面貌中所存在的系统问题，有针对性地加强训练。不少考生认为，学好普通话的主要方法就是要多练习。

第二，要抱着谦虚的态度，多与他人交流沟通。

第三，熟悉考试的流程，自主调节心理状态。当语音的基础已经打好，交际口语训练落实到位后，考生应该赋予自己更多的自信。

(3) 面对观众，深吸一口气，再慢慢地呼出这一口气的过程中数数(约一秒一个数字的速度)，看谁数得多。

(4) 面对观众作自我介绍，除准确把握语音与语流的准确性外，还应与观众有眼神的交流。

(5) 向别人介绍一下自己最近看到的一则新闻，注意与听众的眼神交流，时间不少于3分钟；请对方指出自己的语音、语流的问题，并加以改正。

小贴士

在一定的观众面前保持自己气息平稳、绵长，不仅是在锻炼自己的用气、发音的方式，也是在锻炼自己的胆量，因为这个练习是要“面对观众”的，气息的平稳其实反映的是内心情绪的稳定(或者是强有力的心理调节能力)，而只有内心平静，才能更好地锻炼自己说话的能力。

眼睛是“心灵的窗户”。显然，眼神的变化表露了一个人微妙的心态，传达着丰富的信息，令他人能更直观地理解说话者的意图。在说话时，所谓“眼神的交流”，是指说话者与听众之间要有眼神的接触与交流。富有经验的说话者将此视为说话中必要的技巧及礼貌，他们能恰如其分地运用自己的眼睛去表达充沛的情感，及时收集听众的反馈，并随时灵活地调整自己说话的内容。可以说，眼神的交流往往反映出说话者的自信与从容，给观众以充满活力与力量的感觉，也更容易使之受到感染，增强说话的效果。

活动4 场景模拟

【任务安排】

(1) 在公共场合，你遇到一个乱扔垃圾的人，你的身份是一名维护城市清洁的志愿者，要纠正对方的行为，你将如何对他进行劝说呢？请与同学合作进行对话，重点是演示你准备进行劝说的话语。

(2) 假设在一次新年晚会上，你作为某公司的员工代表将上台发言，请就这一背景准备你的讲话，并作演示。

小贴士

以上练习就涉及对他人的劝说，或是对工作、人际关系的回顾与展望等内容。在说话之前，首先应该明确自己围绕的主题是什么，是论述在公共场合乱扔垃圾的害处，还是对员工一年来工作情况的总结，只有目标明确了，才能有的放矢地说好接下来的话。

活动5 说话训练

【任务安排】

请思考普通话水平测试话题，看如何展开思路。

(1) 我的愿望(或理想)
(2) 我的学习生活
(3) 我尊敬的人
(4) 我喜爱的动物(或植物)
(5) 童年的记忆
(6) 我喜爱的职业
(7) 难忘的旅行
(8) 我的朋友
(9) 我喜爱的文学(或其他)艺术形式
(10) 谈谈卫生与健康
(11) 我的业余生活
(12) 我喜欢的季节(或天气)
(13) 学习普通话的体会
(14) 谈谈服饰
(15) 我的假日生活
(16) 我的成长之路
(17) 谈谈科技发展与社会生活
(18) 我知道的风俗
(19) 我和体育
(20) 我的家乡(或熟悉的地方)
(21) 谈谈美食
(22) 我喜欢的节日
(23) 我所在的集体(学校、机关、公司等)
(24) 谈谈社会公德(或职业道德)

(25) 谈谈个人修养
(26) 我喜欢的明星(或其他知名人士)
(27) 我喜爱的书刊
(28) 谈谈对环境保护的认识
(29) 我向往的地方
(30) 购物(消费)的感受

小贴士

可以以叙事的方式为主来展开话题，主要叙述自己周围熟悉的人与事，如亲人、同学、朋友，与家乡、童年有关的事情，与学校生活有关的，如学习普通话、学业中的事件，假日生活，如旅行、业余活动等。

相关知识

组织说话内容应遵循的顺序

1. 时间顺序

时间顺序就是按照时间的先后来结构材料，表达意思。例如要说“我喜欢的节日”这个话题，就可以按照时间的先后顺序，选取一年中自己感受最深刻的几个节日来说，如春节—清明节—中秋节—冬至，在介绍其中某个节日时，也可以按照一天之中时间的先后，讲述发生在自己身边的与过节有关的事情，从而印证自己喜欢这些节日的原因。

2. 空间顺序

空间顺序就是按照空间的转移来组织说话的内容。比如要说“难忘的旅行”这个话题，就可以根据自己所经历的某次旅行中在不同的空间所接触的人与事阐发自己的看法与感情。就说一次爬山的经过吧，可以分别描述在途中以及某些景点中的所见所闻所感，通过自己在不同地点的见闻，来表达出这次旅行之所以让自己“难忘”的原因。

3. 逻辑顺序

逻辑其实是一个包容很广的感念。它常常在许多说理的文段中。例如为某些社会现象探讨原因就需要用到因果逻辑；在剖析问题的时候也常常用到各种逻辑方法。

任务2　情景训练——话术情景对话

【任务目标】

(1) 识记话术脚本。

(2) 能使用标准的普通话进行分角色情景对话。

【任务描述】

情景训练是为在工作中用普通话与客户对答如流奠定基础。

任务实施

活动1 声音表达自我检测

【活动安排】

完成表7-1所示声音表达自我检测表。

表7-1 声音表达自我检测表

测试内容	是的	不是
我的说话速度可以根据说话对象来进行自然的调整		
我说话的音量一直很适中,没有人说我说话声音太小,也没有人说我说话声音太大		
我通常说话的时候很有耐心,不会中伤别人		
我平常说话不会死气沉沉的感觉,我的声音能够表达我的心情		
我说话停顿适合,不会一句话说太多,也不会半天说一句话		
我喜欢说话的时候面带微笑		
很少有人说我说话吐词不清楚		
我说话经常能够带动周围的气氛		

【任务评价】

如果以上八个你具备六个以上(包括六个),那么恭喜你,你的声音表达很适合做一位客服人员,如果你具备六个以下,那么要参照课文好好练习哦!

活动2 案例分析

【活动安排】

(1) 形式:分组,每组6人。

(2) 时间:25分钟。

(3) 要求:教师先请两位同学在台上演示案例中的情景,台下的学生进行观看。每演示完一个案例,学生认真分析并总结。

案例7.1

客服人员(声音非常低沉):您好,请问是张先生吗?

张先生:我是,请问你是谁啊?

客服人员(语速飞快):我是××电脑公司的小刘,现在我们公司生产了一款新电脑,是采用intel酷睿i7720qm型号的CPU,4G的内存,500G的硬盘,还有NVIIDIA GeForce GT 240M的高端显卡,内存容量达到了1024M,这样的配置对现在的笔记本来说是相当高端的,而且外表非常漂亮,又耐用。

张先生(厌烦的):对不起,您说的我不感兴趣,而且这些我也记不住,以后有需要再说吧。(直接挂了电话)

案例7.2

客服人员:罗总,您好。我是××电脑公司的小王。上次跟您谈的开发办公自动化系统的事情您考虑的怎么样啊?

罗先生(压低声音):哦,这个嘛,最近和我们联系的公司还挺多的,我们还没决定和哪一家合作。

客服人员(很大声):罗总,您现在是不是不方便说话呀,声音怎么那么小啊?

罗先生:哦,不好意思,最近嗓子不大好,有点发炎。

客服人员(很平淡的语气):哦,难怪呀,您刚刚说还没决定是不是,我再把我们的产品跟您介绍一下吧,肯定比别人家的好。我们现在还有优惠活动,您可不能错过时机啊!

罗先生:您上次跟我说的最低价格是怎么样的?现在的优惠活动又是怎样的?我得货比三家之后再下决定。

客服人员(很急):罗先生,如果您想享受现在的优惠活动的话就不能享受我上次跟您说的最低价格了。

罗先生(有点生气):那你就说嘛,到底是什么优惠活动,你说了半天也没告诉到底是什么活动,而且,你们怎么就一天一个价啊?你不是糊弄我的吧?

客服人员(很生气):罗先生,我可是很有诚意的,要不我也不会给您再打这个电话不是?我们公司做活动定价格我也只是照着办,这也不是我能决定的不是?

罗先生(非常生气):好吧,既然你不能做决定那我也不买了,再见。

【任务评价】

以分析错误点评分,每个5分。

活动3　识记话术脚本

【活动安排】

(1) 形式:分组,每组6人。

(2) 时间:25分钟。

(3) 要求:教师先请两位同学在台上演示案例中的情景,台下的学生进行观看。每演示完一个案例,学生认真分析并总结。

情景7.1

客户:您好,请问哪位啊?

客服人员:张经理,您好。我是××公司的李欣如,李就是李嘉欣的李,欣就是欣欣向荣的欣,如就是林心如的如,呵呵。

客户:呵呵,你这名字还蛮有明星味儿的。说吧,什么事啊?

客服人员:……

情景7.2

客户:您好,请问哪位啊?

客服人员:您好啊,朱经理,我是××公司的高级顾问刘涛,有几个投资方面的问题和您探讨一下,请问您现在方便吗?

客户:高级顾问?呵呵,你说吧。

客服人员:……

情景7.3

客户:您好!

客服人员：吴主任啊，您好！真是荣幸啊，今天终于和你通上电话了。

客户：请问哪位啊？我认识你吗？

客服人员：我是××公司陆逊啊，他可能没跟你提过我，但是他可是经常跟我提起你啊。

客户：他啊，××公司的吧？对，我们是朋友。

客服人员：他之前在我们公司购买过××系列产品，用着觉得非常好，跟我说你肯定也用的上，这不，我就给您打过来了，希望也能帮到您。

客户：是吗？没听他提过，你跟我说说看，是什么样的产品。

情景 7.4

客服人员：张小姐啊，好久没联系了。上次的婚纱会展你怎么没来啊？

客户：什么婚纱会展啊，我不知道啊，你打错了吧？

客服人员：不会吧？您不是张然小姐吗？

客户：我是姓张，但我不是张然，我是张欣。

客服人员：呀，真是不好意思，看来是我弄错了。还真是巧啊，你也姓张呢。对了，张小姐，我是××婚纱公司的小云，既然电话有缘打到你这里了，就说明你和婚纱有缘呀，如果您有空的话到我们公司来看看婚纱吧，可以免费试穿的。

客户：哎呀，你这样说我都想要结婚了。那你先给我介绍一下你们的婚纱吧！

客服人员：好的。……

情景 7.5

客户：您好。

客服人员：刘经理，您好啊！我是××公司的高级顾问刘畅，我们公司最近生产了一种新的数据库系统，功能更强大，使用更简单，价格也不贵，相信对您一定有帮助。

客户：我们现在用的这个就很好，用不着。

客服人员：刘经理，不比较不知道好坏呀。我们这款数据库客户的反馈真的很好，您知道××公司(大公司)吧，他们的老总用了我们的系统之后赞不绝口啊，还帮我们免费打广告呢。要知道他们公司对数据库系统可是一直很挑剔的。

客户：是吗？这么好啊，那你给我说说，我看用不用得着。

客服人员：好的。……

情景 7.6

客户：您好！

客服人员：是钟经理吧，您好！我是××公司的张峰，请问前两天我给你发的邮件您收到了吗？

客户：邮件？什么邮件？我没收到啊，你发错了吧？

客服人员：请问您的邮箱是……1975@126.com 吗？

客户：哎呀，那个邮箱我早不用了。你在邮件里说什么了？

客服人员：是这样的，听说您的公司员工每年都有几次外出旅游的机会，是吗？

客户：是啊！怎么了？

客服人员：呵呵，你们公司的员工真幸福啊！正好，我们公司现在也在做旅行社业务，现在有很多的团体旅游优惠活动，我给您介绍一下吧。

客户：是吗？那你说说吧。

客服人员：好的。……

情景7.7

客户：请问哪位？

客服人员：您好，是王教授吧？哎呀，久仰久仰啊！我是××出版社的小张，我之前可是看过很多你的著作啊，特别是你的那本××，我觉得写得特别有深度。

客户：呵呵，您过奖了。请问有什么事情啊？

客服人员：是这样的，我们出版社对之前出版过三本书籍以上，而且至少有一本销量在30万本以上的作者的书籍印刷费可以打7折，听说您最近又有新书要出版了是吗？

客户：是啊，我之前可是出版过不止三本啊，而且每本都销量超过50万。呵呵，现在又有一本新书要出版，还在联系出版社。

客服人员：那就好啊，您完全符合我们优惠活动的条件，很是难得啊。别人最多可是只打8折的啊，向您这样受欢迎的作家真是很少啊，您看看怎么样啊？

客户：那很好啊。……

情景7.8

客服人员：您好，郝总，我是××人才网的小美。您现在是我们网站的企业会员，是吗？

客户：对啊，我已经在你们网站上发布招聘信息了。

客服人员：那我现在想做个售后调查，不知道有没有打扰到您？（征询提问意见）

客户：没事，你说吧。

客服人员：我想请问贵公司除了用我们网站发布招聘信息外还用其他网站了吗？（了解基本信息）

客户：没有呀，我们就只用你们的网站发招聘信息。

客服人员：那真是感谢您对我们网站支持，我们网站的发展绝对离不开像您这样忠实的客户。那么您现在觉得招聘的效果怎么样呢？（引导客户发现问题）

客户：还好吧，就是感觉一些高端的人才比较难招到。

客服人员：这样啊，那您认为高端人才的招聘对公司发展重要吗？（引导客户解决问题）

客户：重要啊，我们现在很需要一些高端的人才来帮助公司发展。

客服人员：那您是否希望通过某种方式可以招聘到高端的人才呢？（探寻客户的需求）

客户：当然啊，但是，要是通过猎头公司成本又太高，真是头疼啊。

客服人员：您的问题很常见，一般而言，高端的人才比较忙是不大会到招聘网站上去注册和看招聘信息的，所以就算你发布了招聘信息效果也不会很好。刚好我们网站首页的广告位就可以帮您解决这个问题，价格绝对比猎头公司低很多，已经有很多像您这样的企业开始实施了，您需要了解一下吗？（引导客户购买）

客户：是吗？你再介绍具体一点吧，价格是怎么算的？

客服人员：……

情景7.9

客服人员：您好，我是电信1122号客服，请问您是王小姐吗？

客户：是的啊，什么事？

客服人员:王小姐,您好!为了能够更好地为您服务,方便我问您几个问题吗?不会占用您很多时间,而且您现在的接听是免费的。

客户:那好吧,你说吧。

客服人员:我想问您,您平时有没有遇到过这样的烦恼:就是当您出门在外的时候就无法知道家里是否有人打过电话,或者电话响了也不知道来电的号码是谁的?

客户:嗯,是有这样的情况。(初步确定客户具有需求)

客服人员:那如果有机会您希望改善这种情况吗?

客户:当然啦,如果可以这样的话会方便很多。(再次确定客户具有需求)

客服人员:我们现在有一种业务就是帮助您解决这种困难的,无论什么时候,无论是谁,电话机都会准时的记录下来电时间和来电号码。

客户:那很好啊,这样会方便很多了。早就该实行这种业务啦。不知道怎么收费的啊?(确定客户需求比较强烈)

客服人员:王小姐,我的理解是这个业务很适合您,只是担心收费会太高,是吗?

客户:是啊,如果价格合适的话是可以的。

客服人员:这个业务实用却不贵。每个月才 5 块钱的业务费,而且如果你一次性交足两年的费用即 120 元的话我们还有优惠的,即给您打八折,您只需要交 96 元就可以了,真的很划算。

客户:嗯,确实不贵,那就帮我开通吧。

客服人员:好的,您稍等……

【任务评价】

以完成的准确率进行加分,1～8 题每题 10 分,第 9 题 20 分。

主要参考文献

李晋林,何林天.2006.新编字典.修订版.长春:吉林大学出版社.

黄伯荣,廖序东.1984.现代汉语.修订本上册.兰州:甘肃人民出版社.

贵州省语言文字工作委员会办公室.2011.贵州省普通话培训指导用书.贵阳:贵州人民出版社.

张超.2011.业务执行能力教程.北京:中国广播电视大学出版社.

百度.普通话基本知识.[2013-10-9].http://wenku.baidu.com/view/88df4822aaea998fcc220e06.html(网络资源)

呼叫中心服务用语规范.百度文库[2013-10-9]下载.http://wenku.baidu.com/view/8a883ab5f121dd36a32d82b2.html

呼叫中心日常用语标准.百度文库[2013-10-9].http://wenku.baidu.com/view/ecfc96c2d5bbfd0a7956733e.html

普通话学习资料,华语网(Thn21.com)开放资料.后鼻音尾韵母的发音 http://www.thn21.com/base/ying/20220.html

华语网.播音主持训练教程.鼻音与边音不分 http://www.yuloo.com/gxzs/news/2008-12-16/169453.shtml

儿童教育论坛.学校教育.语文园地普通话平舌音和翘舌音的绕口令带拼音[2010-2-22]http://bbs.etjy.com/thread-190630-1-1.html

附录1 普通话水平测试应试指南

一、系统简介

国家普通话水平智能测试系统是参加普通话测试的考生的考试应用软件，在考试过程中，考生可以按照测试程序的提示，逐步完成考试内容及相关操作。

完整的操作流程为：

考生登录—核对考生信息—试音—考试—提交试卷。

第一步：佩戴耳机(附图 1-1)。

(1) 请您就座后戴上耳机，并将话筒置于口腔前方(附图 1-1)。

(2) 戴好耳机后请单击“下一步”按钮。

附图 1-1　佩戴耳机提示页面

第二步：考生登录(附图 1-2)。

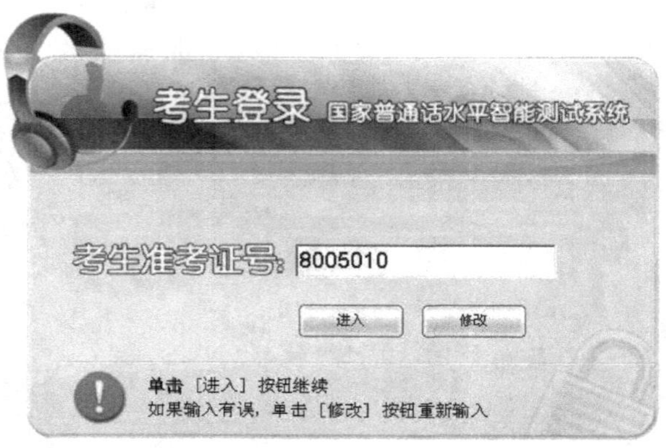

附图 1-2　考生登录

(1) 输入您的准考证编号。

(2) 单击“进入”按钮继续。

(3) 如果输入有误,单击“修改”按钮重新输入。

第三步:核对信息(附图 1-3)。

(1) 请仔细核对您的个人信息。

(2) 如信息无误,单击“确认”按钮继续。

(3) 如准考证号有误,请单击“返回”按钮重新登录。

(4) 如其他信息有误,请及时示意监考老师,由监考老师做下记录,然后单击“确认”按钮继续。

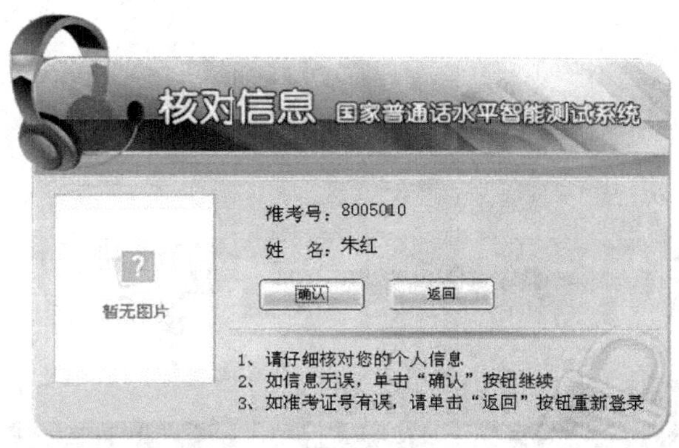

附图 1-3　核对信息

第四步:确认试卷,等待考试指令(附图 1-4)。

考生该步骤不需操作,直接点击“确认”按钮继续。等待其他考生确认个人信息后统一开始试音。

附图 1-4　确认试卷

第五步:自动试音(附图 1-5)。

(1) 请在提示语结束并听到“嘟”的一声后,用正常说话的音量朗读主屏中的个人测试信息。

(2) 本系统会自动调节,以适应您的音量,您不用做任何操作。

(3) 试音结束,系统会弹出提示试音结束的对话框。

(4) 考生单击对话框中的“确认”按钮,进入正式测试程序(附图 1-6)。

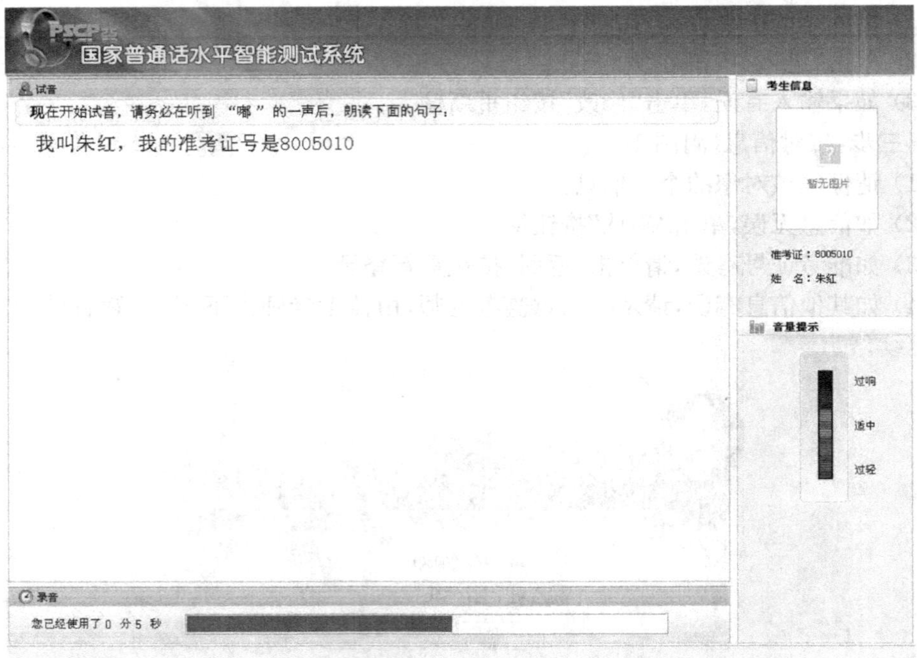

附图 1-5　自动试音

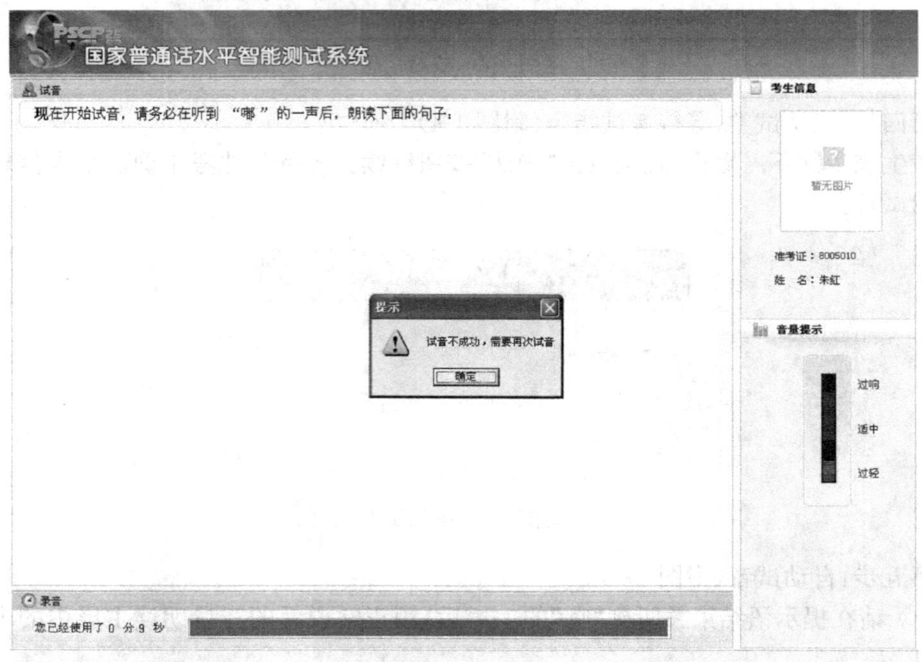

附图 1-6　确认信息

第六步：开始考试。

(1) 普通话水平测试共有 4 项题目，系统会依次显示各项内容，您只需根据屏幕显示

的试题内容进行录音。

(2) 每项试题前都有一段语音提示，请在提示语结束并听到“嘟”的一声后，再开始录音。

(3) 录音过程中，音量同试音时保持一致。

(4) 录音过程中，请注意主屏下方的时间提示，确保在规定的时间内完成每项考试。

(5) 规定时间结束，系统会自动进入下一项试题(附图 1-7)。

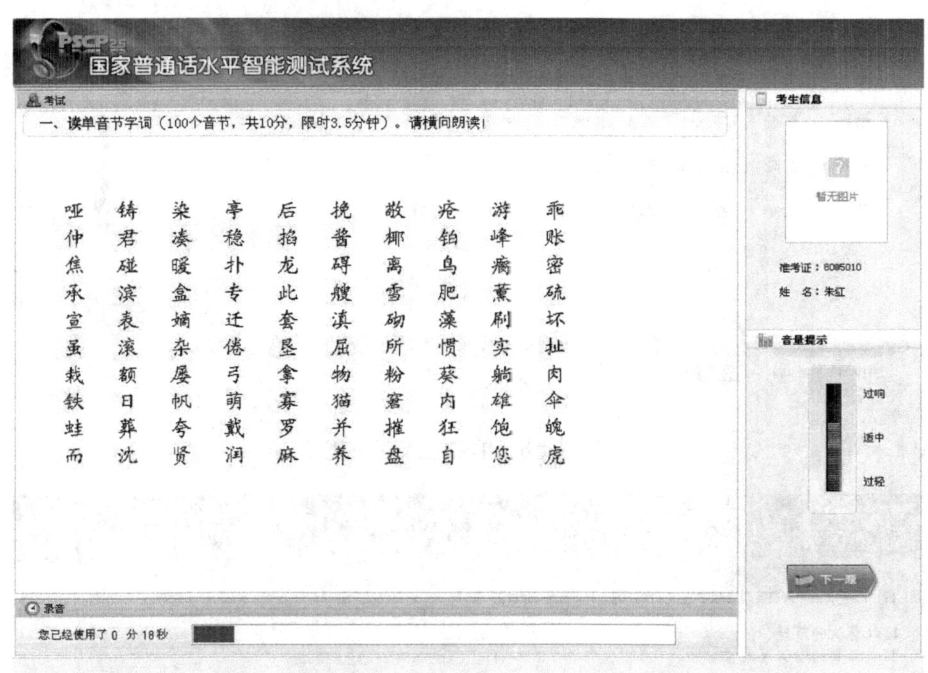

附图 1-7　自动进入下一项

(6) 如某项试题时间有余，单击屏幕右下角的“下一题”按钮，可进入下一项试题(附图 1-8)。

第四题　命题说话(附图 1-9)

① 请在提示语结束并听到“嘟”的一声后，再开始录音。

② 录音开始时，请读出所选话题名称。如：我说的话题是“我尊敬的人”。

③ 本题必须说满 3 分钟(请按主屏下方的时间提示条把握时间)。

④ 说话结束后，单击屏幕右下角的“提交试卷”按钮，便可结束考试；说满 3 分钟后，系统也会自动提交试卷。

第七步：结束考试(附图 1-10)。

(1) 提交试卷后，系统会自动弹出如下提示框，表示您已成功结束本次考试。

(2) 请单击屏幕中央的“确定”按钮，结束整个考试程序。

请摘下耳机放在桌上，然后离开试场。

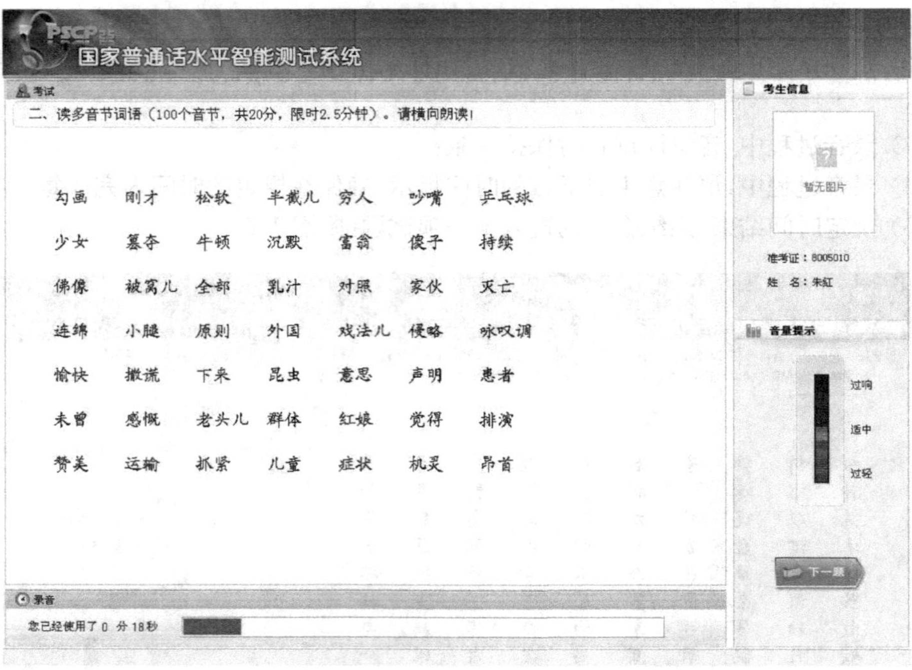

附图 1-8　单击进入下一项

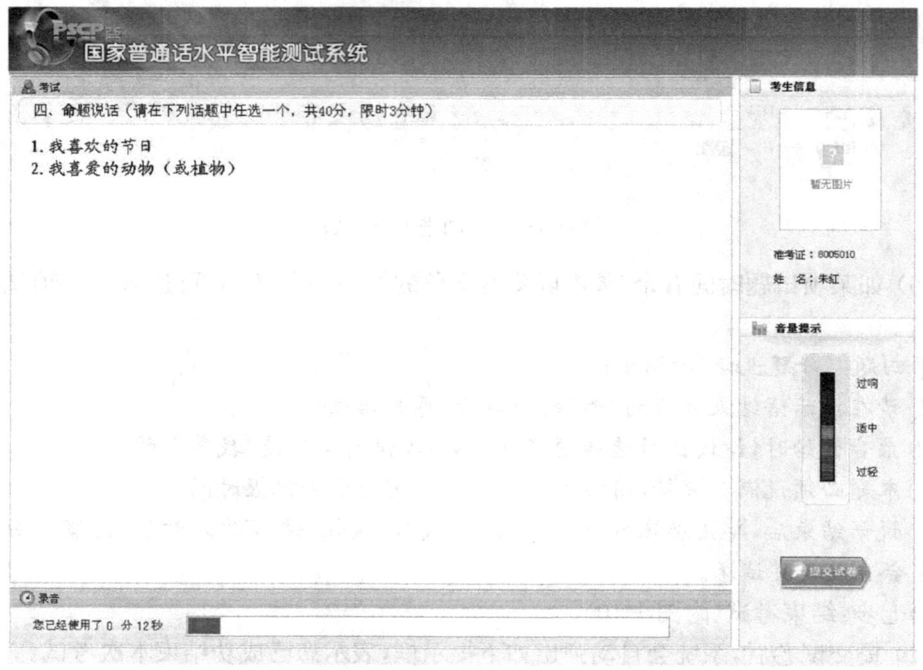

附图 1-9　命题说话

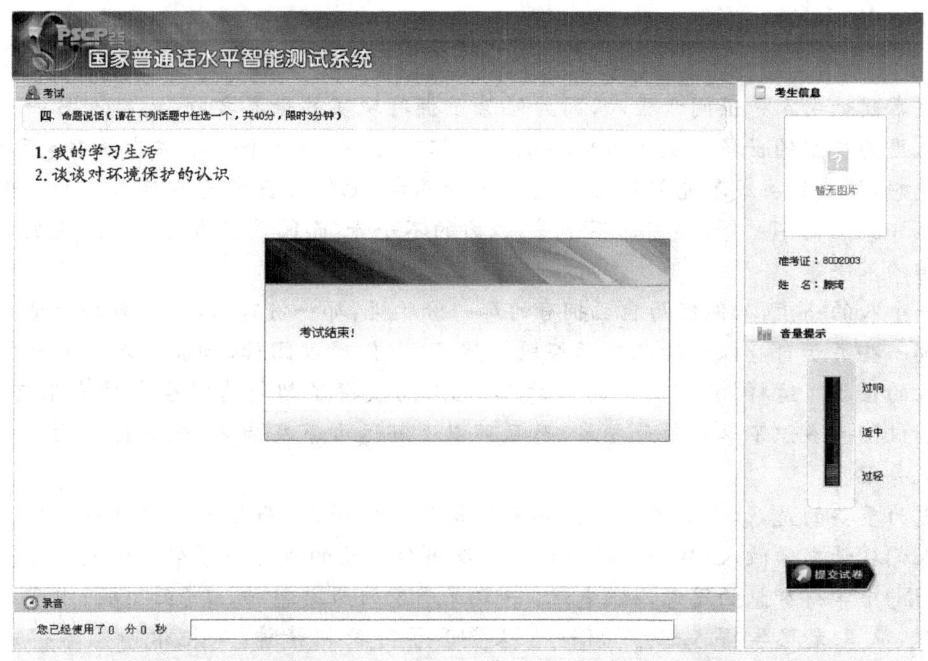

附图 1-10　结束考试

二、模拟测试

(1) 读单音节字词(100 个音节，不含轻声、儿化音节)。

茶　惹　窒　拜　肋　否　略　返　群　焚　绑　蒸　屉　颊　灭
镖　丢　尊　幢　弓　女　穷　虐　捐　雌　俊　凶　窘　沙　电
濒　酿　铃　瓜　拔　拽　刽　短　穗　择　日　牌　黑　苟　根
旁　乘　掐　掖　瞟　有　甜　贫　良　颈　凸　垮　叵　踹　傀
湍　闻　疮　红　旅　权　啊　恻　买　嘈　抠　栈　啃　仿　圣
辖　苗　演　泯　湘　澡　努　划　锁　暖　双　松　佘　悬　紫
傲　悔　二　训　粤　饶　青　亿　能　曾

评价标准：限时 3.5 分钟，共 10 分。

(2) 读多音节词语(100 个音节)，限时 2.5 分钟，共 20 分。

迥然　恢复　柔软　漂亮　琼脂　快乐　协商　捏造　裙子　夸大
撒谎　率领　难为　腰鼓　勋章　挂号　粗糙　僵持　牙膏　纽扣儿
必须　掐算　挺拔　梅花　选择　努力　具体　废除　捐赠　差点儿
东边　侵略　顺手　品种　隐约　舞蹈　团粉　丢失　疯狂　主角儿
博学　柴火　昆虫　俗语　敏感　规模　成绩　门牌儿

评价标准：限时 2.5 分钟，共 20 分。

(3) 朗读短文(1 篇，400 个音节)。

读书人是幸福人

我常想读书人是世间幸福人，因为他除了拥有现实的世界之外，还拥有另一个更为浩瀚也更为丰富的世界。现实的世界是人人都有的，而后一个世界却为读书人所独有。由此我想，那些失去或不能阅读的人是多么的不幸，他们的丧失是不可补偿的。世间有诸多(zhūduō)的不平等，财富的不平等，权力的不平等，而阅读能力的拥有或丧失却体现为精神的不平等。

一个人的一生，只能经历自己拥有的那一份欣悦，那一份苦难，也许再加上他亲自闻知的那一些关于自身以外的经历的经验。然而，人们通过阅读，却能进入不同时空的诸多他人的世界。这样，具有阅读能力的人，无形间获得了超越有限生命的无限可能性。阅读不仅使他多识了草木虫鱼之名，而且可以上溯远古下及未来，饱览存在的与非存在的奇风异俗。

更为重要的是，读书加惠于人们的不仅是知识的增广，而且还在于精神的感化与陶冶。人们从读书学做人，从那些往哲先贤以及当代才俊的著述中学得他们的人格。人们从《论语》中学得智慧的思考，从《史记》中学得严肃的历史精神，从《正气歌》中学得人格的刚烈，从马克思学得人世//的温情，从鲁迅学得批判精神，从托尔斯泰学得道德的执着。

评价标准：限时4分钟，共30分。

(4) 命题说话(见《命题说话题目》任选一题)。

评价标准：限时3分钟，共40分。

测试应注意：

第一题应注意：

* 注意读准声、韵、调，做到归音准确；
* 速度适中。
* 上声声调要读到位。例如，好、笔、走、喜、马。
* 看清字形，例如，曰—日，囊—襄，玖—玫，盂—孟，绛—降

第二题应注意：

* 语速适中，字音准确清晰。
* 读好变调(上声变调、轻声、儿化)。
* 不要把词语读断。例如，麻烦、希望、经营、老头儿。

注意：第一、二题可以马上纠正读音一次，评分以第二次读音为准。

第三题应注意：

本题是在动态的语流中　检测声、韵、调的标准程度，同时是在有文字依凭的条件下检测连读音变、停连、语调等是否符合普通话的节律，是否能自然流畅地使用普通话朗读文章。注意不能回读。

第四题应注意：

该题检测应试人在无文字依凭的条件下能否自然流畅地使用普通话表情达意，形式为应试人围绕题目单项说话。

注意：

(1) 离题，包括硬套、转接命题，转换话题，视程度扣分。

(2) 无效话语(累计占时酌情扣分)，指与话题无关的话语，包括废话、读秒、求情、唱歌、念诗、数数、胡言乱语等，可视之为缺时扣分。

附录2 普通话水平模拟测试题

试卷一

一、读单音节字词(100个字节,限时3.5分钟,共10分)

zhá	bái	shā	hè	zhì	shé	dài	ruò	chí	shāi
铡	白	杀	鹤	痣	舌	逮	若	池	筛
dé	zì	gěi	èr	sāi	mián	zǎi	jiǎn	āo	lín
得	字	给	二	鳃	棉	宰	拣	凹	淋
cáo	pǐn	cháo	qiāng	náo	xiàng	pào	bǐng	ǒu	lìng
槽	品	朝	腔	挠	巷	泡	柄	藕	另
zōu	qīng	zhóu	fù	àn	nǔ	lǎn	zhù	tān	kū
邹	氢	轴	腹	岸	努	榄	筑	瘫	哭
pàn	cū	rěn	cáng	wǔ	gāng	zhèn	fǎng	guà	máng
判	粗	忍	藏	午	缸	震	纺	挂	忙
shuǎ	zēng	huò	chéng	suǒ	zhèng	chuài	féng	huài	mèng
耍	憎	祸	乘	索	正	踹	缝	坏	梦
suí	xì	tuì	nì	xiá	kuǎn	jiá	huán	yè	suàn
隋	戏	褪	溺	霞	款	颊	环	掖	蒜
xiè	wān	diē	shùn	piāo	sǔn	biǎo	chuǎng	xiū	zhuàng
谢	弯	爹	舜	飘	损	表	闯	修	撞
jiǔ	tóng	yuē	xiōng	quàn	kǒng	xú	róng	jùn	wēng
玖	童	约	胸	劝	孔	徐	绒	俊	翁
lüè	sòng	qún	jué	zǒng	xún	qióng	lǚ	shěn	juàn
略	宋	群	掘	总	荀	穷	旅	婶	卷

二、读多音节词语(100个音节,限时2.5分钟,共20分)

bǎshǒu	měimiào	pén dì	nì liú	tiědào	qiángshèng	níngjié
把手	美妙	盆地	逆流	铁道	强盛	凝结
kuàisù	lúnkuò	jū rán	xùjiǔ	lüèwēi	qióngkǔ	juānxiàn
快速	轮廓	居然	酗酒	略微	穷苦	捐献
xióngzhuàng	fǎ láng	pèihé	hàozhào	yuēhuì	běimiàn	fǎnyìng
雄壮	法郎	配合	号召	约会	北面	反映
yī xià ér	yùndòng	fàngxīn	gèngjiā	xiǎohái ér	pǔbiàn	qīn qī
一下儿	运动	放心	更加	小孩儿	普遍	亲戚
zhuā jǐn	yǒudiǎn ér	jiǎngzuò	tuīguǎng	wèn tí	qúnzhòng	yuánliào
抓紧	有点儿	讲座	推广	问题	群众	原料

róng rǔ	chuǎngdàng	suānchǔ	suǒsuì	chuàngòng	cuīcù	shěnshěn
荣辱	闯荡	酸楚	琐碎	串供	催促	婶婶
chuǎicè	shuǎnòng	cǎnbài	shǎyǎn	sǐ kòu ér	zǎi zǐ	shǐguǎn
揣测	耍弄	惨败	傻眼	死扣儿	崽子	使馆
zǎochǎn						
早产						

试卷二

一、读单音节字词。(100 个字节，限时 3.5 分钟，共 10 分)

ǒu	zhá	hóng	wǒ	yí	qiū	cì	wān	dài	píng
偶	铡	红	我	姨	秋	次	剜	逮	平
wēng	náo	yǎng	shí	pàn	biāo	yòng	sè	táng	yě
翁	挠	氧	食	判	镖	佣	涩	糖	野
mǐn	zhì	diū	biàn	juān	ér	réng	jiē	shuǐ	rì
敏	痣	丢	遍	捐	而	仍	接	水	日
yīn	liè	jiǎng	huā	zōu	yuán	xiōng	zán	rùn	fā
音	劣	奖	花	邹	源	兄	咱	润	发
xún	xiàn	chě	guǎi	nuè	pǐn	ài	shàng	yuē	quàn
旬	线	扯	拐	虐	品	爱	尚	约	劝
mèng	liú	gòng	sī	fǒu	àn	kuàng	lǚ	cuō	tān
梦	留	共	撕	否	案	框	旅	搓	瘫
chuài	wā	cǎi	rèn	huái	xiāng	guā	liǎng	zhǔ	sǎ
踹	蛙	踩	纫	怀	襄	瓜	俩	主	撒
míng	zhǔn	jī	chuān	bēng	chí	féi	jūn	cuàn	hún
鸣	准	击	穿	嘣	迟	肥	均	窜	混
xiāo	piān	tái	zuì	nǐ	lèi	kuò	quē	kè	bāo
销	偏	苔	醉	你	擂	阔	缺	克	胞
dāng	nǚ	sū	zǐ	qīng	shēn	mén	guāng	qiā	dù
裆	女	苏	子	氢	申	门	光	掐	度

二、读多音节词语(100 个音节，限时 2.5 分钟，共 20 分)

xuǎn jǔ	ānchún	yòng lì	jūnshì	dòuyá ér	dǔbó
选举	鹌鹑	用力	军事	豆芽儿	赌博
yùnshū	yuánzé	kěnqǐng	quánmiàn	cǎobāo	yuēhuì
运输	原则	恳请	全面	草包	约会
nǚ zǐ	lǚ guǎn	sǐ kòu ér	guāngmíng	hǎiyáng	tòngkuài
女子	旅馆	死扣儿	光玥	海洋	痛快
zūnshǒu	nuǎn qì	tuīdòng	guàhào	zhuājǐn	kǒngbù
遵守	暖气	推动	挂号	抓紧	恐怖
niúnǎi	zhīchí	miáoxiě	dēnglórg	qióngrén	qúndǎo
牛奶	支持	描写	灯笼	穷人	群岛

lüèwēi　xuēruò　huāngtáng　zhuāngpèi　dànjiǎoér　sǔnhuài
略微　削弱　荒唐　装配　旦角儿　损坏

zháoxiǎng　níngméng　liúsuān　ǒujiēér　jiāzá　cuàngǎi
着想　柠檬　硫酸　藕节儿　夹杂　篡改

guàipǐ　shuǎhuá　piāosǎ　bāngchú　chānfú　fēifēn
怪癖　耍滑　飘洒　帮厨　搀扶　非分

cǎnrán　ě xīn
惨然　恶心

试卷三

一、读单音节字词(100 个字节,限时 3.5 分钟,共 10 分)

bèi　qún　diū　nǚ　tǐng　juān　xióng　yūn　chuǎng　zhuài
背　群　丢　女　挺　捐　雄　晕　闯　拽

kuā　qiāng　què　cù　shǎng　zāo　gā　zhì　xíng　nì
夸　枪　却　醋　晌　遭　嘎　稚　邢　逆

lián　háng　huī　shí　biāo　pìn　ér　fù　mò　lǜ
帘　航　灰　实　标　聘　而　妇　沫　绿

yǒng　zōu　àn　chuài　rén　zéi　cí　é　tān　tà
涌　邹　暗　踹　人　贼　雌　鹅　摊　沓

kǎn　lí　qiú　niàng　xìn　shū　tiān　hēng　zá　miè
槛　犁　球　酿　信　书　天　哼　杂　灭

tì　zhuā　yuán　guǎ　tǒng　hūn　wēng　huāng　jué　rùn
替　抓　猿　寡　筒　昏　翁　荒　绝　润

suí　zuò　cuàn　chèn　gōu　yòu　dài　ráo　sàn　dòng
隋　坐　篡　趁　钩　诱　逮　饶　散　栋

fā　rě　kāi　jiā　diāo　sài　méi　wū　ài　guān
发　惹　开　夹　凋　赛　煤　污　爱　关

zūn　xuǎn　chuí　shuō　xiè　pō　wǎng　pōu　niào　liǎng
尊　选　捶　说　卸　坡　往　剖　尿　俩

mèn　bàng　kòu　fāng　yù　bāo　làn　qióng　jūn　péng
闷　蚌　叩　方　郁　胞　滥　琼　军　棚

二、读多音节词语(100 个音节,限时 2.5 分钟,共 20 分)

dǎotuì　ě xīn　fángyù　gǔròu　húnluàn　guīnǚ　bèi zǐ
倒退　恶心　防御　骨肉　混乱　闺女　被子

biǎoyáng　bìngjūn　cǎisè　gōngjīn　yòngchù　liángshí　páiqiú
表扬　病菌　彩色　公斤　用处　粮食　排球

qūbié　xuéyuàn　pànwàng　yīngxióng　hǎowánér　juānzèng　xúnluó
区别　学院　盼望　英雄　好玩儿　捐赠　巡逻

juédìng　shuāiruò　wǎjiě　piāoliú　nǎishuǐ　jiǎtuō　shēnqiǎn
决定　衰弱　瓦解　漂流　奶水　假托　深浅

chàdiǎnér	tiězhèng	mónán	kǎqián	kǎodǎ	kuāzàn	xiājiàng
差点儿	铁证	磨难	卡钳	拷打	夸赞	虾酱
chúnliè	chuǎicè	měigǎn	tòuzhī	yī quān ér	fěnbǐ	érhòu
唇裂	揣测	美感	透支	一圈儿	粉笔	而后
róng yì	zuòzhě	sǎngyīn	duǎncù	bōdòng	cāochǎng	nàmèn ér
容易	作者	嗓音	短促	波动	操场	纳闷儿
sànguāng						
散光						

试卷四

读单音节字词(100 个字节,限时 3.5 分钟,共 10 分)

tái	nuǎn	jūn	kē	zhǐ	quàn	kǎ	fú	xiōng	gǎi
抬	暖	军	嗑	纸	券	卡	浮	胸	改
míng	fān	cí	guǎng	diē	qú	rěn	zài	chǎo	gēn
名	翻	词	广	跌	渠	忍	再	吵	根
qiǎn	lín	hēi	qióng	ér	duò	liú	xiàng	jiǔ	zhōng
浅	临	黑	穷	而	舵	流	巷	酒	终
zì	màn	zhuā	táng	gěng	huái	ráo	mǒ	yān	jiá
字	蔓	抓	唐	梗	怀	饶	抹	腌	颊
máng	piǎo	nǐ	xún	niù	yé	zōu	shuàn	yāng	xuān
忙	瞟	拟	旬	拗	爷	邹	涮	秧	宣
zhěng	chá	kǎn	nuè	chuǎi	cèng	wā	rùn	shǒu	yù
整	茶	槛	虐	揣	蹭	蛙	润	守	御
zhēn	liǎng	ruò	bō	chuǎng	sù	nián	héng	fǒu	cuì
真	俩	若	播	闯	粟	拈	横	否	脆
shé	jīng	shì	guǎi	tí	yào	zhuó	cóng	pàn	biǎo
舌	经	室	拐	题	药	浊	丛	盼	表
wēng	běi	miào	nóng	ràng	sè	diān	liǎng	pīn	qì
翁	北	庙	农	让	涩	掂	两	拼	砌
huǐ	bàng	rú	xuē	wàng	sūn	pěng	tiē	tóng	zì
毁	蚌	如	薛	旺	孙	捧	贴	童	字

试卷五

一、音节字词(100 个字节,限时 3.5 分钟,共 10 分)

bō	zhuì	pèi	chí	měi	shī	fēng	rǔ	dié	zàn
播	坠	配	迟	美	湿	烽	乳	叠	暂
téng	cì	nǐ	sī	lú	wēng	guī	kā	hēi	jí
疼	刺	拟	私	芦	翁	龟	咔	黑	即
qiān	xù	bìng	zhǐ	pěng	chán	mó	shǎn	fǒu	rě
牵	絮	病	纸	捧	禅	膜	闪	否	惹
dào	zěn	tóng	cù	níng	sǎo	liáo	ér	gòu	kǎn
盗	怎	佟	醋	凝	扫	聊	而	够	槛

huī 挥 jīng 茎 qiě 且 xiōng 胸 zhǔn 准 pōu 剖 chuǎn 喘 mín 民 shuā 刷 fǎng 纺
rén 人 duì 兑 zāi 灾 tàn 炭 cā 擦 náo 挠 sǎ 撒 lǜ 绿 guō 锅 kěn 肯
hào 耗 jiǒng 窘 qué 瘸 xiù 绣 zhāng 章 biāo 镖 chén 沈 mī 眯 shuò 硕 rùn 润
sè 色 cè 测 nóng 脓 tái 苔 liǎng 俩 guàng 逛 kǎi 慨 huá 滑 jiā 夹 quān 圈
xiàn 陷 pǔ 谱 chuāi 揣 ruò 若 shuāng 霜 còu 凑 niǔ 扭 gā 嘎 nuǎn 暖 juān 捐
náng 囊 jìn 浸 niàng 酿 jué 绝 qiǎng 抢 xuān 宣 jūn 军 xuē 薛 xūn 熏

二、读多音节词语(100个音节,限时2.5分钟,共20分)

yōngbào 拥抱 xùnchì 训斥 qióngkǔ 穷苦 jūnshì 军事 juānshuì 捐税 hóngwěi 宏伟
xūyào 需要 nuèdài 虐待 chuàngxīn 创新 gōngfèi 公费 lüèqǔ 掠取 ruǎnruò 软弱
guāngmíng 光明 dùn jī 囤积 kuàicān 快餐 zhǔnbèi 准备 cuàntáo 窜逃 quán yì 权益
huàichù 坏处 liángpéng 凉棚 pòliè 破裂 yǒudiǎnér 有点儿 zuòtán 座谈 yǎngjiǎo 仰角
huàjiā 画家 wà zǐ 袜子 dǐ dǎng 抵挡 píngshěn 评审 liàn ài 恋爱 liúniàn 留念
ér qiě 而且 sēngsú 僧俗 mínháng 民航 xiàkè 下课 bìnghàoér 病号儿 yǎnsè 眼色
gǎnxiǎng 感想 zhènfèn 振奋 kǒuyǔ 口语 lǎobànér 老伴儿 shǒuduàn 手段 cì shā 刺杀
zhèhuìér 这会儿 bō lí 玻璃 guàcǎi 挂彩 zànměi 赞美 dāyìng 答应 fǎguī 法规
mái fú 埋伏 rén tǐ 人体

试卷六

一、音节字词(100个字节,限时3.5分钟,共10分)

chā 插 yǔ 雨 pō 颇 ér 而 kǎn 槛 lüè 略 míng 鸣 bá 拔 xiōng 兄 sī 司
duǎn 短 náo 挠 rì 日 gǔ 骨 huá 滑 bīng 冰 ēn 恩 cí 辞 ōu 欧 jìng 敬
liū 溜 huǒ 火 zhǐ 止 yòng 用 qǔ 娶 chóu 仇 qiā 掐 mèn 闷 kè 刻 qín 秦

xiāo	shēng	bài	lěi	cái	guā	zǐ	fèi	wàng	bié
萧	笙	拜	垒	裁	瓜	子	肺	旺	别
fān	xún	liǎng	shuì	jǐ	tún	jiān	huāng	guǒ	niè
翻	荀	两	税	挤	屯	兼	慌	裹	聂
yǎ	wěi	rùn	shāi	ráo	dài	zú	xuǎn	zōu	cuàn
哑	伪	润	筛	饶	逮	族	癣	邹	窜
tuó	zhé	ní	piǎo	jùn	sòng	háng	zuàn	céng	pàn
砣	蜇	尼	瞟	俊	宋	行	钻	层	判
sǎ	yuē	nín	mǎ	lóng	hè	yào	nóng	gēn	suì
撒	约	您	马	聋	鹤	药	农	跟	碎
chuǎng	kào	zhōng	bàng	miǎn	gé	tǎng	féng	bǔ	dì
闯	靠	钟	蚌	免	隔	淌	缝	捕	地
chuāi	děng	péi	kuài	diū	zhuó	qiǎng	quán	cuī	fù
揣	等	赔	块	丢	浊	抢	全	催	负

二、读多音节词语(100 个音节,限时 2.5 分钟,共 20 分)

zuànyán	zhǔnquè	shuǎngzhí	lè yì	sǎjiāo	ér qiě
钻研	准确	爽直	乐意	撒娇	而且
guǐ zǐ	lóngtǒng	rén'ài	cuòzhé	gǔlǎo	chuīniú
鬼子	笼统	仁爱	挫折	古老	吹牛
dàhuǒ ér	dài tì	wǎjiě	chuānghù	jiǒngpò	suíhòu
大伙儿	代替	瓦解	窗户	窘迫	随后
jūn fá	jīn yú ér	yùnshū	kuāzhāng	huáihǎi	yuán qì
军阀	金鱼儿	运输	夸张	淮海	元气
bùshì	sēnlín	bǐnggàn	qǔnuǎn	xuéwèn	fǎnkàng
不适	森林	饼干	取暖	学问	反抗
pínkùn	gāngbǐ	xūmíng	yóupiào	bǎomǎn	yī quān ér
贫困	钢笔	虚名	邮票	饱满	一圈儿
fēicháng	cí bēi	liǎngshǒu	chàdào ér	mièwáng	liáotiān ér
非常	慈悲	两手	岔道儿	灭亡	聊天儿
yángguāng	fǒuzé	tuǒdāng	gōng fū	céngjīng	xiǎngshēng
阳光	否则	妥当	工夫	曾经	响声
pēnshè	zǎonián				
喷射	早年				

试卷七

一、音节字词(100 个字节,限时 3.5 分钟,共 10 分)

bǎi	piē	mài	féi	dǎ	tī	nèi	lín	biē	pǐn
摆	瞥	卖	肥	打	踢	内	邻	憋	品
méi	fēn	dǎng	sī	nán	lüè	sè	luǎn	tú	duì
枚	分	党	私	难	略	色	卵	涂	对

fāng	miè	píng	bō	mǐn	pò	dǒng	nǚ	lán	guā
方	灭	评	波	泯	破	懂	女	蓝	刮
kǎo	huàn	jī	qiáo	xǐ	guò	kuǎ	huāng	jiā	qiú
考	换	鸡	桥	喜	过	垮	荒	家	求
háng	guài	kuǎn	hóng	jiàn	qiáng	xū	guàng	jù	qīng
行	怪	款	虹	健	强	需	逛	聚	清
juān	qióng	xūn	xiōng	quán	zhì	yā	zhàn	yè	zhèn
捐	穷	熏	兄	权	制	压	绽	液	阵
yōu	chī	yán	chóu	wēng	chěng	wàng	chū	wěn	chuí
优	吃	严	愁	翁	逞	忘	出	吻	垂
wèi	chūn	wāi	shí	wán	shào	ā	shǒu	é	rì
为	春	歪	拾	丸	哨	阿	手	额	日
èr	róu	ài	zǐ	ǎo	zū	àn	cā	ēn	cè
贰	揉	爱	紫	袄	租	岸	擦	恩	测
jué	cí	jūn	cāi	yáng	cāng	néng	cǎo	tiào	suǒ
绝	瓷	军	猜	阳	沧	能	草	跳	所

二、读多音节词语(100 个音节,限时 2.5 分钟,共 20 分)

yàocái	kǎpiàn	wǔ qì	zhuānmén	bàodù ér	pàxiū	yí biǎo
药材	卡片	武器	专门	爆肚儿	怕羞	仪表
kāituò	yuàn zǐ	zhǔnquè	běnsè ér	fā léng	yīnmóu	kànzuò
开拓	院子	准确	本色儿	发愣	阴谋	看作
yǔdiào	zhuàngtài	chàdào ér	fānliǎn	yíng lì	réngjiù	dānrèn
语调	状态	岔道儿	翻脸	盈利	仍旧	担任
zhuājǐn	dī gū	fēngqín	wǎjiě	sǔnshāng	gémìng	céngjīng
抓紧	嘀咕	风琴	瓦解	损伤	革命	曾经
guǎnjiāo	nǎosuǐ	yúncǎi	huàxué	hámá	ní sù	bàgōng
管教	脑髓	云彩	化学	蛤蟆	泥塑	罢工
hòubiān	chénmò	nǎizuǐ ér	niàngzào	dàimàn	gāozhōng	hūshēng
后边	沉默	奶嘴儿	酿造	怠慢	高中	呼声
rèxīn	shānqū	cóngqián	xiàkè	cāntiān	yuèliàng	kuài lè
热心	山区	从前	下课	参天	月亮	快乐
zhùhè						
祝贺						

试卷八

一、音节字词(100 个字节,限时 3.5 分钟,共 10 分)

nǚ	zéi	xuān	ruò	tóng	sī	lǘ	lüè	dōng	hóng
女	贼	宣	弱	童	思	驴	略	东	虹
zōu	qióng	jūn	xíng	xiōng	yuǎn	xùn	wān	zhuàng	guǎi
邹	穷	军	邢	兄	远	训	剜	撞	拐

quán	róu	guǎng	duī	huái	duǎn	wēng	nèn	bāo	kuǎ
泉	柔	广	堆	怀	短	翁	嫩	胞	垮
chuī	tūn	bàng	shuā	kē	féi	ní	lěi	jīng	sāi
吹	吞	蚌	刷	嗑	肥	尼	垒	经	鳃
jiào	jiǎo	wǒ	yáng	jià	cuī	qiǎng	móu	rè	xiàn
觉	角	我	阳	价	催	抢	谋	热	腺
é	fú	liǎng	qín	suàn	zì	zūn	réng	yě	jǐn
额	浮	俩	勤	算	字	尊	仍	野	紧
shěng	gǔ	hán	kǎn	féng	zhǐ	fēn	zhuó	chěng	qiào
省	骨	含	槛	缝	止	分	浊	逞	俏
bīn	shǎn	chén	bá	diū	gǎng	kào	míng	cā	suǒ
濒	闪	沉	拔	丢	港	靠	鸣	擦	索
mái	bā	shāng	miào	èr	hǎi	chāo	niù	pō	bǎi
埋	扒	伤	庙	贰	海	超	拗	坡	百
shí	tī	zhěn	náo	tiǎn	liè	chè	cǎo	rǔ	cāng
实	梯	枕	挠	舔	劣	撤	草	乳	苍

二、读多音节词语(100 个音节,限时 2.5 分钟,共 20 分)

lǚ tú	lüèduó	jiǒngrán	nuǎnhé	mínjiān	ér gē	guìzhòng
旅途	掠夺	迥然	暖和	民间	儿歌	贵重
piānchà	shuǎnglǎng	móxíng	róng yì	suìyuè	kuàibǎn ér	
偏差	爽朗	模型	容易	岁月	快板儿	
kāngkǎi	shā fā	piāoliàng	méimáo	cuàngǎi	miàntiáo ér	
慷慨	沙发	漂亮	眉毛	篡改	面条儿	
zhǐhǎo	sōu jí	xúnzhǎo	qǔdé	pìnshū	cáidìng	sǔnhài
只好	搜集	寻找	取得	聘书	裁定	损害
rú guǒ	qiàtán	huábīng	qúndǎo	cānzhèng	zì fén	zuìchū
如果	洽谈	滑冰	群岛	参政	自焚	最初
juānxiàn	huáng dì	kùnnán	shuā tuì	sī chóu	shǐzǔ	guǎ fù
捐献	皇帝	困难	衰退	丝绸	始祖	寡妇
quánbù	xiàfàng	chīxīn	biérén	nèizài	niǎnpán	niúyóu
全部	下放	痴心	别人	内在	碾盘	牛油
diéyǒng	cǎodiàn ér	kēngqiāng				
蝶泳	草垫儿	铿锵				

试卷九

一、音节字词(100 个字节,限时 3.5 分钟,共 10 分)

bā	yǒng	mō	fēi	suí	zhuó	zhì	liǎng	qíng	là
八	涌	摸	飞	随	浊	痔	俩	情	辣
cáng	fěn	guà	bān	mǒu	shuàn	qióng	rèn	xiè	qiū
藏	粉	挂	搬	某	涮	穷	任	谢	秋

duàn	tóng	nǚ	lüè	juàn	tāo	zōu	má	rì	zhū
断	童	女	略	卷	涛	邹	麻	日	朱
miáo	dī	xuān	pō	sè	wèi	bái	cè	niú	yàn
苗	低	宣	泼	涩	卫	白	册	牛	雁
kuǎ	péi	bō	yáo	guǎn	xiōng	hǎn	jī	zhèng	tǎng
垮	陪	波	姚	管	兄	喊	击	郑	淌
ǎo	píng	nǎi	shí	ráo	shàn	chōng	niáng	diǎn	guài
袄	平	乃	石	饶	善	冲	娘	点	怪
yǎ	diào	tì	fǒu	gǔn	xuē	wǔ	chóu	ài	fǎng
哑	掉	屉	否	滚	薛	武	仇	爱	纺
pīn	yè	jǔ	kuàng	é	róng	yūn	kuài	yīn	qún
拼	叶	举	矿	鹅	容	晕	块	荫	群
chēng	èr	sū	huái	jué	wēng	cí	yù	zuò	xún
称	贰	苏	怀	决	翁	辞	御	座	旬
liàng	huī	suǒ	yāng	rēng	zǐ	zūn	huáng	cèng	shùn
亮	灰	索	秧	扔	子	尊	黄	蹭	舜

二、读多音节词语(100 个音节,限时 2.5 分钟,共 20 分)

bǎihuò	yǔnxǔ	píqì	yǒngyuǎn	nàmènér	guānmó	yǐndǎo
百货	允许	脾气	永远	纳闷儿	观摩	引导
zǔhé	pànwàng	shétóu	yǎnxí	rìcháng	kòuzǐ	guàhào
组合	盼望	舌头	演习	日常	扣子	挂号
àichēng	cóngér	fèiténg	sūnnǚ	niánjiūér	yǎngliào	bùfēn
爱称	从而	沸腾	孙女	拈阄儿	养料	部分
xiǎndé	qǐngqiú	suīrán	qióngkùn	chàdiǎnér	huǎngyán	pínkǔ
显得	请求	虽然	穷困	差点儿	谎言	贫苦
shuǎimài	xiǎojiě	ruǎnjiàn	pòmiè	bǎngjià	gāngqiáng	yǔfǎ
甩卖	小姐	软件	破灭	绑架	刚强	语法
jiǎosè	míngcè	yuēshù	qúnzhòng	luóbǔ	méishìér	
角色	名册	约束	群众	萝卜	没事儿	
yáshuā	lālǒng	wěndāng	kuàicān	quányí	rénzhèng	
牙刷	拉拢	稳当	快餐	权宜	仁政	
zǎowǎn	chuízhí	tónghuà				
早晚	垂直	童话				

试卷十

一、音节字词(100 个字节,限时 3.5 分钟,共 10 分)

má	bèi	tè	fèi	bàn	fǒu	pàn	bēn	hēi	bǎng
麻	辈	特	废	办	否	盼	奔	黑	绑
gǎn	nèn	dèng	pī	miè	piě	biǎn	miǎo	zhì	píng
敢	嫩	瞪	批	灭	撇	扁	渺	致	屏

miǎn	pǐn	kàng	hèn	zhāi	shè	diū	tiāo	liè	rè
免	品	炕	恨	斋	赦	丢	挑	劣	热
niū	chǎo	zé	cā	fù	chóu	shāo	zāi	cì	sǎ
妞	炒	则	擦	复	愁	烧	灾	次	撒
fó	niàng	lín	jiā	qí	ráo	chèn	níng	xià	sài
佛	酿	邻	加	骑	饶	衬	宁	下	赛
cǎo	chéng	ér	āi	shēng	ràng	sōu	àn	qīn	ǒu
草	乘	而	哀	生	让	搜	案	亲	呕
jiāng	gǔ	guà	tuī	duàn	kuà	guó	xìng	dūn	zhù
浆	古	挂	推	段	挎	国	姓	吨	铸
huái	qióng	tūn	dòng	kuǎn	huǐ	shuā	gǔn	zhuài	zuò
怀	穷	吞	栋	款	悔	刷	滚	拽	作
chuài	lǒng	kuàng	nǚ	jūn	zuǐ	shuàn	hóng	lüè	suì
踹	拢	框	女	军	嘴	涮	红	略	穗
zhuàng	jù	cún	qū	juān	qué	xuè	quán	xùn	xióng
撞	锯	存	躯	捐	瘸	穴	全	殉	熊

二、读多音节词语(100个音节,限时2.5分钟,共20分)

fāngchéng	pēnshè	sōusuǒ	rǎoluàn	shǐjìng	sǎhuǎng	liáokuò	
方 程	喷射	搜 索	扰 乱	使劲	撒 谎	辽阔	
juānzèng	qióngrén	xúnwèn	lüèduó	nǚxìng	kuàngkè	guǎiwān	
捐 赠	穷 人	询 问	掠夺	女 性	旷 课	拐 弯	
línghún	liǎngpáng	qiángpò	biǎndī	niǔkòuér	jiǎrú	jūnduì	
灵魂	两 旁	强 迫	贬低	纽扣儿	假如	军队	
chuàngzào	tòngkǔ	gōnglù	xūyào	lúnchuán	nuǎnhé	huàichù	
创 造	痛苦	公路	需要	轮船	暖和	坏 处	
chàdiǎnér	mínzú	liúlì	jiědá	xiàtiān	bèihòu	xiǎoháiér	
差点儿	民族	流利	解答	夏天	背后	小 孩儿	
nüèdài	quǎnmǎ	xīnxiōng	jiǎoyìn	jīzhǎoér	guàcǎi	xiěshēng	
虐待	犬马	心胸	脚印	鸡 爪 儿	挂彩	写 生	
méngbì	zhànlán	bǎncāér	féizhuàng	zhímiáo	táoqì	zhǔnyǔ	pínghé
蒙 蔽	湛 蓝	板擦儿	肥 壮	植 苗	陶器	准 予	平 和

试卷十一

一、音节字词(100个字节,限时3.5分钟,共10分)

juān	jiǎo	qín	chuǎi	nǎ	dào	zēng	huái	kuò	jiǎ
捐	缴	琴	揣	哪	稻	增	怀	阔	甲
jiāng	liú	zhuàng	xùn	wān	téng	huā	nèn	shùn	guāng
江	留	壮	训	湾	疼	花	嫩	舜	光
cáng	bēi	xīng	shuǐ	tè	jīng	shǒu	lǜ	qiān	lì
藏	杯	星	水	特	惊	首	绿	铅	立

chuàn niē rù biǎo sè xiāng huàn sǎo kào xīn

串 捏 入 表 色 乡 唤 扫 铐 锌

tiě rì qǔ nóng jūn bèn sān miàn xiā yuè

铁 日 取 浓 军 笨 三 面 瞎 阅

hái yǒng jué mèng fàng bīng kǒng sāi zhè wēn

孩 勇 绝 梦 放 冰 孔 腮 浙 温

qiú kǎn niú qià cā fǎ dú ruì zhuān shuǎ

求 槛 牛 恰 擦 法 毒 锐 专 耍

piāo wài mǒu qiāng zǐ xuán kū shǐ rùn xǔ

飘 外 某 腔 子 旋 枯 始 润 许

xióng zāng péi duì zhuó qún dì biān dàn chuāng

雄 脏 赔 队 啄 群 地 边 弹 窗

qióng fèi cūn fǒu pīn jiē lüè guā gòng guài

穷 费 村 否 拼 揭 略 刮 共 怪

二、读多音节词语(100个音节,限时2.5分钟,共20分)

huángguā shítáng cèyàn fēicháng suīrán tīngxiě rúxià

黄瓜 食堂 测验 非常 虽然 听写 如下

cōngmíng suǒwèi nàmènér kǒngjù pèihé qióngzhī fènlì

聪明 所谓 纳闷儿 恐惧 配合 琼汁 奋力

cáixué yōngyī qiūshōu rónghuà zěnyàng liáotiānér xiūkuì

才学 庸医 秋收 溶化 怎样 聊天儿 羞愧

qiángxiàng pūjiù gēbó xuānnào bàochóu guǎidài huánjié

强项 扑救 胳膊 喧闹 报酬 拐带 环节

nǚzǐ pēngdiào qìchuán kuǎtái bāxiān diàndēng zhuàngliè

女子 烹调 汽船 垮台 八仙 电灯 壮烈

fúdiāo shuàilǐng xiōngjīn gànhuóér pínlǜ sǔnhuài jūnyún

浮雕 率领 胸襟 干活儿 频率 损坏 均匀

lǎotóuér qiāsuàn zhǔnquè juéxīn gūniáng tuīguǎng jùnmǎ

老头儿 掐算 准确 决心 姑娘 推广 骏马

yuānhún

冤魂

试卷十二

一、音节字词(100个字节,限时3.5分钟,共10分)

qiā lè nín xiān cā zhàng qīng mái sǔn dīng

掐 乐 您 掀 擦 丈 清 埋 损 丁

nuǎn duì cù tóng rèn kǎ gǔ jiē wán tūn

暖 对 促 铜 任 卡 古 揭 丸 吞

zhuā xiū dàng wàng shuāi wèi liǎn rè bǎ hào

抓 修 荡 旺 摔 畏 脸 热 把 耗

píng shāi kuī fǒu wǎ gùn sōng yún nǚ yòng

平 筛 亏 否 瓦 棍 松 匀 女 用

xǐ	shuō	chuāi	zán	fó	cǐ	xūn	yuàn	zǐ	zuàn
喜	说	揣	咱	佛	此	勋	院	子	钻
yá	mín	fàn	běi	hé	diāo	pō	guān	piàn	huāng
牙	民	饭	北	何	凋	坡	观	骗	荒
kǎo	péi	jí	tān	qiǎng	fēng	lǐ	bīn	néng	guō
烤	赔	级	贪	抢	风	理	缤	能	锅
lín	kǒu	ér	wēng	lüě	yáng	sī	quán	niē	zāi
邻	口	而	翁	掠	羊	思	全	捏	灾
qióng	tǐ	zhēn	miáo	yuè	róng	cān	wāi	xù	tiē
穷	体	针	描	月	容	参	歪	续	贴
sōu	chǎng	bō	shì	zhī	chuāng	mù	chǐ	jué	áo
搜	场	拨	是	支	窗	目	耻	掘	熬

二、读多音节词语(100 个音节,限时 2.5 分钟,共 20 分)

xúnluó	liángfěn	lǚ tú	guàhào	cúnzài	juānkuǎn
巡逻	凉粉	旅途	挂号	存在	捐款
sēng lǚ	lǎotóu ér	rì cháng	zuì zé	shài tái	shuāi ruò
僧侣	老头儿	日常	罪责	晒台	衰弱
kuài lè	xuéhuì	bǔ tiē	sànmàn	cānjiā	miàntiáo ér
快乐	学会	补贴	散漫	参加	面条儿
wēnróu	xuānnào	niú pí	jiǒngkuàng	xióngwěi	jūnduì
温柔	喧闹	牛皮	窘况	雄伟	军队
qúnzhòng	qióngrén	shěngcháng	nǚxìng	dāobǎ ér	biéde
群众	穷人	省长	女性	刀把儿	别的
yāpò	mínbīng	mǎhǔ	quánguì	jiàowù	quèdìng
压迫	民兵	马虎	权贵	觉悟	确定
kùnnán	fēichí	piào zǐ	pīnmìng	piānchà	xuǎn jǔ
困难	飞驰	票子	拼命	偏差	选举
yàofāng ér	zhuàngguān	diūshī	chóuhèn	lǐ cǎi	chuāi cè
药方儿	壮观	丢失	仇恨	理睬	揣测
tónghuà	niàngzào				
童话	酿造				

试卷十三

一、音节字词(100 个字节,限时 3.5 分钟,共 10 分)

duō	tā	bēi	pàn	mǒu	bāo	kěn	biāo	tóng	shàn
多	她	碑	判	某	胞	肯	膘	童	扇
biǎo	yán	ēn	céng	rùn	huài	bàng	pín	suǒ	ròu
表	言	恩	层	润	坏	磅	贫	索	肉
yǒng	jué	gòng	nǚ	luàn	fú	miàn	zēng	xiā	jiē
涌	绝	共	女	乱	浮	面	增	瞎	接
yuán	qū	lüè	zuàn	píng	mō	fāng	dí	tái	niè
元	区	略	钻	平	摸	方	敌	苔	聂

dàn fèi èr sè cǎi zhū jìng diū nì lǎn
淡 废 贰 涩 采 朱 净 丢 腻 懒

nuè qióng xún kǔn suí huā cí yě wǎng cè
虐 穷 旬 捆 隋 花 瓷 野 网 册

ruǎn chōng xuān jūn shùn qín líng gèng shù xiè
软 冲 宣 均 舜 秦 灵 更 漱 谢

shuàn kuī liǎng huān zá jiàng kào zhěn wěi zhǎi
涮 亏 俩 欢 杂 酱 铐 枕 尾 窄

sǔn wǎ chuāng qiān sháo ān zuò yǎng chāi zōu
损 瓦 疮 迁 勺 安 坐 氧 拆 邹

yāo sǎ niú guài cuī zhèng hè chí gěi zhuāng
邀 撒 牛 怪 催 郑 鹤 池 给 装

二、读多音节词语(100 个音节,限时 2.5 分钟,共 20 分)

yùndòng pīnmìng sùliào zǎohūn chuàngzuò máquè kuàilè
运动 拼命 塑料 早婚 创作 麻雀 快乐

qǔnuǎn pàomò wàzǐ guàhào réncí yěxǔ cuīhuǐ
取暖 泡沫 袜子 挂号 仁慈 也许 摧毁

xúnqiú qǔdì tànwàng shuāiruò bùyòng suǒxìng chǎnghé
寻求 取缔 探望 衰弱 不用 索性 场合

yōushèng zhòuwén yuánquán gòujìng ér kūnchóng píngzhěng
优胜 皱纹 源泉 够劲儿 昆虫 平整

zǔgé rèliè chìpáng xiǎohái ér xiōngtáng shǒuyǔ
组阁 热烈 翅膀 小孩儿 胸膛 手语

láojià shānyáng xiàbā chánlián nóngmín zhuǎnzài wán yì ér
劳驾 山羊 下巴 蝉联 农民 转载 玩意儿

cáijué jí diǎn tèwù nénggàn sǐ bǎn ér tóngshí
裁决 极点 特务 能干 死板儿 童食

zhǐméi kōng ér kāfēi fómén
指没 空儿 咖啡 佛门

试卷十四

一、音节字词(100 个字节,限时 3.5 分钟,共 10 分)

ǎi wēng sè cí miǎo zán shì chǐ zhuài qiāo
矮 翁 色 词 秒 咱 世 齿 拽 敲

xù jiǔ héng kuǎ gān là tǐng ráo tiē dōu
絮 久 恒 垮 柑 辣 艇 饶 贴 都

yí àn cǎo zī ruò shuí chā zhěn xùn qiú
移 岸 草 滋 若 谁 叉 枕 讯 囚

jūn guàng kāi gěi lún niàng tiē ròu pān mǎng
军 逛 开 给 抡 酿 贴 肉 潘 莽

fú	bǎ	páng	fěn	duàn	táng	lǚ	niú	zhì	kōu
浮	靶	庞	粉	段	唐	旅	牛	质	抠
wěi	jiā	quàn	xiāng	chún	shǎo	zéi	cún	sāng	yáo
伪	枷	劝	乡	唇	少	贼	存	桑	姚
wǒ	yuān	yě	sī	zuǒ	rù	shuǎng	chuān	zhù	xiè
我	渊	野	司	佐	褥	爽	穿	助	卸
qǐn	jì	bāi	nín	kēng	liǎng	tuì	diān	fēi	rě
寝	计	掰	您	坑	俩	褪	掂	扉	惹
guān	bèng	jué	yǎn	shùn	hē	wài	qióng	yàng	róng
观	迸	决	掩	舜	喝	外	穷	样	戎
bīn	chuǎng	huái	yǒng	huá	píng	zhōng	rén	nuè	wán
濒	闯	踝	涌	划	凭	钟	人	虐	丸

二、读多音节词语(100 个音节,限时 2.5 分钟,共 20 分)

ānjìng	xuǎnshǒu	xùnsù	ài rén	gēnsuí	áoyè
安静	选手	迅速	爱人	跟随	熬夜
liàngjiě	wēnnuǎn	dǎtīng	yī huìér	bāo fu	suǒyǒu
谅解	温暖	打听	一会儿	包袱	所有
cūnzhèn	héyuē	fā dǒu	hàomǎ	chóu zǐ	shānghén
村镇	和约	发抖	号码	绸子	伤痕
lí kāi	jīnyú ér	kǎchē	dì qiú	wǔdǎo	fānténg
离开	金鱼儿	卡车	地球	舞蹈	翻腾
jūnzhuāng	gànzào	yǒngměng	nèixīn	quánchéng	gètóu ér
军装	干燥	勇猛	内心	全程	个头儿
shǐhuàn	bīnkè	niánqīng	jí guàn	shùluò	miàn jī
使唤	宾客	年轻	籍贯	数落	面积
kǎo lǜ	wàixiāng	cāngcù	bǎi tān ér	zūnchóng	pànwàng
考虑	外乡	仓促	摆摊儿	尊崇	盼望
miáoxiě	bèipò	ruòxiǎo	yīngxióng	nuèdài	yāqiáng
描写	被迫	弱小	英雄	虐待	压强
shuàilǐng	ér tóng				
率领	儿童				

试卷十五

音节字词(100 个字节,限时 3.5 分钟,共 10 分)

bā	bài	jiǒng	biē	tián	gē	yūn	fèi	rú	wō
扒	拜	迥	憋	田	咯	晕	废	如	涡
shē	ban	zhào	xiōng	liàng	tuō	liú	xiān	shǎng	yù
畲	扮	罩	胸	量	脱	流	鲜	垧	驭
wàng	bō	shā	jué	xǔ	kuài	jīn	sǔn	céng	chuài
望	菠	砂	掘	许	块	矜	笋	曾	踹
ruǎn	yòng	dǒng	niàng	fǎn	hǎi	zhì	lǚ	huāng	juàn
软	佣	董	酿	反	海	稚	铝	慌	卷

qīng suǒ huá shěng sǐ wéi niǔ kuà xún zhèn
青 所 滑 省 死 围 扭 跨 寻 阵

niào zōng duī cáo ān cè suì qī yū cuàn
尿 棕 堆 槽 鹌 侧 碎 欺 淤 窜

guǎi chuāng kǎn gài zéi pó tí èr páo guàn
拐 疮 槛 盖 贼 婆 提 二 刨 灌

chǎn xià miáo guǐ qiā fěng ēn miè yóu zāng
铲 吓 苗 轨 掐 讽 恩 灭 鱿 脏

ròu fěn mò nín chǐ pín quàn mǎng lüè dūn
肉 粉 茉 您 尺 贫 劝 莽 略 蹲

yuán gòng tǔ móu bǐng pán kuáng niān shǐ zì
猿 共 吐 谋 饼 盘 狂 蔫 使 字

试卷十六

音节字词(100 个字节,限时 3.5 分钟,共 10 分)

bái měi fèn diū tiǎn pān kuà huō zhuàng yuān
白 美 份 丢 舔 潘 跨 豁 壮 冤

pā bāo fǒu làng qín chuǎi shùn wēng suān yù
啪 胞 否 浪 秦 揣 顺 翁 酸 玉

tà lèi kǎn qiǎo xīn chù shuā nǚ jiá rùn
沓 类 槛 悄 芯 触 刷 女 颊 润

hè zhī huí jìng jǔ xià ròu chī rì chóu
鹤 之 回 静 矩 夏 肉 吃 日 愁

piě miáo dīng nuó guī kǔn huāng quán màn tiě
撇 苗 盯 挪 龟 捆 慌 全 蔓 铁

zhà shí mō táo niū liàng zéi kuī zhā ér
炸 石 摸 桃 妞 晾 贼 亏 扎 而

zǎn shàn fēng tì zēng yáng wài jūn mǔ píng
攒 扇 蜂 剃 增 阳 外 均 母 平

dì lüè cí sì rèn yān pō biàn xiāng xuǎn
地 略 瓷 寺 纫 腌 坡 遍 襄 癣

cái bēn cáng sāi shàn qióng qū dòng cáo sè
才 奔 藏 腮 扇 穷 区 洞 槽 涩

jiǒng céng ràng nuè fú nòng xún zhé zēng gòng
迥 层 让 虐 浮 弄 荀 辙 增 共

试卷十七

一、音节字词(100 个字节,限时 3.5 分钟,共 10 分)

róng wēng jùn yuè jū fá cuàn bá zhuāng cí
容 翁 俊 跃 居 罚 窜 拔 桩 辞

kuā　lǐng　qióng　mù　chǎo　niē　yòng　kuāng　qǐng　qū
夸　领　穷　木　炒　捏　用　筐　请　蛆

zhěn　bì　shí　zōu　ǒu　zhuó　tāo　cuì　dīng　zhá
枕　闭　石　邹　偶　浊　涛　脆　丁　闸

gēn　miè　quān　tì　pān　chè　rén　miàn　pō　qún
根　灭　圈　屉　潘　撤　人　面　坡　群

rào　fǒu　gài　tán　huài　zì　zēng　shù　piǎo　yáo
绕　否　钙　坛　坏　字　增　漱　瞟　姚

wàng　guāi　háng　zūn　qiè　liáng　lüè　zhǔn　sì　xiāng
旺　乖　航　尊　妾　凉　略　准　四　香

dòng　suī　èr　lún　chéng　xuǎn　xiāo　wěi　lín　chuàng
动　虽　二　抡　呈　癣　萧　伪　临　创

jiāng　féi　guì　nǐ　xià　měi　fēng　nián　bēi　duàn
姜　肥　贵　拟　下　美　风　拈　碑　断

jīn　jiǎ　nà　kǎn　yǒu　guā　suǒ　piān　hè　sū
斤　假　那　槛　有　刮　索　篇　鹤　苏

tuǒ　cāi　chuài　dài　shuān　nòng　kè　qù　bàng　huā
妥　猜　踹　逮　闩　弄　克　去　蚌　花

二、读多音节词语(100 个音节,限时 2.5 分钟,共 20 分)

fǎnzhèng　yī xià ér　kuài lè　bǎochí　péngyǒu　tīngxiě　cǎisè
反正　一下儿　快乐　保持　朋友　听写　彩色

zēngjiā　bēitòng　mǎhu　měihǎo　sànbù　shuōmíng　diàochá
增加　悲痛　马虎　美好　散步　说明　调查

cuòshī　pòqiē　gàncuì　shuàilǐng　rénmín　guīnǚ ér　kuājiǎng
措施　迫切　干脆　率领　人民　闺女儿　夸奖

guàniàn　chēngxīn　dì lǐ　zǒu sī　qiǎngjiù　qiū jì　kuángfēng
挂念　称心　地理　走私　抢救　秋季　狂风

dǎsǎo　tànsuǒ　fēnhuà　zhāngchéng　ruìxuě　bódòu　nèizài
打扫　探索　分化　章程　瑞雪　搏斗　内在

qióngzhī　qǔshě　jūnxiào　nüèdài　xuán fú　zhōngjiān ér　shuǎnglǎng
琼脂　取舍　军校　虐待　悬浮　中间儿　爽朗

wěnluàn　wěizhuāng　pìnyuē　róngyù　juànliàn　gǔntàng　kuānhòu
紊乱　伪装　聘约　荣誉　眷恋　滚烫　宽厚

xúnhuí
巡回

试卷十八

一、音节字词(100 个字节,限时 3.5 分钟,共 10 分)

bēi　yǒng　pò　móu　cháng　zēng　zhāng　kǎn　zhěn　tāo
碑　涌　破　谋　尝　增　张　槛　枕　涛

hǒu　gāo　wàng　zěn　rèn　dài　shàn　yàn　zōu　cháo
吼　高　旺　怎　纫　逮　扇　雁　邹　潮

hēi	gài	fā	kè	chāi	chè	shī	rì	wěi	sāi
黑	盖	发	克	拆	撤	施	日	委	腮
shè	cā	rě	sú	jiǎng	rǔ	liàn	piān	yīn	qiào
舍	擦	惹	俗	讲	乳	恋	偏	音	俏
niú	miào	dié	piǎo	tiě	liáo	qiā	diū	bǐ	jiā
牛	妙	叠	瞟	铁	聊	掐	丢	笔	家
yān	qiè	nì	mèn	fān	xí	yé	tǐ	pàn	bīng
烟	妾	腻	闷	帆	习	爷	体	盼	冰
tuì	bù	níng	kuā	chuǎi	rùn	suǒ	yù	kùn	nǚ
退	不	宁	夸	揣	润	锁	御	困	女
nóng	lùn	nín	duān	jūn	qióng	xuǎn	kuài	huà	yún
农	论	您	端	菌	穷	选	快	化	匀
yuàn	quē	jǔ	xuě	shuāi	nǎo	zhuāng	cóng	guāng	hóng
愿	缺	举	雪	摔	脑	庄	从	光	红
tóng	sūn	cuàn	shuí	fēi	zuì	xīng	liáng	shī	zhēng
童	孙	窜	谁	飞	最	星	良	施	争

二、读多音节词语(100 个音节,限时 2.5 分钟,共 20 分)

zhuājǐn	shuàilǐng	huāngtáng	xuānchuán	guìbīn	kǎigē
抓紧	率领	荒唐	宣传	贵宾	凯歌
nèimù	shāmò	mièwáng	cǎo dì	míngjiā	piāoliàng
内幕	沙漠	灭亡	草地	名家	漂亮
zhuāngyán	cuìruò	bāngzhù	huàhuà ér	zōngjiāo	qióngkǔ
庄严	脆弱	帮助	画画儿	宗教	穷苦
kuài lè	qiànjiù	wényǎ	lüěqǔ	juéxīn	xùnsù
快乐	歉疚	文雅	掠取	决心	迅速
jiǒngrán	shíhòu	xiàhǎi	nǚxìng	fánmèn	dǎdǔn ér
迥然	时候	下海	女性	烦闷	打盹儿
wāyǒng	shèyǐng	ēndiǎn	duànliàn	zhīyǒu	pǎochē
蛙泳	摄影	恩典	锻炼	只有	跑车
kěnqǐng	gùn zǐ	nuǎnhé	yī huì ér	fēixiáng	fā sòng
恳请	棍子	暖和	一会儿	飞翔	发送
pèngbēi	rùnnián	quán tǐ	bièniǔ	cúnzài	tiěchuāng
碰杯	闰年	全体	别扭	存在	铁窗
sōuchá	lǎobàn ér				
搜查	老伴儿				

附录3 普通话水平测试用朗读作品

说　明

(1) 60篇朗读作品供普通话水平测试第三项——朗读短文测试使用。60篇作品全部从国家《普通话水平测试实施纲要》中的“普通话水平测试用朗读作品”照录,作品顺序也保持一致。

(2) 每篇作品采用汉字和汉语拼音对照的方式编排。

(3) 每篇作品在第400个音节后用“//”标注。测试时读到有“//”句子的末尾即可。

(4) “一”“不”和“啊”的注音按照在句子中的实际读法标注,如“一定 yídìng”“不对 búduì”“唱啊唱 chàng　nga　chàng”。上声的注音只标本调,不标变调。

(5) 作品中的必读轻声音节,注音不标调号,比如“怎么 zěnme”。一般轻读,偶尔(间或)重读的音节,标注调号,并在前面加一个圆点提示,比如“父亲 fù・qīn”“已经 yǐ・jīng”。此类音节如重读则语感生硬、不自然,影响普通话的语音面貌,所以也要读轻声。

(6) 作品中儿化音节分两种情况。一是书面上有“儿”,注音时在基本形式后加 r,如“小孩儿”,拼音为“xiǎoháir”;二是书面上没有“儿”,但口语中一般儿化的音节,注音时也在基本形式后加 r,如“胡同”,拼音为“hútòngr”。

zuòpǐn 1 hào
作 品 1 号

Nàshì lìzhēng shàngyóu de yì zhǒng shù　bǐzhí de gàn　bǐzhí de zhī　Tā de gàn ne
那是 力争 上游 的一 种 树,笔直的 干,笔直的 枝。它的 干 呢,

tōngcháng shì zhàng bǎ gāo　xiàng shì jiāyǐ réngōng shìde　yí zhàng yǐnèi　juéwú pángzhī　tā
通常 是 丈 把 高,像 是加以 人工 似的,一 丈 以内,绝无 旁枝;它

suǒyǒu de yāzhī ne　yílǜ xiàngshàng　érqiě jǐnjǐn kàolǒng　yě xiàngshì jiāyǐ réngōng shìde
所有 的桠枝 呢,一律 向上,而且 紧紧 靠拢,也 像是 加以 人工 似的,

chéngwéi yí shù　juéwú héngxié yìchū　tā de kuāndà de yèzi yě shì piànpiàn xiàngshàng　jīhū
成为 一束,绝无 横 斜 逸出;它的 宽大 的叶子也是 片片 向上,几乎

méiyǒu xié shēng de　gèng búyòng shuō dàochuí le　tā de pí　guānghuá ér yǒu yínsè de
没有 斜 生 的,更 不用 说 倒垂 了;它的皮,光滑 而有 银色 的

yùnquān　wēiwēi fànchū dànqīngsè　Zhè shì suī zài běifāng de fēngxuě de yāpò xià què
晕圈,微微 泛出 淡青色。这 是 虽 在 北方 的 风雪 的压迫 下 却

bǎochízhe juéjiàng tǐnglì de yì zhǒng shù　Nǎpà zhǐ yǒu wǎn lái cūxì ba　tā què nǔlì xiàngshàng
保持着 倔强 挺立的一 种 树!哪怕 只有 碗 来粗细罢,它 却 努力 向上

fāzhǎn　gāo dào zhàng xǔ　liǎng zhàng　cāntiān sǒnglì　bùzhé-bùnáo　duìkàngzhe xīběifēng
发展,高 到 丈 许,两 丈,参天 耸立,不折不挠,对抗着 西北风。

Zhè jiùshì báiyángshù xīběi jí pǔtōng de yì zhǒng shù Rán'ér jué bú shì píngfán de shù
这就是白杨树，西北极普通的一种树，然而决不是平凡的树！

Tā méi·yǒu pósuō de zītài méi·yǒu qūqūpánxuán de qiúzhī yěxǔ nǐ yào shuō tā bù měilì rúguǒ měi shì zhuān zhǐ pósuō huò héngxiéyìchū zhīlèi ér yán nàme báiyángshù suàn·bù·dé shù zhōng de hǎo nǚzǐ dànshì tā què shì wěi'àn zhèngzhí pǔzhì yánsù yě bù quēfá wēnhé gèng búyòng tí tā de jiānqiángbùqū yǔ tǐngbá tā shì shù zhōng de wěizhàngfū
它没有婆娑的姿态，没有屈曲盘旋的虬枝，也许你要说它不美丽，——如果美是专指"婆娑"或"横斜逸出"之类而言，那么，白杨树算不得树中的好女子；但是它却是伟岸，正直，朴质，严肃，也不缺乏温和，更不用提它的坚强不屈与挺拔，它是树中的伟丈夫！

Dāng nǐ zài jīxuě chū róng de gāoyuán·shàng zǒuguò kàn·jiàn píngtǎn de dàdì·shàng àorán tǐnglì zhème yì zhū huò yì pái báiyángshù nándào nǐ jiù zhǐ jué·dé shù zhǐshì shù nándào nǐ jiù bù xiǎngdào tā de pǔzhì yánsù jiānqiángbùqū zhìshǎo yě xiàngzhēngle běifāng de nóngmín nándào nǐ jìng yìdiǎnr yě bù liánxiǎng dào zài díhòu de guǎngdà tǔdì·shàng dàochù yǒu jiānqiángbùqū jiù xiàng zhè báiyángshù yíyàng àorán tǐnglì de shǒuwèi tāmen jiāxiāng de shàobīng Nándào nǐ yòu bù gèng yuǎn yìdiǎnr xiǎngdào zhèyàng zhīzhī-yèyè kàojǐn tuánjié lìqiú shàngjìn de báiyángshù wǎnrán xiàngzhēngle jīntiān zài Huáběi Píngyuán zònghéng juédàng yòng xuè xiěchū xīn Zhōngguó lìshǐ de nà zhǒng jīngshén hé yìzhì
当你在积雪初融的高原上走过，看见平坦的大地上傲然挺立这么一株或一排白杨树，难道你就只觉得树只是树，难道你就不想到它的朴质，严肃，坚强不屈，至少也象征了北方的农民；难道你竟一点儿也不联想到，在敌后的广大//土地上，到处有坚强不屈，就像这白杨树一样傲然挺立的守卫他们家乡的哨兵！难道你又不更远一点想到这样枝枝叶叶靠紧团结，力求上进的白杨树，宛然象征了今天在华北平原纵横决荡用血写出新中国历史的那种精神和意志。

Jiéxuǎn zì Máo Dùn《Báiyáng Lǐzàn》
——节选自茅盾《白杨礼赞》

zuòpǐn 2 hào
作品 2 号

Liǎng gè tónglíng de niánqīngrén tóngshí shòugù yú yì jiā diànpù bìngqiě ná tóngyàng de xīn·shuǐ
两个同龄的年轻人同时受雇于一家店铺，并且拿同样的薪水。

Kěshì yí duàn shíjiān hòu jiào Ānuòdé de nàge xiǎohuǒzi qīngyúnzhíshàng ér nàge jiào Bùlǔnuò de xiǎohuǒzi què réng zài yuándì tàbù Bùlǔnuò hěn bù mǎnyì lǎobǎn de bù gōngzhèng dàiyù Zhōngyú yǒu yì tiān tā dào lǎobǎn nàr fā láo·sāo le Lǎobǎn yìbiān nàixīn de tīngzhe
可是一段时间后，叫阿诺德的那个小伙子青云直上，而那个叫布鲁诺的小伙子却仍在原地踏步。布鲁诺很不满意老板的不公正待遇。终于有一天他到老板那儿发牢骚了。老板一边耐心地听着

tā de bào · yuàn yìbiān zài xīn · lǐ pánsuanzhe zěnyàng xiàng tā jiěshì qīngchu tā hé Ānuòdé
他的 抱怨 ，一边 在 心里 盘算着 怎样 向 他解释 清楚 他和阿诺德
zhījiān de chābié
之间 的 差别 。

Bùlǔnuò xiānsheng Lǎobǎn kāikǒu shuōhuà le Nín xiànzài dào jíshì · shàng qù yíxià
"布鲁诺 先生，" 老板 开口 说话 了，"您 现在 到 集市上 去一下，
kànkan jīntiān zǎoshang yǒu shénme mài de
看看 今天 早上 有 什么 卖的。"

Bùlǔnuò cóng jíshì · shàng huí · lái xiàng lǎobǎn huìbào shuō jīnzǎo jíshì · shàng zhǐyǒu yí
布鲁诺 从 集市上 回来 向 老板 汇报 说，今早 集市上 只有 一
gè nóngmín lāle yì chē tǔdòu zài mài
个 农民 拉了一车 土豆 在卖。

Yǒu duō · shǎo Lǎobǎn wèn
"有 多少？" 老板 问。

Bùlǔnuò gǎnkuài dài · shàng màozi yòu pǎodào jí · shàng ránhòu huí · lái gàosu lǎobǎn
布鲁诺 赶快 戴上 帽子 又 跑到 集上 ，然后 回来 告诉 老板
yígòng sìshí dài tǔdòu
一共 四十 袋 土豆。

Jiàgé shì duō · shǎo
"价格是 多少？"

Bùlǔnuò yòu dì-sān cì pǎodào jí · shàng wènláile jiàgé
布鲁诺 又 第三 次 跑到 集上 问来了 价格。

Hǎo ba Lǎobǎn duì tā shuō Xiànzài qǐng nín zuòdào zhè bǎ yǐzi · shàng yí jù huà yě búyào
"好吧，" 老板 对他说，"现在 请 您 坐到 这 把 椅子上 一句 话 也 不要
shuō kànkan Ānuòdé zěnme shuō
说，看看 阿诺德 怎么 说。"

Ānuòdé hěn kuài jiù cóng jíshì · shàng huí · lái le Xiàng lǎobǎn huìbào shuō dào xiànzài wéizhǐ
阿诺德很 快 就 从 集市上 回来 了。向 老板 汇报 说 到 现在 为止
zhǐyǒu yí gè nóngmín zài mài tǔdòu yígòng sìshí kǒudai jiàgé shì duō · shǎo duō · shǎo
只有一个 农民 在 卖 土豆 ，一共 四十 口袋 ，价格是 多少 、 多少 ；
tǔdòu zhìliàng hěn búcuò tā dài huí · lái yí gè ràng lǎobǎn kànkan Zhège nóngmín yí gè
土豆 质量 很 不错 ，他 带 回来 一个 让 老板 看看 。这个 农民 一个
zhōngtóu yǐhòu hái huì nònglái jǐ xiāng xīhóngshì jù tā kàn jiàgé fēicháng gōng · dào Zuótiān
钟头 以后 还 会 弄来 几 箱 西红柿 ，据他 看 价格 非常 公道 。昨天
tāmen pùzi de xīhóngshì mài de hěn kuài kùcún yǐ · jīng bùduō le Tā xiǎng zhème piányi de
他们 铺子的 西红柿 卖 得 很 快 ，库存 已经 不//多了。他 想 这么 便宜 的
xīhóngshì lǎobǎn kěndìng huì yào jìn yìxiē de suǒyǐ tā bùjǐn dàihuíle yí gè xīhóngshì zuò yàngpǐn
西红柿 ，老板 肯定 会 要 进一些的，所以他不仅带回了一个 西红柿 做 样品 ，
érqiě bǎ nàge nóngmín yě dài · lái le tā xiànzài zhèngzài wài · miàn děng huíhuà ne
而且把那个 农民 也 带来 了，他 现在 正在 外面 等 回话 呢。

Cǐshí lǎobǎn zhuǎnxiàngle Bùlǔnuò shuō Xiànzài nín kěndìng zhī · dào wèishénme
此时 老板 转向了 布鲁诺 ，说 ："现在 您 肯定 知道 为什么

Ānuòdé de xīn • shuǐ bǐ nín gāo le ba
阿诺德的 薪水 比您 高 了吧!”

Jiéxuǎn zì Zhāng Jiànpéng Hú Zúqīng zhǔbiān《Gùshi Shídài》zhōng《Chābié》
——节选 自 张 健鹏 、胡 足青 主编《故事 时代》中《差别》

zuòpǐn 3 hào

作品 3 号

Wǒ chángcháng yíhàn wǒ jiā mén qián nà kuài chǒu shí Tā hēiyǒuyǒu de wò zài nà • lǐ niú
我 常常 遗憾 我 家 门 前 那 块 丑 石:它 黑黝黝 地 卧 在 那里,牛
shìde múyàng shéi yě bù zhī • dào shì shénme shíhou liú zài zhè • lǐ de shéi yě bú qù lǐhuì tā
似的 模样 ;谁 也不 知道 是 什么 时候 留 在 这里 的,谁 也不去理会它。
Zhǐshì màishōu shíjié mén qián tānle màizi nǎinai zǒngshì shuō Zhè kuài chǒu shí duō zhàn
只是 麦收 时节,门 前 摊了 麦子,奶奶 总是 说:这 块 丑 石,多 占
dìmiàn ya chōukòng bǎ tā bānzǒu ba
地面 呀, 抽空 把它 搬走 吧。

Tā bú xiàng hànbáiyù nàyàng de xìnì kěyǐ kèzì diāohuā yě bú xiàng dà qīngshí nàyàng de
它不 像 汉白玉 那样 的细腻,可以刻字 雕花 ,也不 像 大 青石 那样 的
guānghuá kěyǐ gōng lái huànshā chuíbù Tā jìngjìng de wò zài nà • lǐ yuàn biān de huáiyīn méi • yǒu
光滑 ,可以 供 来 浣纱 捶布 。它 静静 地 卧 在 那里, 院 边 的 槐阴 没有
bìfù tā huā'ér yě bú zài zài tā shēnbiān shēngzhǎng Huāngcǎo biàn fányǎn chū • lái zhīmàn
庇覆它,花儿 也不再 在它 身边 生长 。 荒草 便 繁衍 出来 ,枝蔓
shàngxià mànmàn de tā jìng xiùshàngle lǜtái hēibān Wǒmen zhèxiē zuò háizi de yě
上下 , 慢慢 地,它 竟 锈上了 绿苔、黑斑 。我们 这些 做 孩子的,也
tǎoyàn • qǐ tā • lái céng héhuǒ yào bānzǒu tā dàn lìqi yòu bùzú suī shíshí zhòumà tā
讨厌起 它来 , 曾 合伙 要 搬走 它,但 力气 又 不足;虽 时时 咒骂 它,
xiánqì tā yě wúkě-nàihé zhǐhǎo rèn tā liú zài nà • lǐ le
嫌弃 它,也 无可奈何 ,只好 任 它留 在 那里 了。

Zhōng yǒu yí rì cūnzi • lǐ láile yí gè tiānwénxuéjiā Tā zài wǒ jiā mén qián lùguò tūrán fāxiànle zhè
终 有 一日,村子里 来了一个 天文学家 。他 在 我 家 门 前 路过,突然 发现了 这
kuài shítou yǎnguāng lìjí jiù lāzhí le Tā zài méi • yǒu líkāi jiù zhùle xià • lái yǐhòu yòu láile hǎoxiē
块 石头, 眼光 立即就拉直了。他 再 没有 离开,就住了 下来 ;以后 又 来了 好些
rén dōu shuō zhè shì yí kuài yǔnshí cóng tiān • shàng luò xià • lái yǐ • jīng yǒu èr-sānbǎi nián le, shì yí
人,都 说 这 是一 块 陨石,从 天上 落 下来 已经 有 二三百 年 了,是一
jiàn liǎo • bùqǐ de dōngxi Bùjiǔ biàn láile chē xiǎoxīn-yìyì de jiāng tā yùnzǒu le
件 了不起 的 东西 。不久 便 来了 车 ,小心翼翼 地 将 它 运走 了。

Zhè shǐ wǒmen dōu hěn jīngqí zhè yòu guài yòu chǒu de shítou yuánlái shì tiān • shàng de
这 使 我们 都 很 惊奇,这 又 怪 又 丑 的 石头, 原来 是 天上 的
ya Tā bǔguo tiān zài tiān • shàng fāguo rè shǎnguo guāng wǒmen de xiānzǔ huòxǔ
啊!它 补过 天 ,在 天上 发过 热 、闪过 光 ,我们 的 先祖 或许
yǎngwàng guo tā tā gěile tāmen guāngmíng xiàngwǎng chōngjǐng ér tā luò xià • lái le
仰望 过 它,它 给了 他们 光明 、 向往 、 憧憬 ;而它 落 下来 了,

zàiwūtǔ • lǐ huāngcǎo • lǐ yì tǎng jiùshì jǐbǎi nián le
在污土里，荒草里，一躺就//是几百年了！

Wǒgǎndào zìjǐ de wúzhī yě gǎndàole chǒu shí de wěidà wǒ shènzhì yuànhèn tā zhème
我感到自己的无知，也感到了丑石的伟大，我甚至怨恨它这么
duōnián jìng huì mòmò de rěnshòuzhe zhè yíqiè r wǒ yòu lìjí shēnshēn de gǎndào tā nà zhǒng
多年竟会默默地忍受着这一切！而我又立即深深地感到它那种
bùqū yú wùjiě jìmò de shēngcún de wěidà
不屈于误解、寂寞的生存的伟大。

Jiéxuǎn zì Jiǎ Píngwā《Chǒu Shí》
——节选自贾平凹《丑石》

zuòpǐn 4 hào
作品 4 号

ZàiDáruì bā suì de shíhou yǒu yì tiān tā xiǎng qù kàn diànyǐng Yīn • wèi méi • yǒu qián
在达瑞八岁的时候，有一天他想去看电影。因为没有钱，
tā xiǎng shì xiàng bà mā yào qián háishì zìjǐ zhèngqián Zuìhòu tā xuǎnzéle hòuzhě Tā zìjǐ
他想是向爸妈要钱，还是自己挣钱。最后他选择了后者。他自己
tiáozhìle yì zhǒng qìshuǐr xiàng guòlù de xíngrén chūshòu Kě nàshí zhèngshì hánlěng de
调制了一种汽水，向过路的行人出售。可那时正是寒冷的
dōngtiān méi • yǒu rén mǎi zhǐyǒu liǎng gè rén lìwài tā de bàba hé māma
冬天，没有人买，只有两个人例外——他的爸爸和妈妈。

Tā ǒurán yǒu yí gè hé fēicháng chénggōng de shāngrén tánhuà de jī • huì Dāng tā duì
他偶然有一个和非常成功的商人谈话的机会。当他对
shāngrén jiǎngshùle zìjǐ de pòchǎnshǐ hòu shāngrén gěile tā liǎng gè zhòngyào de jiànyì yī
商人讲述了自己的“破产史”后，商人给了他两个重要的建议：一
shì chángshì wèi bié • rén jiějué yí gè nántí èr shì bǎ jīnglì jízhōng zài nǐ zhī • dào de nǐ huì de
是尝试为别人解决一个难题；二是把精力集中在你知道的、你会的
hé nǐ yōngyǒu de dōngxi • shàng
和你拥有的东西上。

Zhè liǎng gè jiànyì hěn guānjiàn Yīn • wèi duìyú yí gè bā suì de háizi ér yán tā bú huì zuò de
这两个建议很关键。因为对于一个八岁的孩子而言，他不会做的
shìqing hěn duō Yúshì tā chuānguo dàjiē xiǎoxiàng bùtíng de sīkǎo rénmen huì yǒu shénme
事情很多。于是他穿过大街小巷，不停地思考：人们会有什么
nántí tā yòu rúhé lìyòng zhège jī • huì
难题，他又如何利用这个机会？

Yì tiān chī zǎofàn shí fù • qīn ràng Dáruì qù qǔ bàozhǐ Měiguó de sòngbàoyuán zǒngshì bǎ
一天，吃早饭时父亲让达瑞去取报纸。美国的送报员总是把
bàozhǐ cóng huāyuán líba de yí gè tèzhì de guǎnzi • lǐ sāi jìn • lái Jiǎrú nǐ xiǎng chuānzhe
报纸从花园篱笆的一个特制的管子里塞进来。假如你想穿着
shuìyī shūshū-fúfú de chī zǎofàn hé kàn bàozhǐ jiù bìxū líkāi wēnnuǎn de fángjiān màozhe
睡衣舒舒服服地吃早饭和看报纸，就必须离开温暖的房间，冒着

hánfēng dàohuāyuánqùqǔ Suīrán lù duǎn dànshífēnmáfan
寒风 ，到 花园 去取。虽然 路 短 ，但 十分 麻烦 。

DāngDáruì wèi fù·qīn qǔ bàozhǐ de shíhou yí gè zhǔyi dànshēng le Dàngtiān tā jiù
当 达瑞 为 父亲 取 报纸 的 时候 ，一个 主意 诞生 了 。当天 他 就
ànxiǎnglín·jūdeménlíng duìtāmenshuō měigèyuèzhǐxūfùgěitā yì měiyuán tā jiù měitiān
按响 邻居 的 门铃 ，对 他们 说 ，每 个 月 只需付给他一 美元 ，他就 每天
zǎoshangbǎbàozhǐsāidàotāmendefángméndǐ·xià Dàduōshù rén dōu tóngyì le hěnkuài tā
早上 把 报纸 塞到 他们 的 房门 底下 。大多数 人 都 同意 了，很 快 他
yǒule qīshí duō gè gùkè Yí gè yuè hòu dāng tā nádào zìjǐ zhuàn de qián shí jué·dé zìjǐ
有//了 七十 多 个 顾客。一 个 月 后，当 他 拿到 自己 赚 的 钱 时 觉得 自己
jiǎnzhíshìfēi·shàngletiān
简直 是 飞上了 天 。

Hěnkuài tā yòu yǒule xīn de jī·huì tā ràng tā de gùkè měitiān bǎ lājīdài fàng zài mén qián
很 快 他 又 有了 新 的 机会 ，他 让 他 的 顾客 每天 把 垃圾袋 放 在 门 前 ，
ránhòu yóu tā zǎoshang yùndào lājītǒng·lǐ měi gè yuè jiā yì měiyuán Zhīhòu tā hái xiǎngcūle
然后 由 他 早上 运到 垃圾桶里，每 个 月 加一 美元 。之后 他 还 想出了
xǔduō háizi zhuànqián de bànfǎ bìng bǎ tā jíjié chéng shū shūmíng wéi rtóng Zhèngqián de
许多 孩子 赚钱 的 办法，并 把 它 集结 成 书， 书名 为《 儿童 挣钱 的
Èrbǎi Wǔshí gè Zhǔyi Wèicǐ Dáruì shí'èr suì shí jiù chéngle chàngxiāoshū zuòjiā shíwǔ suì
二百 五十 个 主意》。为此，达瑞 十二 岁 时 就 成了 畅销书 作家，十五 岁
yǒule zìjǐ de tánhuà jiémù shíqī suì jiù yōngyǒule jǐ bǎiwàn měiyuán
有了 自己 的 谈话 节目，十七 岁 就 拥有了 几 百万 美元 。

Jiéxuǎn zì [Dé] Bóduō Shěfèi'ěr《Dáruì de Gùshi》 Liú Zhìmíng yì
——节选 自 [德] 博多·舍费尔《达瑞 的 故事》，刘 志明 译

zuòpǐn 5 hào
作品 5 号

Zhè shì rùdōng yǐlái Jiāodōng Bàndǎo·shàng dì-yī cháng xuě
这 是 入冬 以来， 胶东 半岛上 第一 场 雪 。

Xuěfēnfēn-yángyáng xià de hěn dà Kāishǐ hái bànzhe yízhènr xiǎoyǔ bùjiǔ jiù zhǐjiàn dàpiàn
雪 纷纷扬扬 ，下 得 很 大。开始 还 伴着 一阵儿 小雨 ，不久 就 只 见 大片
dàpiàn de xuěhuā cóng tóngyún-mìbù de tiānkōng zhōng piāoluò xià·lái Dìmiàn·shàng
大片 的 雪花 ，从 彤云密布 的 天空 中 飘落 下来 。 地面上
yíhuìr jiù bái le Dōngtiān de shāncūn dào le yè·lǐ jiù wànlài-jùjì zhǐ tīng de xuěhuā sùsù de
一会儿 就 白 了。 冬天 的 山村 ，到了 夜里 就 万籁俱寂，只 听 得 雪花 簌簌 地
búduàn wǎngxià luò shùmù de kūzhī bèi xuě yāduàn le ǒu'ěr gēzhī yì shēng xiǎng
不断 往下 落，树木 的 枯枝 被 雪 压断 了，偶尔 咯吱 一 声 响 。

Dàxuě zhěngzhěng xiàle yíyè Jīntiān zǎo·chén tiān fàngqíng le tài·yáng chū·lái le
大雪 整整 下了 一夜。今天 早晨 ，天 放晴 了， 太阳 出来 了。
Tuīkāi mén yí kàn hē Hǎo dà de xuě ya Shānchuān héliú shùmù fángwū quán dōu
推开 门 一 看 ，嗬！好 大 的 雪 啊！ 山川 、河流 、树木 、房屋 ， 全 都

zhào・shàngle yì céng hòuhòu de xuě wànlǐ jiāngshān biànchéngle fěnzhuāng-yùqì de shìjiè
罩上了 一 层 厚厚 的 雪，万里 江山 ， 变成了 粉妆玉砌 的 世界。
Luòguāngle yèzi de liǔshù・shàng guàmǎnle máoróngróng liàngjīngjīng de yíntiáor ér nàxiē
落光了 叶子 的 柳树上 挂满了 毛茸茸 亮晶晶 的 银条儿；而 那些
dōngxià chángqīng de sōngshù hé bǎishù・shàng zé guàmǎnle péngsōngsōng chéndiàndiàn
冬夏 常青 的 松树 和 柏树上 ，则 挂满了 蓬松松 沉甸甸
de xuěqiúr Yí zhèn fēng chuīlái shùzhī qīngqīng de yáo・huàng měilì de yíntiáor hé xuěqiúr
的 雪球儿。一 阵 风 吹来 ，树枝 轻轻 地 摇晃 ，美丽 的 银条儿 和 雪球儿
sùsù de luò xià・lái yùxiè shìde xuěmòr suí fēng piāoyáng yìngzhe qīngchén de yángguāng
簌簌 地 落 下来 ，玉屑 似的 雪末儿 随 风 飘扬 ，映着 清晨 的 阳光 ，
xiǎnchū yí dàodào wǔguāng-shísè de cǎihóng
显出 一 道道 五光十色 的 彩 虹 。

Dàjiē・shàng de jīxuě zú yǒu yì chǐ duō shēn rén cǎi shàng・qù jiǎo dǐ・xià fāchū gēzhī
大街上 的 积雪 足 有 一 尺 多 深 ，人 踩 上去 ，脚 底下 发出 咯吱
gēzhī de xiǎngshēng Yì qúnqún háizi zài xuědì・lǐ duī xuěrén zhì xuěqiúr Nà huānlè de
咯吱 的 响声 。一 群群 孩子 在 雪地里 堆 雪人 ，掷 雪球儿。那 欢乐 的
jiàohǎnshēng bǎ shùzhī・shàng de xuě dōu zhènluò xià・lái le
叫喊声 ，把 树枝上 的 雪 都 震落 下来 了。

Súhuà shuō Ruìxuě zhào fēngnián Zhège huà yǒu chōngfèn de kēxué gēnjù bìng bú shì yí jù
俗话 说 ，“瑞雪 兆 丰年 ”。这个 话 有 充分 的 科学 根据，并 不 是 一 句
míxìn de chéngyǔ Hándōng dàxuě kěyǐ dòngsǐ yí bùfen yuèdōng de hàichóng rónghuà le de
迷信 的 成语 。 寒冬 大雪 ，可以 冻死 一 部分 越冬 的 害虫 ；融化了 的
shuǐ shènjìn tǔcéng shēnchù yòu néng gōngyìng zhuāngjia shēngzhǎng de xūyào Wǒ
水 渗进 土层 深处 ，又 能 供应 // 庄稼 生长 的 需要 。我
xiāngxìn zhè yì cháng shífēn jíshí de dàxuě yídìng huì cùjìn míngnián chūnjì zuòwù yóuqí shì
相信 这 一 场 十分 及时 的 大雪 ，一定 会 促进 明年 春季 作物 ，尤其 是
xiǎomài de fēngshōu Yǒu jīngyàn de lǎonóng bǎ xuě bǐzuò shì màizi de miánbèi Dōngtiān miánbèi
小麦 的 丰收 。有 经验 的 老农 把 雪 比做 是“麦子 的 棉被”。 冬天 “棉被”
gài de yuè hòu míngchūn màizi jiù zhǎng de yuè hǎo suǒyǐ yòu yǒu zhèyàng yí jù yànyǔ Dōngtiān
盖 得 越 厚， 明春 麦子 就 长 得 越 好，所以 又 有 这样 一 句 谚语：“冬天
mài gài sān céng bèi láinián zhěnzhe mántou shuì
麦 盖 三 层 被，来年 枕着 馒头 睡。”

Wǒ xiǎng zhè jiù shì rénmen wèishénme bǎ jíshí de dàxuě chēngwéi ruìxuě de dào・lǐ ba
我 想 ，这 就 是 人们 为什么 把 及时 的 大雪 称为 “瑞雪”的 道理 吧。

Jiéxuǎn zì Jùn Qīng《Dì-yī Cháng Xuě》
—— 节选 自 峻青《第一 场 雪》

zuòpǐn 6 hào
作 品 6 号

Wǒ cháng xiǎng dúshūrén shì shìjiān xìngfú rén yīn・wèi tā chúle yōngyǒu xiànshí de shìjiè
我 常 想 读书人 是 世间 幸福 人， 因为 他 除了 拥有 现实 的 世界

zhīwài hái yōngyǒu lìng yí gè gèng wéi hàohàn yě gèng wéi fēngfù de shìjiè Xiànshí de shìjiè shì
之外，还 拥有 另一个 更 为 浩瀚 也 更 为 丰富 的世界。现实 的世界是
rénrén dōu yǒu de ér hòu yí gè shìjiè què wéi dúshūrén suǒ dúyǒu Yóu cǐ wǒ xiǎng nàxiē shīqù
人人 都 有的，而后一个世界 却 为 读书人 所 独有。由此我 想，那些失去
huò bùnéng yuèdú de rén shì duōme de búxìng tāmen de sàngshī shì bùkě bǔcháng de Shìjiān
或 不能 阅读 的人是 多么 的 不幸，他们 的 丧失 是不可 补偿 的。世间
yǒu zhūduō de bù píngděng cáifù de bù píngděng quánlì de bù píngděng ér yuèdú nénglì de
有 诸多 的不 平等，财富的不 平等，权力 的不 平等，而阅读 能力 的
yōngyǒu huò sàngshī què tǐxiàn wéi jīngshén de bù píngděng
拥有 或 丧失 却体现 为 精神 的不 平等。

Yí gè rén de yìshēng zhǐnéng jīnglì zìjǐ yōngyǒu de nà yí fèn xīnyuè nà yí fèn kǔnàn yěxǔ
一个人的 一生，只能 经历自己 拥有 的那一份 欣悦，那一份 苦难，也许
zài jiā • shàng tā qīnzì wén zhī de nà yìxiē guānyú zìshēn yǐwài de jīnglì hé jīngyàn Rán'ér
再 加上 他亲自 闻 知 的那一些 关于 自身 以外 的经历和 经验。然而，
rénmen tōngguò yuèdú què néng jìnrù bùtóng shíkōng de zhūduō tārén de shìjiè Zhèyàng
人们 通过 阅读，却 能 进入 不同 时空 的 诸多 他人 的 世界。这样，
jùyǒu yuèdú nénglì de rén wúxíng jiān huòdéle chāoyuè yǒuxiàn shēngmìng de wúxiàn
具有 阅读 能力 的 人，无形 间 获得了 超越 有限 生命 的 无限
kěnéngxìng Yuèdú bùjǐn shǐ tā duō shíle cǎo-mù-chóng-yú zhī míng érqiě kěyǐ shàngsù
可能性。阅读 不仅 使 他 多 识了 草木虫鱼 之 名，而且 可以 上溯
yuǎngǔ xià jí wèilái bǎolǎn cúnzài de yǔ fēicúnzài de qífēng-yìsú
远古 下及未来，饱览 存在 的与 非存在 的 奇风异俗。

Gèng wéi zhòngyào de shì dúshū jiāhuì yú rénmen de bùjǐn shì zhīshi de zēngguǎng érqiě hái zàiyú
更 为 重要 的是，读书加惠于 人们 的不仅是知识的 增广，而且还在于
jīngshén de gǎnhuà yǔ táoyě Rénmen cóng dúshū xué zuò rén cóng nàxiē wǎngzhé xiānxián yǐjí
精神 的 感化 与 陶冶。人们 从 读书 学 做 人，从 那些 往哲 先贤 以及
dāngdài cáijùn de zhùshù zhōng xuédé tāmen de réngé Rénmen cóng Lúnyǔ zhōng xuédé zhìhuì de
当代 才俊 的 著述 中 学得 他们 的 人格。人们 从《论语》中 学得 智慧 的
sīkǎo cóng Shǐjì zhōng xuédé yánsù de lìshǐ jīngshén cóng Zhèngqìgē zhōng xuédé réngé de
思考，从《史记》中 学得 严肃 的 历史 精神，从《正气歌》中 学得 人格 的
gāngliè cóng Mǎkèsī xuédé rénshì de jīqíng cóng Lǔ Xùn xuédé pīpàn jīngshén cóng Tuō'ěrsītài
刚烈，从 马克思 学得 人世//的激情，从 鲁 迅 学得 批判 精神，从 托尔斯泰
xuédé dàodé de zhízhuó Gēdé de shījù kèxiězhe ruìzhì de rénshēng Bàilún de shījù hūhuànzhe fèndòu
学得 道德 的 执着。歌德的诗句 刻写着 睿智的 人生，拜伦 的诗句 呼唤着 奋斗
de rèqíng Yí gè dúshūrén yí gè yǒujī • huì yōngyǒu chāohū gèrén shēngmìng tǐyàn de xìngyùn rén
的 热情。一个 读书人，一个 有 机会 拥有 超乎 个人 生命 体验的 幸运 人。

Jiéxuǎn zì Xiè Miǎn《Dúshūrén Shì Xìngfú Rén》
——节选 自 谢冕《读书人 是 幸福 人》

zuòpǐn 7 hào
作 品 7 号

Yì tiān bàba xiàbān huídào jiā yǐ • jīng hěn wǎn le tā hěn lèi yě yǒu diǎnr fán tā fāxiàn wǔ
一天，爸爸 下班 回到 家 已经 很 晚 了，他 很 累 也 有 点儿 烦，他 发现 五

suì de érzi kào zài mén páng zhèng děngzhe tā
岁的儿子靠在门旁正等着他。

Bà wǒ kěyǐ wèn nín yí gè wèntí ma
“爸，我可以问您一个问题吗？”

Shénme wèntí Bà nín yì xiǎoshí kěyǐ zhuàn duō · shǎo qián Zhè yǔ nǐ wúguān
“什么问题？”“爸，您一小时可以赚多少钱？”“这与你无关，
nǐ wèishénme wèn zhège wèntí Fù · qīn shēngqì de shuō
你为什么问这个问题？”父亲生气地说。

Wǒ zhǐshì xiǎng zhī · dào qǐng gàosù wǒ nín yì xiǎoshí zhuàn duō · shǎo qián
“我只是想知道，请告诉我，您一小时赚多少钱？”
Xiǎoháir āiqiú dào Jiǎrú nǐ yídìng yào zhī · dào de huà, wǒ yì xiǎoshí zhuàn èrshí měijīn
小孩儿哀求道。“假如你一定要知道的话，我一小时赚二十美金。”

Ò Xiǎoháir dīxiàle tóu jiēzhe yòu shuō Bà kěyǐ jiè wǒ shí měijīn ma Fù · qīn
“哦，”小孩儿低下了头，接着又说，“爸，可以借我十美金吗？”父亲
fānù le Rúguǒ nǐ zhǐshì yào jiè qián qù mǎi háowú yìyì de wánjù de huà gěi wǒ huídào nǐ de
发怒了：“如果你只是要借钱去买毫无意义的玩具的话，给我回到你的
fángjiān shuìjiào · qù Hǎohǎo xiǎngxiang wèishénme nǐ huì nàme zìsī Wǒ měitiān xīnkǔ
房间睡觉去。好好想想为什么你会那么自私。我每天辛苦
gōngzuò méi shíjiān hé nǐ wánr xiǎoháizi de yóuxì
工作，没时间和你玩儿小孩子的游戏。”

Xiǎoháir mòmò de huídào zìjǐ de fángjiān guān · shàng mén
小孩儿默默地回到自己的房间关上门。

Fù · qīn zuò xià · lái hái zài shēngqì Hòulái tā píngjìng xià · lái le Xīnxiǎng tā kěnéng
父亲坐下来还在生气。后来，他平静下来了。心想他可能
duì háizi tài xiōng le huòxǔ háizi zhēnde hěn xiǎng mǎi shénme dōngxi zài shuō tā píngshí
对孩子太凶了——或许孩子真的很想买什么东西，再说他平时
hěn shǎo yàoguo qián
很少要过钱。

Fù · qīn zǒujìn háizi de fángjiān Nǐ shuìle ma Bà hái méi · yǒu wǒ hái xǐngzhe
父亲走进孩子的房间：“你睡了吗？”“爸，还没有，我还醒着。”
Háizi huídá
孩子回答。

Wǒ gāngcái kěnéng duì nǐ tài xiōng le Fù · qīn shuō Wǒ bù yīnggāi fā nàme dà de
“我刚才可能对你太凶了，”父亲说，“我不应该发那么大的
huǒr zhè shì nǐ yào de shí měijīn Bà xièxie nín Háizi gāoxìng de cóng zhěntou · xià
火儿——这是你要的十美金。”“爸，谢谢您。”孩子高兴地从枕头下
náchū yìxiē bèi nòngzhòu de chāopiào mànmàn de shǔzhe
拿出一些被弄皱的钞票，慢慢地数着。

Wèishénme nǐ yǐ · jīng yǒu qián le hái yào Fù · qīn bùjiě de wèn
“为什么你已经有钱了还要？”父亲不解地问。

Yīn · wèi yuánlái búgòu dàn xiànzài còugòu le Háizi huídá Bà wǒ xiànzài yǒu
“因为原来不够，但现在凑够了。”孩子回答：“爸，我现在有//

èrshí měijīn le wǒ kěyǐ xiàng nín mǎi yí gè xiǎoshí de shíjiān ma Míngtiān qǐng zǎo yìdiǎnr
二十美金了，我可以向您买一个小时的时间吗？明天请早一点儿
huíjiā wǒ xiǎng hé nín yìqǐ chī wǎncān
回家——我想和您一起吃晚餐。”

Jiéxuǎn zì Táng Jìliǔ biānyì《Èrshí Měijīn de Jiàzhí》
——节选自唐继柳编译《二十美金的价值》

zuòpǐn 8 hào
作品 8 号

Wǒ ài yuèyè dàn wǒ yě ài xīngtiān Cóngqián zài jiāxiāng qī-bāyuè de yèwǎn zài
我爱月夜，但我也爱星天。从前在家乡七八月的夜晚在
tíngyuàn • lǐ nàliáng de shíhou wǒ zuì ài kàn tiān • shàng mìmì-mámá de fánxīng Wàngzhe
庭院里纳凉的时候，我最爱看天上密密麻麻的繁星。望着
xīngtiān Wǒ jiù huì wàngjì yíqiè fǎngfú huídàole mǔ • qīn de huái • lǐ shì de
星天，我就会忘记一切，仿佛回到了母亲的怀里似的。

Sān nián qián zài Nánjīng wǒ zhù de dìfang yǒu yí dào hòumén měi wǎn wǒ dǎkāi hòumén
三年前在南京我住的地方有一道后门，每晚我打开后门，
biàn kàn • jiàn yí gè jìngjì de yè Xià • miàn shì yí piàn càiyuán shàng • miàn shì xīngqún mìbù
便看见一个静寂的夜。下面是一片菜园，上面是星群密布
de lántiān Xīngguāng zài wǒmen de ròuyǎn • lǐ suīrán wēixiǎo rán'ér tā shǐ wǒmen jué • dé
的蓝天。星光在我们的肉眼里虽然微小，然而它使我们觉得
guāngmíng wúchù-búzài Nà shíhou wǒ zhèngzài dú yìxiē tiānwénxué de shū yě rènde yìxiē
光明无处不在。那时候我正在读一些天文学的书，也认得一些
xīngxing hǎoxiàng tāmen jiùshì wǒ de péngyou tāmen chángcháng zài hé wǒ tánhuà yíyàng
星星，好像它们就是我的朋友，它们常常在和我谈话一样。

Rújīn zài hǎi • shàng měi wǎn hé fánxīng xiāngduì wǒ bǎ tāmen rènde hěn shú le Wǒ tǎng
如今在海上，每晚和繁星相对，我把它们认得很熟了。我躺
zài cāngmiàn • shàng yǎngwàng tiānkōng Shēnlánsè de tiānkōng • lǐ xuánzhe wúshù
在舱面上，仰望天空。深蓝色的天空里悬着无数
bànmíng bànmèi de xīng Chuán zài dòng xīng yě zài dòng tāmen shì zhèyàng dī zhēn shì
半明半昧的星。船在动，星也在动，它们是这样低，真是
yáoyáo-yùzhuì ne Jiànjiàn de wǒ de yǎnjing móhu le wǒ hǎoxiàng kàn • jiàn wúshù
摇摇欲坠呢！渐渐地我的眼睛模糊了，我好像看见无数
yínghuǒchóng zài wǒ de zhōuwéi fēiwǔ Hǎi • shàng de yè shì róuhé de shì jìngjì de shì
萤火虫在我的周围飞舞。海上的夜是柔和的，是静寂的，是
mènghuàn de Wǒ wàngzhe xǔduō rènshi de xīng wǒ fǎngfú kàn • jiàn tāmen zài duì wǒ zhǎyǎn
梦幻的。我望着许多认识的星，我仿佛看见它们在对我眨眼，
wǒ fǎngfú tīng • jiàn tāmen zài xiǎoshēng shuōhuà Zhèshí wǒ wàngjìle yíqiè Zài xīng de
我仿佛听见它们在小声说话。这时我忘记了一切。在星的
huáibào zhōng wǒ wēixiàozhe wǒ chénshuìzhe Wǒ jué • dé zìjǐ shì yí gè xiǎoháizi xiànzài
怀抱中我微笑着，我沉睡着。我觉得自己是一个小孩子，现在

shuì zài mǔ · qīn de huái · lǐ le
睡在母亲的怀里了。

Yǒu yí yè nàge zài Gēlúnbō shàng chuán de Yīngguórén zhǐ gěi wǒ kàn tiān · shàng de jùrén
有一夜，那个在哥伦波上船的英国人指给我看天上的巨人。
Tā yòng shǒu zhǐzhe Nà sì kē míngliàng de xīng shì tóu xià · miàn de jǐ kē shì shēnzi zhè jǐ
他用手指着：//那四颗明亮的星是头，下面的几颗是身子，这几
kē shì shǒu nà jǐ kē shì tuǐ hé jiǎo háiyǒu sān kē xīng suànshì yāodài Jīng tā zhè yìfān zhǐdiǎn
颗是手，那几颗是腿和脚，还有三颗星算是腰带。经他这一番指点，
wǒ guǒrán kàn qīngchule nàge tiān · shàng de jùrén Kàn nàge jùrén hái zài pǎo ne
我果然看清楚了那个天上的巨人。看，那个巨人还在跑呢！

Jiéxuǎn zì Bā Jīn《Fánxīng》
——节选自巴金《繁星》

zuòpǐn 9 hào
作品 9 号

Jiàrì dào hétān · shàng zhuànzhuan kàn · jiàn xǔduō háizi zài fàng fēngzheng Yìgēngēn
假日到河滩上转转，看见许多孩子在放风筝。一根根
chángcháng de yǐnxiàn yìtóur jì zài tiān · shang yì tóur jì zài dì · shàng háizi tóng
长长的引线，一头系在天上，一头系在地上，孩子同
fēngzheng dōu zài tiān yǔ dì zhījiān yōudàng lián xīn yě bèi yōudàng de huǎnghuǎng-hūhū le
风筝都在天与地之间悠荡，连心也被悠荡得恍恍惚惚了，
hǎoxiàng yòu huídàole tóngnián
好像又回到了童年。

Érshí fàng de fēngzheng dàduō shì zìjǐ de zhǎngbèi huò jiārén biānzā de jǐ gēn xiāo de
儿时放的风筝，大多是自己的长辈或家人编扎的，几根削得
hěn báo de miè yòng xì shāxiàn zāchéng gè zhǒng niǎo shòu de zàoxíng hú · shàng xuěbái de
很薄的篾，用细纱线扎成各种鸟兽的造型，糊上雪白的
zhǐpiàn zài yòng cǎibǐ gōulè chū miànkǒng yǔ chìbǎng de tú'àn Tōngcháng zā de zuì duō de shì
纸片，再用彩笔勾勒出面孔与翅膀的图案。通常扎得最多的是
lǎodiāo měirénr huāhúdié děng
"老雕""美人儿""花蝴蝶"等。

Wǒmen jiā qiányuàn jiù yǒu wèi shūshu shàn zā fēngzheng yuǎn-jìnwénmíng Tā zā de
我们家前院就有位叔叔，擅扎风筝，远近闻名。他扎的
fēngzheng bùzhǐ tǐxíng hǎokàn sècǎi yànlì fàngfē de gāo yuǎn hái zài fēngzheng · shàng bēng yí
风筝不只体型好看，色彩艳丽，放飞得高远，还在风筝上绷一
yè yòng púwěi xiāochéng de mópiàn jīng fēng yì chuī fāchū wēngwēng de shēngxiǎng fǎngfú
叶用蒲苇削成的膜片，经风一吹，发出"嗡嗡"的声响，仿佛
shì fēngzheng de gēchàng zài lántiān · xià bōyáng gěi kāikuò de tiāndì zēngtiānle wújìn de
是风筝的歌唱，在蓝天下播扬，给开阔的天地增添了无尽的
yùnwèi gěi chídàng de tóngxīn dàilái jǐ fēn fēngkuáng
韵味，给驰荡的童心带来几分疯狂。

Wǒmen nà tiáo hútòngr de zuǒlín-yòushè de háizimen fàng de fēngzheng jīhū dōu shì shūshu
我们 那 条 胡同 的 左邻右舍 的 孩子们 放 的 风筝 几乎 都 是 叔叔
biānzā de Tā de fēngzheng bú mài qián shéi shàngmén qù yào jiù gěi shéi tā lèyì zìjǐ tiē
编扎 的。他 的 风筝 不 卖 钱 ，谁 上门 去 要 ，就 给 谁 ，他 乐意 自己 贴
qián mǎi cáiliào
钱 买 材料 。

Hòulái zhèwèi shūshu qùle hǎiwài fàng fēngzheng yě jiàn yǔ háizimen yuǎnlí le Búguò
后来 ，这位 叔叔 去了 海外 ，放 风筝 也 渐 与 孩子们 远离 了。不过
niánnián shūshu gěi jiāxiāng xiě xìn zǒng bú wàng tíqǐ érshí de fàng fēngzheng Xiānggǎng
年年 叔叔 给 家乡 写 信 总 不 忘 提起 儿时 的 放 风筝 。 香港
huíguī zhīhòu tā zài jiāxìn zhōng shuōdào tā zhè zhī bèi gùxiāng fàngfēi dào hǎiwài de fēngzheng
回归 之后 ，他 在 家信 中 说到 ，他 这 只 被 故乡 放飞 到 海外 的 风筝 ，
jǐnguǎn piāodàng yóuyì jīng mù fēngyǔ kě nà xiàntóur yìzhí zài gùxiāng hé qīnrén shǒu zhōng
尽管 飘荡 游弋，经 沐 风雨 ，可 那 线头儿 一直 在 故乡 和// 亲人 手 中
qiānzhe rújīn piāo de tài lèi le yě gāi yào huíguī dào jiāxiāng hé qīnrén shēnbiān lái le
牵着 ，如今 飘 得 太 累 了，也 该 要 回归 到 家乡 和 亲人 身边 来 了。

Shì de Wǒ xiǎng bùguāng shì shūshu wǒmen měi gè rén dōu shì fēngzheng zài māma
是的。我 想 ，不光 是 叔叔 ，我们 每 个 人 都 是 风筝 ，在 妈妈
shǒu zhōng qiānzhe cóngxiǎo fàng dào dà zài cóng jiāxiāng fàng dào zǔguó zuì xūyào de dìfang
手 中 牵着 ，从小 放到 大，再 从 家乡 放到 祖国 最 需要 的 地方
qù ya
去啊！

Jiéxuǎn zì Lǐ Héngruì《Fēngzheng Chàngxiǎngqǔ》
——节选 自 李 恒瑞《 风筝 畅想曲 》

zuòpǐn 10 hào
作品 10 号

Bà bù dǒng · dé zěnyàng biǎodá ài shǐ wǒmen yì jiā rén róngqià xiāngchǔ de shì wǒ mā
爸 不 懂得 怎样 表达 爱，使 我们 一家人 融洽 相处 的 是 我 妈 。
Tā zhǐshì měi tiān shàngbān xiàbān ér mā zé bǎ wǒmen zuòguo de cuòshì kāiliè qīngdān ránhòu
他 只是 每 天 上班 下班 ，而 妈 则 把 我们 做过 的 错事 开列 清单 ，然后
yóu tā lái zémà wǒmen
由 他 来 责骂 我们 。

Yǒu yí cì wǒ tōule yí kuài tángguǒ tā yào wǒ bǎ tā sòng huí · qù gàosu mài táng de shuō
有 一次 我 偷了 一 块 糖果 ，他 要 我 把 它 送 回去 ，告诉 卖 糖 的 说
shì wǒ tōu · lái de shuō wǒ yuàn · yì tì tā chāi xiāng xiè huò zuòwéi péicháng Dàn māma què
是 我 偷来 的，说 我 愿意 替 他 拆 箱 卸 货 作为 赔偿 。但 妈妈 却
míngbai wǒ zhǐshì gè háizi
明白 我 只是 个 孩子。

Wǒ zài yùndòngchǎng dǎ qiūqiān diēduànle tuǐ zài qiánwǎng yīyuàn túzhōng yìzhí bàozhe
我 在 运动场 打 秋千 跌断了 腿，在 前往 医院 途中 一直 抱着

wǒde shì wǒmā Bà bǎ qìchē tíng zài jízhěnshì ménkǒu tāmen jiào tā shǐkāi shuō nà kòngwèi
我的，是我妈。爸把汽车停在急诊室门口，他们叫他驶开，说那空位
shì liúgěi jǐnjí chēliàng tíngfàng de Bà tīngle biàn jiàorǎng dào Nǐ yǐwéi zhè shì shénme chē
是留给紧急车辆停放的。爸听了便叫嚷道："你以为这是什么车？
Lǚyóuchē
旅游车？"

Zài wǒ shēngrì huì · shàng bà zǒngshì xiǎn · dé yǒuxiē búdà xiāngchèn Tā zhǐshì máng yú
在我生日会上，爸总是显得有些不大相称。他只是忙于
chuī qìqiú bùzhì cānzhuō zuò záwù Bǎ chāzhe làzhú de dàngāo tuī guò · lái ràng wǒ chuī de
吹气球，布置餐桌，做杂务。把插着蜡烛的蛋糕推过来让我吹的，
shì wǒ mā
是我妈。

Wǒ fānyuè zhàoxiàngcè shí rénmen zǒngshì wèn Nǐ bàba shì shénme yàngzi de Tiān
我翻阅照相册时，人们总是问："你爸爸是什么样子的？"天
xiǎo · dé Tā lǎoshì mángzhe tì bié · rén pāizhào Mā hé wǒ xiàoróng-kějū de yìqǐ pāi de
晓得！他老是忙着替别人拍照。妈和我笑容可掬地一起拍的
zhàopiàn duō de bùkě-shèngshǔ
照片，多得不可胜数。

Wǒ jì · dé mā yǒu yí cì jiào tā jiāo wǒ qí zìxíngchē Wǒ jiào tā bié fàngshǒu dàn tā què
我记得妈有一次叫他教我骑自行车。我叫他别放手，但他却
shuō shì yīnggāi fàngshǒu de shíhou le Wǒ shuāidǎo zhīhòu mā pǎo guò · lái fú wǒ bà què
说是应该放手的时候了。我摔倒之后，妈跑过来扶我，爸却
huīshǒu yào tā zǒukāi Wǒ dāngshí shēngqì jí le juéxīn yào gěi tā diǎnr yánsè kàn Yúshì wǒ
挥手要她走开。我当时生气极了，决心要给他点儿颜色看。于是我
mǎshàng pá · shàng zìxíngchē érqiě zìjǐ qí gěi tā kàn Tā zhǐshì wēixiào
马上爬上自行车，而且自己骑给他看。他只是微笑。

Wǒ niàn dàxué shí suǒyǒu de jiāxìn dōu shì mā xiě de Tā chúle jì zhīpiào wài hái jìguo
我念大学时，所有的家信都是妈写的。他//除了寄支票外，还寄过
yì fēng duǎn jiǎn gěi wǒ shuō yīn · wèi wǒ bú zài cǎopíng · shàng tī zúqiú le suǒyǐ tā de
一封短柬给我，说因为我不在草坪上踢足球了，所以他的
cǎopíng zhǎng de hěn měi
草坪长得很美。

Měi cì wǒ dǎ diànhuà huíjiā tā sìhū dōu xiǎng gēn wǒ shuōhuà dàn jiéguǒ zǒngshì shuō
每次我打电话回家，他似乎都想跟我说话，但结果总是说："
Wǒ jiào nǐ mā lái jiē
我叫你妈来接。"

Wǒ jiéhūn shí diào yǎnlèi de shì wǒ mā Tā zhǐshì dàshēng xǐngle yíxià bízi biàn zǒuchū
我结婚时，掉眼泪的是我妈。他只是大声擤了一下鼻子，便走出
fángjiān
房间。

Wǒ cóng xiǎo dào dà dōu tīng tā shuō Nǐ dào nǎ · lǐ qù Shénme shíhou huíjiā Qìchē yǒu
我从小到大都听他说："你到哪里去？什么时候回家？汽车有

méi · yǒu qìyóu Bù bù zhǔnqù Bà wánquán bù zhī · dào zěnyàng biǎodá ài Chúfēi
没有 汽油？不，不 准 去。”爸 完全 不 知道 怎样 表达 爱。除非……

Huì bú huì shì tā yǐ · jīng biǎodá le ér wǒ què wèi néng chájué
会不会是他 已经 表达 了，而我 却 未 能 察觉？

Jiéxuǎn zì [Měi]Ài'ěrmǎ Bāngbèikè《Fù · qīn de Ài》
——节选 自 [美]艾尔玛 · 邦贝克《父亲 的爱》

zuòpǐn 11 hào

作品 11 号

Yí gè dà wèntí yìzhí pánjù zài wǒ nǎodai · lǐ
一个大问题一直盘踞在我 脑袋里：

Shìjièbēi zěnme huì yǒu rúcǐ jùdà de xīyǐnlì Chúqù zúqiú běnshēn de mèilì zhīwài hái yǒu
世界杯 怎么 会 有 如此巨大的吸引力？除去 足球 本身 的魅力 之外，还 有
shénme chāohūqíshàng ér gèng wěidà de dōngxi
什么 超乎其上 而 更 伟大 的 东西？

Jìnlái guānkàn shìjièbēi hūrán cóngzhōng dédàole dá'àn Shì yóuyú yì zhǒng
近来 观看 世界杯，忽然 从中 得到了 答案：是 由于 一 种
wúshàngchónggāo de jīngshén qínggǎn guójiā róngyùgǎn
无上崇高 的 精神 情感——国家 荣誉感！

Dìqiú · shàng de rén dōu huì yǒu guójiā de gàiniàn dàn wèibì shíshí dōu yǒu guójiā de
地球上 的 人 都 会 有 国家 的 概念，但 未必 时时 都 有 国家 的
gǎnqíng Wǎngwǎng rén dào yìguó sīniàn jiāxiāng xīn huái gùguó zhè guójiā gàiniàn jiù
感情。往往 人 到 异国，思念 家乡，心 怀 故国，这 国家 概念 就
biàn de yǒuxiěyǒuròu àiguó zhī qíng lái de fēicháng jùtǐ Ér xiàndài shèhuì kējì chāngdá
变得 有血有肉，爱国 之 情 来得 非常 具体。而 现代 社会，科技 昌达，
xìnxī kuàijié shìshì shàngwǎng shìjiè zhēn shì tài xiǎo tài xiǎo guójiā de jièxiàn sìhū yě bú
信息 快捷，事事 上网，世界 真 是太 小 太 小，国家 的 界限 似乎 也不
nàme qīngxī le Zàishuō zúqiú zhèngzài kuàisù shìjièhuà píngrì · lǐ gè guó qiúyuán pínfán zhuǎn
那么 清晰 了。再说 足球 正在 快速 世界化，平日里 各 国 球员 频繁 转
huì wǎnglái suíyì zhìshǐ yuèláiyuèduō de guójiā liánsài dōu jùyǒu guójì de yīnsù Qiúyuánmen
会，往来 随意，致使 越来越多 的 国家 联赛 都 具有 国际的 因素。球员们
búlùn guójí zhǐ xiàolì yú zìjǐ de jùlèbù tāmen bǐsài shí de jīqíng zhōng wánquán méi · yǒu
不论 国籍，只 效力 于 自己 的 俱乐部，他们 比赛 时 的 激情 中 完全 没有
àiguózhǔyì de yīnzǐ
爱国主义 的 因子。

Rán'ér dàole shìjièbēi dàsài tiānxià dàbiàn gè guó qiú yuán dōu huíguó xiàolì
然而，到了 世界杯 大赛，天下 大变。各 国 球 员 都 回国 效力，
chuān · shàng yǔ guāngróng de guóqí tóngyàng sècǎi de fúzhuāng Zài měi yì chǎng bǐsài qián
穿上 与 光荣 的国旗 同样 色彩的 服装。在 每 一 场 比赛 前，
hái gāochàng guógē yǐ xuānshì duì zìjǐ zǔguó de zhì'ài yǔ zhōng chéng Yì zhǒng xuèyuán
还 高唱 国歌 以 宣誓 对 自己 祖国 的 挚爱 与 忠 诚。一 种 血缘

qínggǎn kāishǐ zài quánshēn de xuèguǎn • lǐ ránshāo qǐ • lái érqiě lìkè rèxuè fèiténg
情感 开始 在 全身 的 血 管里 燃烧 起来，而且立刻热血 沸腾。

Zài lìshǐ shídài guójiā jiān jīngcháng fāshēng duìkàng hǎo nán'ér róngzhuāng wèiguó
在 历史 时代，国家 间 经常 发生 对抗，好 男儿 戎装 卫国。
Guójiā de róngyù wǎngwǎng xūyào yǐ zìjǐ de shēngmìng qù huànqǔ Dàn zài hépíng shídài
国家 的 荣誉 往往 需要 以自己的 生命 去换//取。但 在 和平 时代，
wéiyǒu zhè zhǒng guójiā zhījiān dàguīmó duìkàngxìng de dàsài cái kěyǐ huànqǐ nà zhǒng
惟有 这 种 国家 之间 大规模 对抗性 的 大赛，才 可以 唤起 那 种
yáoyuǎn ér shénshèng de qínggǎn nàjiùshì Wèi zǔguó ér zhàn
遥远 而 神圣 的 情感，那就是：为 祖国 而 战！

Jiéxuǎn zì Féng Jìcái《Guójiā Róngyùgǎn》
——节选 自 冯 骥才《国家 荣誉感》

zuòpǐn 12 hào
作品 12 号

Xīyáng luòshān bùjiǔ xīfāng de tiānkōng hái ránshāozhe yí piàn júhóngsè de wǎnxiá
夕阳 落山 不久，西方 的 天空，还 燃烧着 一 片 橘红色 的 晚霞。
Dàhǎi yě bèi zhè xiáguāng rǎnchéngle hóngsè érqiě bǐ tiānkōng de jǐngsè gèng yào
大海，也 被 这 霞光 染成了 红色，而且 比 天空 的 景色 更 要
zhuàngguān Yīn • wèi tā shì huó • dòng de měidāng yìpáipái bōlàng yǒngqǐ de shíhou nà
壮观。因为 它是 活动 的，每当 一排排 波浪 涌起 的 时候，那
yìngzhào zài làngfēng • shàng de xiáguāng yòu hóng yòu liàng jiǎnzhí jiù xiàng yípiànpiàn
映照 在 浪峰上 的 霞光，又 红 又 亮，简直 就 像 一片片
huòhuò ránshāozhe de huǒyàn shǎnshuòzhe xiāoshī le Ér hòu • miàn de yì pái yòu
霍霍 燃烧着 的 火焰，闪烁着，消失 了。而 后面 的一 排，又
shǎnshuòzhe gǔndòngzhe yǒngle guò • lái
闪烁着，滚动着，涌了 过来。

Tiānkōng de xiáguāng jiànjiàn de dànxià • qù le shēnhóng de yánsè biànchéngle fēihóng
天空 的 霞光 渐渐 地 淡 下去 了，深红 的 颜色 变成了 绯红，
fēihóng yòu biànwéi qiǎnhóng
绯红 又 变为 浅红。

Zuìhòu dāng zhè yíqiè hóngguāng dōu xiāoshīle de shíhou nà tūrán xiǎn • dé gāo ér yuǎn
最后，当 这一切 红光 都 消失了 的 时候，那突然 显得 高 而 远
le de tiānkōng zé chéngxiàn chū yí piàn sùmù de shénsè Zuì zǎo chūxiàn de qǐmíngxīng zài
了的 天空，则 呈现 出 一 片 肃穆 的 神色。最 早 出现 的 启明星，在
zhè lánsè de tiānmù • shàng shǎnshuò qǐ • lái le Tā shì nàme dà nàme liàng zhěnggè
这 蓝色 的 天幕上 闪烁 起来 了。它 是 那么 大，那么 亮，整个
guǎngmò de tiānmù • shàng zhǐyǒu tā zài nà • lǐ fàngshèzhe lìng rén zhùmù de guānghuī
广漠 的 天幕上 只有 它 在 那里 放射着 令 人 注目 的 光辉，
huóxiàng yì zhǎn xuánguà zài gāokōng de míngdēng
活像 一 盏 悬挂 在 高空 的 明灯。

Yèsè jiānóng cāngkōng zhōng de míngdēng yuèláiyuèduō le Ér chéngshì gè chù de zhēn
夜色加浓，苍空中的“明灯”越来越多了。而城市各处的真
de dēnghuǒ yě cìdì liàngle qǐ · lái yóuqí shì wéirào zài hǎigǎng zhōuwéi shānpō · shàng de nà
的灯火也次第亮了起来，尤其是围绕在海港周围山坡上的那
yí piàn dēngguāng cóng bànkōng dàoyìng zài wūlán de hǎimiàn · shàng suízhe bōlàng
一片灯光，从半空倒映在乌蓝的海面上，随着波浪，
huàngdòngzhe shǎnshuòzhe xiàng yí chuàn liúdòngzhe de zhēnzhū hé nà yípiànpiàn mìbù zài
晃动着，闪烁着，像一串流动着的珍珠，和那一片片密布在
cāngqióng · lǐ de xīngdǒu hùxiāng huīyìng shà shì hǎokàn
苍穹里的星斗互相辉映，煞是好看。

Zài zhè yōuměi de yèsè zhōng wǒ tàzhe ruǎnmiánmián de shātān yánzhe hǎibiān
在这幽美的夜色中，我踏着软绵绵的沙滩，沿着海边，
mànmàn de xiàngqián zǒu · qù Hǎishuǐ qīngqīng de fǔmōzhe xìruǎn de shātān fāchū wēnróu
慢慢地向前走去。海水，轻轻地抚摸着细软的沙滩，发出温柔
de shuāshuā shēng Wǎnlái de hǎifēng qīngxīn ér yòu liángshuǎng Wǒ de xīn · lǐ yǒuzhe
的//刷刷声。晚来的海风，清新而又凉爽。我的心里，有着
shuō · bùchū de xīngfèn hé yúkuài
说不出的兴奋和愉快。

Yèfēng qīngpiāopiāo de chuīfúzhe kōngqì zhōng piāodàngzhe yì zhǒng dàhǎi hé tiánhé
夜风轻飘飘地吹拂着，空气中飘荡着一种大海和田禾
xiānghùnhé de xiāngwèir róuruǎn de shātān · shàng hái cánliúzhe bái · tiān tài · yáng zhìshài
相混合的香味儿，柔软的沙滩上还残留着白天太阳炙晒
de yúwēn Nàxiē zài gègè gōngzuò gǎngwèi · shàng láodòngle yì tiān de rénmen
的余温。那些在各个工作岗位上劳动了一天的人们，
sānsān-liǎngliǎng de láidào zhè ruǎnmiánmián de shātān · shàng tāmen yùzhe liángshuǎng de
三三两两地来到这软绵绵的沙滩上，他们浴着凉爽的
hǎifēng wàngzhe nà zhuìmǎnle xīngxing de yèkōng jìnqíng de shuōxiào jìnqíng de xiūqì
海风，望着那缀满了星星的夜空，尽情地说笑，尽情地休憩。

Jiéxuǎn zì JùnQīng《HǎibīnZhòngxià Yè》
——节选自峻青《海滨仲夏夜》

zuòpǐn 13 hào
作品 13 号

Shēngmìng zài hǎiyáng · lǐ dànshēng jué bú shì ǒurán de hǎiyáng de wùlǐ hé huàxué xìngzhì
生命在海洋里诞生绝不是偶然的，海洋的物理和化学性质，
shǐ tā chéngwéi yùnyù yuánshǐ shēngmìng de yáolán
使它成为孕育原始生命的摇篮。

Wǒmen zhī · dào shuǐ shì shēngwù de zhòngyào zǔchéng bùfen xǔduō dòngwù zǔzhī de
我们知道，水是生物的重要组成部分，许多动物组织的
hánshuǐliàng zài bǎi fēn zhī bāshí yǐshàng ér yìxiē hǎiyáng shēngwù de hánshuǐliàng gāodá bǎi
含水量在百分之八十以上，而一些海洋生物的含水量高达百

fēn zhī jiǔshíwǔ Shuǐ shì xīnchén-dàixiè de zhòngyào méijiè méi · yǒu tā tǐnèi de yíxìliè
分之九十五。水是新陈代谢的重要媒介，没有它，体内的一系列
shēnglǐ hé shēngwù huàxué fǎnyìng jiù wúfǎ jìnxíng shēngmìng yě jiù tíngzhǐ Yīncǐ zài duǎn
生理和生物化学反应就无法进行，生命也就停止。因此，在短
shíqī nèi dòngwù quē shuǐ yào bǐ quēshǎo shíwù gèngjiā wēixiǎn Shuǐ duì jīntiān de shēngmìng
时期内动物缺水要比缺少食物更加危险。水对今天的生命
shì rúcǐ zhòngyào tā duì cuìruò de yuánshǐ shēngmìng gèng shì jǔzú-qīngzhòng le
是如此重要，它对脆弱的原始生命，更是举足轻重了。
Shēngmìng zài hǎiyáng · lǐ dànshēng jiù bú huì yǒu quē shuǐ zhī yōu
生命在海洋里诞生，就不会有缺水之忧。

Shuǐ shì yì zhǒng liánghǎo de róngjì Hǎiyáng zhōng hányǒu xǔduō shēngmìng suǒ bìxū de
水是一种良好的溶剂。海洋中含有许多生命所必需的
wújīyán rú lǜhuànà lǜhuàjiǎ tànsuānyán línsuānyán háiyǒu róngjiěyǎng yuánshǐ
无机盐，如氯化钠、氯化钾、碳酸盐、磷酸盐，还有溶解氧，原始
shēngmìng kěyǐ háobú fèilì de cóngzhōng xīqǔ tā suǒ xūyào de yuánsù
生命可以毫不费力地从中吸取它所需要的元素。

Shuǐ jùyǒu hěn gāo de rè róngliàng jiāzhī hǎiyáng hàodà rènpíng xiàjì lièrì pùshài dōngjì
水具有很高的热容量，加之海洋浩大，任凭夏季烈日曝晒，冬季
hánfēng sǎodàng tā de wēndù biànhuà què bǐjiào xiǎo Yīncǐ jùdà de hǎiyáng jiù xiàng shì
寒风扫荡，它的温度变化却比较小。因此，巨大的海洋就像是
tiānrán de wēnxiāng shì yùnyù yuánshǐ shēngmìng de wēnchuáng
天然的"温箱"，是孕育原始生命的温床。

Yángguāng suīrán wéi shēngmìng suǒ bìxū dànshì yángguāng zhōng de zǐwàixiàn què yǒu
阳光虽然为生命所必需，但是阳光中的紫外线却有
èshā yuánshǐ shēngmìng de wēixiǎn Shuǐ néng yǒuxiào de xīshōu zǐwàixiàn yīn'ér yòu wèi
扼杀原始生命的危险。水能有效地吸收紫外线，因而又为
yuánshǐ shēngmìng tígōng le tiānrán de píngzhàng
原始生命提供了天然的"屏障"。

Zhè yíqiè dōu shì yuánshǐ shēngmìng déyǐ chǎnshēng hé fāzhǎn de bìyào tiáojiàn
这一切都是原始生命得以产生和发展的必要条件。

Jiéxuǎn zì Tóng Chángliàng《Hǎiyáng yǔ Shēngmìng》
——节选自童裳亮《海洋与生命》

zuòpǐn 14 hào
作品 14 号

Dú xiǎoxué de shíhou wǒ de wàizǔmǔ qùshì le Wàizǔmǔ shēngqián zuì téng'ài wǒ wǒ
读小学的时候，我的外祖母去世了。外祖母生前最疼爱我，我
wúfǎ páichú zìjǐ de yōushāng měi tiān zài xuéxiào de cāochǎng · shàng yì quānr yòu yì quānr
无法排除自己的忧伤，每天在学校的操场上一圈儿又一圈儿
de pǎozhe pǎo de lèi dǎo zài dì · shàng pū zài cǎopíng · shàng tòngkū
地跑着，跑得累倒在地上，扑在草坪上痛哭。

Nàāitòng de rìzi duànduàn-xùxù de chíxùle hěn jiǔ bàba māma yě bù zhī·dào rúhé
那哀痛的日子，断断续续地持续了很久，爸爸妈妈也不知道如何
ānwèi wǒ Tāmen zhī·dào yǔqí piàn wǒ shuō wàizǔmǔ shuìzháole hái bùrú duì wǒ shuō shíhuà
安慰我。他们知道与其骗我说外祖母睡着了，还不如对我说实话：
Wàizǔmǔ yǒngyuǎn bú huì huí·lái le
外祖母永远不会回来了。

Shénme shì yǒngyuǎn bú huì huí·lái ne Wǒ wènzhe
“什么是永远不会回来呢?”我问着。

Suǒyǒu shíjiān·lǐ de shìwù dōu yǒngyuǎn bú huì huí·lái Nǐ de zuótiān guò·qù tā jiù
“所有时间里的事物，都永远不会回来。你的昨天过去，它就
yǒngyuǎn biànchéng zuótiān nǐ bùnéng zài huídào zuótiān Bàba yǐqián yě hé nǐ yíyàng xiǎo
永远变成昨天，你不能再回到昨天。爸爸以前也和你一样小，
xiànzài yě bùnéng huídào nǐ zhème xiǎo de tóngnián le yǒu yì tiān nǐ huì zhǎngdà nǐ huì xiàng
现在也不能回到你这么小的童年了；有一天你会长大，你会像
wàizǔmǔ yíyàng lǎo yǒu yì tiān nǐ dùguòle nǐ de shíjiān jiù yǒngyuǎn bú huì huí·lái le Bàba shuō
外祖母一样老；有一天你度过了你的时间，就永远不会回来了。”爸爸说。

Bàba děngyú gěi wǒ yí gè míyǔ zhè míyǔ bǐ kèběn·shàng de Rìlì guà zài qiángbì yì
爸爸等于给我一个谜语，这谜语比课本上的“日历挂在墙壁，一
tiān sī·qù yí yè shǐ wǒ xīn·lǐ zháojí hé Yícùn guāngyīn yí cùn jīn cùn jīn nán mǎi cùn
天撕去一页，使我心里着急”和“一寸光阴一寸金，寸金难买寸
guāngyīn hái ràng wǒ gǎndào kěpà yě bǐ zuòwénběn·shàng de Guāngyīn sì jiàn rìyuè rú
光阴”还让我感到可怕；也比作文本上的“光阴似箭，日月如
suō gèng ràng wǒ jué·dé yǒu yì zhǒng shuō·bùchū de zīwèi
梭”更让我觉得有一种说不出的滋味。

Shíjiān guò de nàme fēikuài shǐ wǒ de xiǎo xīnyǎnr·lǐ bù zhǐshì zháojí háiyǒu bēishāng
时间过得那么飞快，使我的小心眼儿里不只是着急，还有悲伤。
Yǒu yì tiān wǒ fàngxué huí jiā kàndào tài·yáng kuài luòshān le jiù xià juéxīn shuō Wǒ yào bǐ
有一天我放学回家，看到太阳快落山了，就下决心说：“我要比
tài·yáng gèng kuài de huíjiā Wǒ kuángbēn huí·qù zhàn zài tíngyuàn qián chuǎnqì de shíhou
太阳更快地回家。”我狂奔回去，站在庭院前喘气的时候，
kàndào tài·yáng hái lòuzhe bànbiān liǎn wǒ gāoxìng de tiàoyuè qǐ·lái nà yì tiān wǒ
看到太阳//还露着半边脸，我高兴地跳跃起来，那一天我
pǎoyíngle tài·yáng Yǐhòu wǒ jiù shícháng zuò nàyàng de yóuxì yǒushí hé tài·yáng sàipǎo
跑赢了太阳。以后我就时常做那样的游戏，有时和太阳赛跑，
yǒushí hé xīběifēng bǐ kuài yǒushí yí gè shǔjià cái néng zuòwán de zuòyè wǒ shí tiān jiù zuòwán
有时和西北风比快，有时一个暑假才能做完的作业，我十天就做完
le nà shí wǒ sān niánjí chángcháng bǎ gēge wǔ niánjí de zuòyè ná·lái zuò Měi yí cì bǐsài
了；那时我三年级，常常把哥哥五年级的作业拿来做。每一次比赛
shèngguo shíjiān wǒ jiù kuàilè de bù zhī·dào zěnme xíngróng
胜过时间，我就快乐得不知道怎么形容。

Rúguǒ jiānglái wǒ yǒu shénme yào jiāogěi wǒ de háizi wǒ huì gàosu tā Jiǎruò nǐ yìzhí hé
如果将来我有什么要教给我的孩子，我会告诉他：假若你一直和

shíjiānbǐsài nǐ jiù kěyǐ chénggōng
时间 比赛，你就可以 成功 ！

Jiéxuǎnzì(Táiwān) LínQīngxuán《HéShíjiānSàipǎo》
—— 节选 自(台湾)林 清玄 《和 时间 赛跑 》

zuòpǐn 15 hào
作品 15 号

Sānshí niándài chū Hú Shì zài BěijīngDàxué rèn jiàoshòu Jiǎngkè shí tā chángcháng duì
三十 年代 初，胡 适 在 北京大学 任 教授 。讲课 时 他 常常 对
báihuàwén dàjiā chēngzàn yǐnqǐ yìxiē zhǐ xǐhuan wényánwén ér bù xǐhuan báihuàwén de
白话文 大加 称赞 ，引起 一些 只 喜欢 文言文 而 不 喜欢 白话文 的
xuésheng debùmǎn
学生 的 不满 。

Yí cì Hú Shì zhèng jiǎng de déyì de shíhou yí wèi xìng Wèi de xuésheng tūrán zhànle
一次，胡 适 正 讲 得 得意 的 时候，一 位 姓 魏 的 学生 突然 站了
qǐ·lái shēngqì de wèn Hú xiānsheng nándào shuō báihuàwén jiù háowú quēdiǎn ma Hú
起来 ，生气 地 问 ："胡 先生 ，难道 说 白话文 就 毫无 缺点 吗？"胡
Shì wēixiàozhe huídá shuō Méi·yǒu Nà wèi xuésheng gèngjiā jīdòng le Kěndìng yǒu
适 微笑着 回答 说 ：" 没有 。"那 位 学生 更加 激动 了：" 肯定 有！
Báihuàwén fèihuà tài duō dǎ diànbào yòng zì duō huāqián duō Hú Shì de mùguāng dùnshí
白话文 废话 太 多，打 电报 用 字 多， 花钱 多 。"胡 适 的 目光 顿时
biànliàngle Qīngshēng de jiěshì shuō Bù yídìng ba Qián jǐ tiān yǒu wèi péngyou gěi wǒ
变亮了 。 轻声 地 解释 说 ："不 一定 吧！ 前 几 天 有 位 朋友 给 我
dǎ·lái diànbào qǐng wǒ qù zhèngfǔ bùmén gōngzuò wǒ juédìng bú qù jiù huí diàn jùjué le
打来 电报 ，请 我 去 政府 部门 工作 ，我 决定 不 去，就 回电 拒绝 了。
Fùdiàn shì yòng báihuà xiě de kànlái yě hěn shěng zì Qǐng tóngxuémen gēnjù wǒ zhège yìsi
复电 是 用 白话 写 的，看来 也 很 省 字。请 同学们 根据 我 这个 意思，
yòng wényánwén xiě yí gè huídiàn kànkan jiūjìng shì báihuàwén shěng zì háishì wényánwén
用 文言文 写 一个 回电 ，看看 究竟 是 白话文 省 字，还是 文言文
shěng zì Hú jiàoshòu gāng shuōwán tóngxuémen lìkè rènzhēn de xiěle qǐ·lá
省 字？"胡 教授 刚 说完 ， 同学们 立刻 认真 地写了 起来 。

Shíwǔ fēnzhōng guò·qù Hú Shì ràng tóngxué jǔshǒu bàogào yòng zì de shùmù ránhòu
十五 分钟 过去 ，胡 适 让 同学 举手 ，报告 用 字 的 数目 ，然后
tiāole yí fèn yòng zì zuì shǎo de wényán diànbàogǎo diànwén shì zhèyàng xiě de
挑了一份 用 字最 少 的 文言 电报稿 ，电文 是 这样 写 的：

Cáishū-xuéqiǎn kǒng nán shèngrèn bùkāncóngmìng Báihuàwén de yìsi shì
" 才疏学浅 ，恐 难 胜任 ， 不堪从命 。" 白话文 的 意思 是 ：
Xuéwen bù shēn kǒngpà hěn nán dānrèn zhège gōngzuò bùnéng fúcóng ānpái
学问 不 深 ，恐怕 很 难 担任 这个 工作 ，不能 服从 安排 。

Hú Shì shuō zhè fèn xiě de quèshí búcuò, jǐn yòngle shí'èr gè zì Dàn wǒ de báihuà diànbào
胡 适 说 ，这 份 写得 确实 不错 ，仅 用了 十二 个 字。但 我 的 白话 电报

quèzhǐyònglewǔgè zì Gàn·bùliǎo xièxie
却只用了五个字:“干不了,谢谢!”

HúShì yòu jiěshì shuō Gàn·bù liǎo jiù yǒu cáishū-xuéqiǎn kǒng nán shèngrèn de yìsi
胡适又解释说:“干不了”就有才疏学浅、恐难胜任的意思;“

Xièxie jì duì péngyou de jièshào biǎoshì gǎnxiè yòu yǒu jùjué de yìsi Suǒyǐ fèihuà
谢谢”既//对朋友的介绍表示感谢,又有拒绝的意思。所以,废话

duō·bùduō bìng bú kàn tā shì wényánwén háishì báihuàwén zhǐyào zhùyì xuǎnyòng zìcí
多不多,并不看它是文言文还是白话文,只要注意选用字词,

báihuàwén shì kěyǐ bǐ wényánwén gèng shěng zì de
白话文是可以比文言文更省字的。

Jiéxuǎn zì Chén Zhuó Zhǔbiān《Shíyòng Hànyǔ Zhōngjí Jiàochéng》
——节选自陈灼主编《实用汉语中级教程》

(shàng)zhōng《Hú Shì de Báihuà Diànbào》
(上)中《胡适的白话电报》

zuòpǐn 16 hào

作品16号

Hěnjiǔ yǐqián zài yí gè qīhēi de qiūtiān de yèwǎn wǒ fàn zhōu zài Xībólìyà yì tiáo
很久以前,在一个漆黑的秋天的夜晚,我泛舟在西伯利亚一条

yīnsēnsēn de hé·shàng Chuán dào yí gè zhuǎnwān chù zhǐ jiàn qián·miàn hēiqūqū de
阴森森的河上。船到一个转弯处,只见前面黑黢黢的

shānfēng xià·miàn yì xīng huǒguāng mò·dì yì shǎn
山峰下面一星火光蓦地一闪。

Huǒguāng yòu míng yòu liàng hǎoxiàng jiù zài yǎnqián
火光又明又亮,好像就在眼前……

Hǎo la xiètiān-xièdì Wǒ gāoxìng de shuō Mǎshàng jiù dào guòyè de dìfang la
“好啦,谢天谢地!”我高兴地说,“马上就到过夜的地方啦!”

Chuánfū niǔtóu cháo shēnhòu de huǒguāng wàng le yì yǎn yòu bùyǐwéirán de huá·qǐ
船夫扭头朝身后的火光望了一眼,又不以为然地划起

jiǎng·lái
桨来。

Yuǎnzhe ne
“远着呢!”

Wǒ bù xiāngxìn tā de huà yīn·wèi huǒguāng chōngpò ménglóng de yèsè míngmíng zài
我不相信他的话,因为火光冲破朦胧的夜色,明明在

nàr shǎnshuò Búguò chuánfū shì duì de shìshí·shàng huǒguāng díquè hái yuǎnzhe ne
那儿闪烁。不过船夫是对的,事实上,火光的确还远着呢。

Zhèxiē hēiyè de huǒguāng de tèdiǎn shì Qūsàn hēi'àn shǎnshǎn fāliàng jìn zài yǎnqián
这些黑夜的火光的特点是:驱散黑暗,闪闪发亮,近在眼前,

lìng rén shénwǎng Zhà yí kàn zài huá jǐ xià jiù dàole Qíshí què hái yuǎnzhe ne
令人神往。乍一看,再划几下就到了……其实却还远着呢!……

Wǒmen zài qīhēi rú mò de hé · shàng yòu huále hěn jiǔ　Yígègè xiágǔ hé xuányá　yíngmiàn
我们 在漆黑如墨的 河上 又 划了 很 久。一个个 峡谷 和 悬崖 ， 迎面
shǐ · lái　yòu xiàng hòu yí · qù　fǎngfú xiāoshī zài mángmáng de yuǎnfāng　ér huǒguāng què
驶来 ，又 向 后 移去 ，仿佛 消失 在 茫茫 的 远方 ，而 火光 却
yīrán tíng zài qiántou　shǎnshǎn fāliàng　lìng rén shénwǎng　yīrán shì zhème jìn　yòu yīrán shì
依然 停 在 前头 ， 闪闪 发亮 ，令 人 神往 ——依然是 这么 近，又 依然是
nàme yuǎn
那么 远 ……

Xiànzài　wúlùn shì zhè tiáo bèi xuányá qiàobì de yīnyǐng lǒngzhào de qīhēi de héliú　háishì nà
现在 ，无论 是 这 条 被 悬崖 峭壁 的 阴影 笼罩 的漆黑的河流，还是 那
yì xīng míngliàng de huǒguāng　dōu jīngcháng fúxiàn zài wǒ de nǎojì　zài zhè yǐqián hé zài zhè
一 星 明亮 的 火光 ，都 经常 浮现 在 我 的 脑际，在 这 以前 和 在 这
yǐhòu　céng yǒu xǔduō huǒguāng　sìhū jìn zài zhǐchǐ　bùzhǐ shǐ wǒ yì rén xīnchí-shénwǎng Kěshì
以后，曾 有 许多 火光 ，似乎 近 在 咫尺 ，不止 使 我 一 人 心驰神往。 可是
shēnghuó zhī hé què réngrán zài nà yīnsēnsēn de liǎng'àn zhījiān liúzhe　ér huǒguāng yě yījiù
生活 之 河 却 仍然 在 那 阴森森 的 两岸 之间 流着 ，而 火光 也 依旧
fēicháng yáoyuǎn　Yīncǐ　bìxū jiājìn huájiǎng
非常 遥远 。因此，必须 加劲 划 桨 ……

Rán'ér　huǒguāng a　bìjìng　bìjìng jiù　zài qiántou
然而 ， 火光 啊…… 毕竟 …… 毕竟 就// 在 前头 ！……

Jiéxuǎn zì [É] Kēluóliánkē《Huǒguāng》, Zhāng Tiěfū yì
—— 节选 自 [俄] 柯罗连科《 火光 》，张 铁夫 译

zuòpǐn 17 hào
作 品 17 号

Duìyú yí gè zài Běipíng zhùguàn de rén　xiàng wǒ　dōngtiān yàoshì bù guāfēng　biàn
对于 一 个 在 北平 住惯 的 人， 像 我， 冬天 要是 不 刮风 ，便
jué · dé shì qíjì　Jǐnán de dōngtiān shì méi · yǒu fēngshēng de　Duìyú yí gè gāng yóu Lúndūn
觉得 是 奇迹；济南 的 冬天 是 没有 风声 的。对于 一个 刚 由 伦敦
huí · lái de rén　xiàng wǒ　dōngtiān yào néng kàn de jiàn rìguāng　biàn jué · dé shì guàishì
回来 的 人， 像 我， 冬天 要 能 看 得 见 日光 ，便 觉得 是 怪事 ；
Jǐnán de dōngtiān shì xiǎngqíng de　Zìrán　zài rèdài de dìfang　rìguāng yǒngyuǎn shì nàme dú
济南 的 冬天 是 响晴 的。自然，在 热带 的 地方 ， 日光 永远 是 那么 毒，
xiǎngliàng de tiānqì　fǎn yǒudiǎnr jiào rén hàipà　Kěshì　zài běifāng de dōngtiān　ér néng yǒu
响亮 的 天气，反 有点儿 叫 人 害怕 。可是，在 北方 的 冬天 ，而 能 有
wēnqíng de tiānqì　Jǐnán zhēn děi suàn gè bǎodì
温晴 的 天气，济南 真 得 算 个 宝地 。

Shèruò dāndān shì yǒu yángguāng　nà yě suàn · bùliǎo chūqí　Qǐng bì · shàng yǎnjing
设若 单单 是 有 阳光 ，那 也 算不了 出奇 。请 闭上 眼睛
xiǎng　Yí gè lǎochéng　yǒu shān yǒu shuǐ　quán zài tiān dǐ · xià shàizhe yángguāng　nuǎnhuo
想 ：一个 老城 ，有 山 有 水 ，全 在 天 底下 晒着 阳光 ，暖和

ānshì de shuì zhe zhǐ děng chūnfēng lái bǎ tāmen huànxǐng zhè shì·búshì lǐxiǎng de jìngjiè
安适地睡着，只等春风来把它们唤醒，这是不是理想的境界？
Xiǎoshān zhěng bǎ Jǐnán wéile gè quānr zhǐyǒu běi·biān quēzhe diǎnr kǒur Zhè yì quān
小山整把济南围了个圈儿，只有北边缺着点口儿。这一圈
xiǎoshān zài dōngtiān tèbié kě'ài hǎoxiàng shì bǎ Jǐnán fàng zài yí gè xiǎo yáolán·lǐ tāmen
小山在冬天特别可爱，好像是把济南放在一个小摇篮里，它们
ānjìng bú dòng de dīshēng de shuō Nǐmen fàngxīn ba zhèr zhǔnbǎo nuǎnhuo Zhēn de Jǐnán
安静不动地低声地说："你们放心吧，这儿准保暖和。"真的，济南
de rénmen zài dōngtiān shì miàn·shàng hánxiào de Tāmen yí kàn nàxiē xiǎoshān xīnzhōng
的人们在冬天是面上含笑的。他们一看那些小山，心中
biàn jué·dé yǒule zhuóluò yǒule yīkào Tāmen yóu tiān·shàng kàndào shān·shàng biàn
便觉得有了着落，有了依靠。他们由天上看到山上，便
bùzhī-bùjué de xiǎngqǐ Míngtiān yěxǔ jiùshì chūntiān le ba Zhèyàng de wēn nuǎn jīntiān
不知不觉地想起：明天也许就是春天了吧？这样的温暖，今天
yè·lǐ shāncǎo yěxǔ jiù lǜqǐ·lái le ba Jiùshì zhè diǎnr huànxiǎng bùnéng yìshí shíxiàn tāmen
夜里山草也许就绿起来了吧？就是这点儿幻想不能一时实现，他们
yě bìng bù zháojí yīn·wèi zhèyàng císhàn de dōngtiān gànshénme hái xīwàng biéde ne
也并不着急，因为这样慈善的冬天，干什么还希望别的呢！

Zuì miào de shì xià diǎnr xiǎoxuě ya Kàn ba shān·shàng de ǎisōng yuèfā de qīnghēi
最妙的是下点儿小雪呀。看吧，山上的矮松越发的青黑，
shùjiānr·shàng dǐngzhe yí jìr báihuā hǎoxiàng Rìběn kānhùfù Shānjiānr quán bái le
树尖儿上//顶着一髻儿白花，好像日本看护妇。山尖儿全白了，
gěi lántiān xiāng·shàng yí dào yínbiānr Shānpō·shàng yǒude dìfang xuě hòu diǎnr yǒude
给蓝天镶上一道银边。山坡上，有的地方雪厚点儿，有的
dìfang cǎosè hái lòuzhe zhèyàng yí dàor bái yí dàor ànhuáng gěi shānmen chuān·shàng
地方草色还露着；这样，一道儿白，一道儿暗黄，给山们穿上
yí jiàn dài shuǐwénr de huāyī kànzhe kànzhe zhè jiàn huāyī hǎoxiàng bèi fēng'ér chuīdòng jiào
一件带水纹儿的花衣；看着看着，这件花衣好像被风儿吹动，叫
nǐ xīwàng kàn·jiàn yìdiǎnr gèng měi de shān de jīfū Děngdào kuài rìluò de shíhou wēihuáng
你希望看见一点儿更美的山的肌肤。等到快日落的时候，微黄
de yángguāng xié shè zài shānyāo·shàng nà diǎnr báo xuě hǎoxiàng hūrán hàixiū wēiwēi
的阳光斜射在山腰上，那点儿薄雪好像忽然害羞，微微
lòuchū diǎnr fěnsè Jiùshì xià xiǎoxuě ba Jǐnán shì shòu·búzhù dàxuě de nàxiē xiǎoshān tài
露出点儿粉色。就是下小雪吧，济南是受不住大雪的，那些小山太
xiùqi
秀气。

Jiéxuǎn zì Lǎo Shě《Jǐnán de Dōngtiān》
——节选自老舍《济南的冬天》

zuòpǐn 18 hào
作品18号

Chúnpǔ de jiāxiāng cūnbiān yǒu yì tiáo hé qūqū-wānwān hé zhōng jià yì wān shíqiáo
纯朴的家乡村边有一条河，曲曲弯弯，河中架一弯石桥，

gōngyàng de xiǎoqiáo héngkuà liǎng'àn
弓样的小桥横跨两岸。

Měi tiān bùguǎn shì jīmíngxiǎoyuè rìlìzhōngtiān háishì yuèhuá xiè dì xiǎoqiáo dōu yìnxià chuànchuàn zújì sǎluò chuànchuàn hànzhū Nà shì xiāngqīn wèile zhuīqiú duōléng de xīwàng duìxiàn měihǎo de xiáxiǎng Wānwān xiǎoqiáo bùshí dàngguò qīngyín-dīchàng bùshí lùchū shūxīn de xiàoróng
每天，不管是鸡鸣晓月，日丽中天，还是月华泻地，小桥都印下串串足迹，洒落串串汗珠。那是乡亲为了追求多棱的希望，兑现美好的遐想。弯弯小桥，不时荡过轻吟低唱，不时露出舒心的笑容。

Yīn'ér wǒ zhìxiǎo de xīnlíng céng jiāng xīnshēng xiàngěi xiǎoqiáo Nǐ shì yì wān yínsè de xīnyuè gěi rénjiān pǔzhào guānghuī nǐ shì yì bǎ shǎnliàng de liándāo gēyìzhe huānxiào de huāguǒ nǐ shì yì gēn huàngyōuyōu de biǎndan tiāoqǐle cǎisè de míngtiān Ò xiǎoqiáo zǒujìn wǒ de mèng zhōng
因而，我稚小的心灵，曾将心声献给小桥：你是一弯银色的新月，给人间普照光辉；你是一把闪亮的镰刀，割刈着欢笑的花果；你是一根晃悠悠的扁担，挑起了彩色的明天！哦，小桥走进我的梦中。

Wǒ zài piāobó tāxiāng de suìyuè xīnzhōng zǒng yǒngdòngzhe gùxiāng de héshuǐ mèng zhōng zǒng kàndào gōng yàng de xiǎoqiáo Dāng wǒ fǎng nánjiāng tàn běiguó yǎnlián chuǎngjìn zuòzuò xióngwěi de chángqiáo shí wǒ de mèng biàn de fēngmǎn le zēngtiānle chì-chéng-huáng-lǜ-qīng-lán-zǐ
我在飘泊他乡的岁月，心中总涌动着故乡的河水，梦中总看到弓样的小桥。当我访南疆探北国，眼帘闯进座座雄伟的长桥时，我的梦变得丰满了，增添了赤橙黄绿青蓝紫。

Sānshí duō nián guò · qù wǒ dàizhe mǎntóu shuānghuā huídào gùxiāng dì-yī jǐnyào de biànshì qù kànwàng xiǎoqiáo
三十多年过去，我带着满头霜花回到故乡，第一紧要的便是去看望小桥。

À Xiǎoqiáo ne Tā duǒ qǐ · lái le Hé zhōng yí dào chánghóng yùzhe zhāoxiá yìyì shǎnguāng Ò xiónghún de dàqiáo chǎngkāi xiōnghuái qìchē de hūxiào mótuō de díyīn zìxíngchē de dīnglíng hézòuzhe jìnxíng jiāoxiǎngyuè nán lái de gāngjīn huābù běi wǎng de gānchéng jiāqín huìchū jiāoliú huānyuètú
啊！小桥呢？它躲起来了？河中一道长虹，浴着朝霞熠熠闪光。哦，雄浑的大桥敞开胸怀，汽车的呼啸、摩托的笛音、自行车的叮铃，合奏着进行交响乐；南来的钢筋、花布，北往的柑橙、家禽，绘出交流欢悦图……

À Tuìbiàn de qiáo chuándìle jiāxiāng jìnbù de xiāoxi tòulùle jiāxiāng fùyù de shēngyīn Shídài de chūnfēng měihǎo de zhuīqiú wǒ mò · dì jìqǐ érshí chàng gěi xiǎoqiáo de gē ò
啊！蜕变的桥，传递了家乡进步的消息，透露了家乡富裕的声音。时代的春风，美好的追求，我蓦地记起儿时唱//给小桥的歌，哦，

míngyànyàn de tài · yáng zhàoyào le fāngxiāng tiánmì de huāguǒ pěnglái le wǔcǎi bānlán de
明艳艳 的 太阳 照耀 了，芳香 甜蜜 的 花果 捧来 了，五彩 斑斓 的
suìyuè lākāi le
岁月 拉开 了！

Wǒ xīnzhōng yǒngdòng de héshuǐ jīdàng qǐ tiánměi de lànghuā Wǒ yǎngwàng yí bì
我 心中 涌动 的 河水，激荡 起 甜美 的 浪花 。我 仰望 一碧
lántiān xīndǐ qīngshēng hūhǎn Jiāxiāng de qiáo wa wǒ mèng zhōng de qiáo
蓝天，心底 轻声 呼喊：家乡 的 桥 啊，我 梦 中 的 桥！

Jiéxuǎn zì Zhèng Yíng《Jiāxiāng de Qiáo》
——节选 自 郑 莹《家乡 的 桥》

zuòpǐn 19 hào
作品 19 号

Sānbǎi duō nián qián jiànzhù shèjìshī Láiyī'ēn shòumìng shèjìle Yīngguó Wēnzé shìzhèngfǔ
三百 多 年 前，建筑 设计师 莱伊恩 受命 设计了 英国 温泽 市政府
dàtīng Tā yùnyòng gōngchéng lìxué de zhīshi yījù zìjǐ duōnián de shíjiàn qiǎomiào de
大厅。他 运用 工程 力学 的 知识，依据 自己 多年 的 实践，巧妙 地
shèjìle zhǐ yòng yì gēn zhùzi zhīchēng de dàtīng tiānhuābǎn
设计了 只 用 一 根 柱子 支撑 的 大厅 天花板。

Yì nián yǐhòu shìzhèngfǔ quánwēi rénshì jìnxíng gōngchéng yànshōu shí què shuō zhǐ yòng
一 年 以后，市政府 权威 人士 进行 工程 验收 时，却 说 只 用
yì gēn zhùzi zhīchēng tiānhuābǎn tài wēixiǎn yāoqiú Láiyī'ēn zài duō jiā jǐ gēn zhùzi
一 根 柱子 支撑 天花板 太 危险，要求 莱伊恩 再 多 加 几 根 柱子。

Láiyī'ēn zìxìn zhǐyào yì gēn jiāngù de zhùzi zúyǐ bǎozhèng dàtīng ānquán tā de gù · zhí
莱伊恩 自信 只要 一 根 坚固 的 柱子 足以 保证 大厅 安全，他 的“固执”
rěnǎole shìzhèng guānyuán xiǎnxiē bèi sòng · shàng fǎtíng Tā fēicháng kǔnǎo jiānchí zìjǐ
惹恼了 市政 官员，险些 被 送上 法庭。他 非常 苦恼，坚持 自己
yuánxiān de zhǔzhāng ba shìzhèng guānyuán kěndìng huì lìng zhǎo rén xiūgǎi shèjì bù jiānchí ba
原先 的 主张 吧，市政 官员 肯定 会 另 找 人 修改 设计；不 坚持 吧，
yòu yǒu bèi zìjǐ wéirén de zhǔnzé Máodùnle hěn cháng yíduàn shíjiān Láiyī'ēn zhōngyú
又 有 悖 自己 为人 的 准则。矛盾了 很 长 一段 时间，莱伊恩 终于
xiǎngchūle yì tiáo miàojì tā zài dàtīng · lǐ zēngjiāle sì gēn zhùzi búguò zhèxiē zhùzi bìng wèi
想出了 一 条 妙计，他 在 大厅里 增加了 四 根 柱子，不过 这些 柱子 并 未
yǔ tiānhuābǎn jiēchù zhǐ · búguò shì zhuāngzhuang yàngzi
与 天花板 接触，只不过 是 装装 样子。

Sānbǎi duō nián guò · qùle zhège mìmì shǐzhōng méi · yǒu bèi rén fāxiàn Zhídào qián
三百 多 年 过去了，这个 秘密 始终 没有 被 人 发现。直到 前
liǎng nián shìzhèngfǔ zhǔnbèi xiūshàn dàtīng de tiānhuābǎn cái fāxiàn Láiyī'ēn dāngnián de
两 年，市政府 准备 修缮 大厅 的 天花板，才 发现 莱伊恩 当年 的
nòngxū-zuòjiǎ Xiāoxi chuánchū hòu shìjiè gè guó de jiànzhù zhuānjiā hé yóukè yúnjí dāngdì
“弄虚作假”。消息 传出 后，世界 各 国 的 建筑 专家 和 游客 云集，当地

zhèngfǔ duìcǐ yě bù jiā yǎnshì　zài xīn shìjì dàolái zhī jì　tèyì jiāng dàtīng zuòwéi yí gè lǚyóu
政府　对此也不加　掩饰，在新世纪到来之际，特意　将　大厅　作为　一个旅游
jǐngdiǎn duìwài kāifàng　zhǐ zài yǐndǎo rénmen chóngshàng hé xiāngxìn kēxué
景点　对外　开放，旨在引导　人们　崇尚　和　相信　科学。

Zuòwéi yì míng jiànzhùshī　Láiyī'ēn bìng bú shì zuì chūsè de　Dàn zuòwéi yí gè rén　tā wúyí
作为　一名　建筑师，莱伊恩　并不是最出色的。但　作为　一个人，他无疑
fēicháng wěidà　Zhè zhǒng　wěidà biǎoxiàn zài tā shǐzhōng kèshǒuzhe zìjǐ de yuánzé　gěi
非常　伟大。这　种　//伟大　表现　在他　始终　恪守着　自己的　原则，给
gāoguì de xīnlíng yí gè měilì de zhùsuǒ　nǎpà shì zāoyù dào zuì dà de zǔlì　yě yào xiǎng bànfǎ
高贵　的心灵一个美丽的　住所，哪怕是　遭遇　到　最大的阻力，也　要　想　办法
dǐdá shènglì
抵达　胜利。

Jiéxuǎn zì Yóu Yǔmíng《Jiānshǒu Nǐ de Gāoguì》
——节选　自游　宇明《坚守　你的　高贵》

zuòpǐn 20 hào
作品 20 号

Zìcóng chuányán yǒu rén zài Sàwén hépàn sànbù shí wúyì fāxiànle jīnzi hòu　zhè · lǐ biàn
自从　传言　有人在　萨文　河畔　散步　时无意发现了金子后，这里　便
cháng yǒu láizì sìmiàn-bāfāng de táojīnzhě　Tāmen dōu xiǎng chéngwéi fùwēng　yúshì
常　有　来自　四面八方　的　淘金者。他们　都　想　成为　富翁，于是
xúnbiànle zhěng gè héchuáng　hái zài héchuáng · shàng wāchū hěn duō dàkēng　xīwàng jièzhù
寻遍了　整个　河床，还在　河床上　挖出　很多　大坑，希望　借助
tāmen zhǎodào gèng duō de jīnzi　Díquè　yǒu yìxiē rén zhǎodàole　dàn lìngwài yìxiē rén
它们　找到　更　多的金子。的确，有一些人　找到了，但　另外　一些人
yīn · wèi yìwú-suǒdé ér zhǐhǎo sǎoxìng guīqù
因为　一无所得　而　只好　扫兴　归去。

Yě yǒu bù gānxīn luòkōng de　biàn zhùzhā zài zhè · lǐ　jìxù xúnzhǎo　Bǐdé　Fúléitè jiùshì
也有不甘心　落空　的，便　驻扎　在　这里，继续　寻找。彼得·弗雷特就是
qízhōng yì yuán　Tā zài héchuáng fùjìn mǎile yí kuài méi rén yào de tǔdì　yí gè rén mòmò de
其中　一员。他在　河床　附近买了一块　没人　要　的土地，一个人　默默　地
gōngzuò　Tā wèile zhǎo jīnzi　yǐ bǎ suǒyǒu de qián dōu yā zài zhè kuài tǔdì · shàng　Tā
工作。他为了　找　金子，已把　所有　的　钱　都押在这　块　土地上。他
máitóu-kǔgànle jǐ gè yuè　zhídào tǔdì quán biànchéngle kēngkeng-wāwā　tā shīwàngle
埋头苦干了　几个月，直到　土地　全　变成了　坑坑洼洼，他　失望了——
tā fānbiànle zhěng kuài tǔdì　dàn lián yìdīngdiǎnr jīnzi dōu méi kàn · jiàn
他翻遍了　整　块　土地，但　连　一丁点儿　金子　都　没　看见。

Liù gè yuè hòu　tā lián mǎi miànbāo de qián dōu méi · yǒule　Yúshì tā zhǔnbèi líkāi zhèr
六个月后，他连买　面包　的钱　都　没有了。于是他　准备　离开这儿
dào biéchù qù móushēng
到　别处　去　谋生。

Jiù zài tā jíjiāng líqù de qián yí gè wǎnshang tiān xiàqǐle qīngpén-dàyǔ bìngqiě yíxià
就在他即将离去的前一个晚上，天下起了倾盆大雨，并且一下
jiùshì sān tiān sān yè Yǔ zhōngyú tíngle Bǐdé zǒuchū xiǎo mùwū fāxiàn yǎnqián de tǔdì kàn
就是三天三夜。雨终于停了，彼得走出小木屋，发现眼前的土地看
shàng · qù hǎoxiàng hé yǐqián bù yíyàng kēngkeng-wāwā yǐ bèi dàshuǐ chōngshuā píngzhěng
上去好像和以前不一样：坑坑洼洼已被大水冲刷平整，
sōngruǎn de tǔdì · shàng zhǎngchū yì céng lǜróngróng de xiǎocǎo
松软的土地上长出一层绿茸茸的小草。

Zhè · lǐ méi zhǎodào jīnzi Bǐdé hū yǒu suǒ wù de shuō dàn zhè tǔdì hěn féiwò wǒ
“这里没找到金子，”彼得忽有所悟地说，“但这土地很肥沃，我
kěyǐ yònglái zhòng huā bìngqiě nádào zhèn · shàng qù mài gěi nàxiē fùrén tāmen yídìng huì mǎi
可以用来种花，并且拿到镇上去卖给那些富人，他们一定会买
xiē huā zhuāngbàn tāmen huálì de kètīng Rúguǒ zhēn shì zhèyàng de huà nàme wǒ yídìng huì
些花装扮他们华丽的客厅。//如果真是这样的话，那么我一定会
zhuàn xǔduō qián yǒuzhāo-yírì wǒ yě huì chéngwéi fùrén
赚许多钱。有朝一日我也会成为富人……”

Yúshì tā liúle xià · lái Bǐdé huāle bù shǎo jīnglì péiyù huāmiáo bùjiǔ tiándì · lǐ
于是他留了下来。彼得花了不少精力培育花苗，不久田地里
zhǎngmǎnle měilì jiāoyàn de gè sè xiānhuā
长满了美丽娇艳的各色鲜花。

Wǔ nián yǐhòu Bǐdé zhōngyú shíxiànle tā de mèngxiǎng chéngle yí gè fùwēng Wǒ
五年以后，彼得终于实现了他的梦想——成了一个富翁。“我
shì wéiyī de yí gè zhǎodào zhēnjīn de rén Tā shícháng bùwú jiāo'ào de gàosu bié · rén
是唯一的一个找到真金的人！”他时常不无骄傲地告诉别人，
Bié · rén zài zhèr zhǎo · búdào jīnzi hòu biàn yuǎnyuǎn de líkāi ér wǒ de jīnzi shì zài zhè
“别人在这儿找不到金子后便远远地离开，而我的‘金子’是在这
kuài tǔdì · lǐ zhǐyǒu chéng · shí de rén yòng qínláo cáinéng cǎijí dào
块土地里，只有诚实的人用勤劳才能采集到。”

Jiéxuǎn zì Táo Měng yì《Jīnzi》
——节选自陶猛译《金子》

zuòpǐn 21 hào
作品 21 号

Wǒ zài Jiānádà xuéxí qījiān yùdàoguo liǎng cì mùjuān nà qíngjǐng zhìjīn shǐ wǒ
我在加拿大学习期间遇到过两次募捐，那情景至今使我
nányǐ-wànghuái
难以忘怀。

Yì tiān wǒ zài Wòtàihuá de jiē · shàng bèi liǎng gè nánháizi lánzhù qùlù Tāmen shí lái suì
一天，我在渥太华的街上被两个男孩子拦住去路。他们十来岁，
chuān de zhěngzhěng-qíqí měi rén tóu · shàng dàizhe gè zuògōng jīngqiǎo sècǎi xiānyàn de
穿得整整齐齐，每人头上戴着个做工精巧、色彩鲜艳的

zhǐmào shàng · miàn xiězhe Wèi bāngzhù huàn xiǎo'ér mábì de huǒbàn mùjuān Qízhōng de
纸帽，上面写着“为帮助患小儿麻痹的伙伴募捐。”其中的
yí gè bùyóu-fēnshuō jiù zuò zài xiǎodèng · shàng gěi wǒ cā · qǐ píxié · lái lìng yí gè zé
一个，不由分说就坐在小凳上给我擦起皮鞋来，另一个则
bīnbīnyǒulǐ de fāwèn Xiǎo · jiě nín shì nǎ guó rén Xǐhuan Wòtàihuá ma Xiǎo · jiě zài
彬彬有礼地发问：“小姐，您是哪国人？喜欢渥太华吗？”“小姐，在
nǐmen guójiā yǒu méi · yǒu xiǎoháir huàn xiǎo'ér mábì Shéi gěi tāmen yīliáofèi Yìliánchuàn de
你们国家有没有小孩儿患小儿麻痹？谁给他们医疗费？”一连串的
wèntí shǐ wǒ zhège yǒushēng-yǐlái tóu yī cì zài zhòngmù-kuíkuí zhīxià ràng bié · rén cā xié de
问题，使我这个有生以来头一次在众目睽睽之下让别人擦鞋的
yìxiāng rén cóng jìnhū lángbèi de jiǒngtài zhōng jiětuō chū · lái Wǒmen xiàng péngyou yíyàng
异乡人，从近乎狼狈的窘态中解脱出来。我们像朋友一样
liáo · qǐ tiānr · lái
聊起天儿来……

Jǐ gè yuè zhīhòu yě shì zài jiē · shàng Yìxiē shízì lùkǒuchù huò chēzhàn zuòzhe jǐ wèi
几个月之后，也是在街上。一些十字路口处或车站坐着几位
lǎorén Tāmen mǎntóu yínfà shēn chuān gè zhǒng lǎoshì jūnzhuāng shàng · miàn bùmǎnle
老人。他们满头银发，身穿各种老式军装，上面布满了
dàdà-xiǎoxiǎo xíngxíng-sèsè de huīzhāng jiǎngzhāng měi rén shǒu pěng yí dà shù xiānhuā
大大小小形形色色的徽章、奖章，每人手捧一大束鲜花，
yǒu shuǐxiān shízhú méi · guī jí jiào · bùchū míngzi de yísè xuěbái Cōngcōng guòwǎng de
有水仙、石竹、玫瑰及叫不出名字的，一色雪白。匆匆过往的
xíngrén fēnfēn zhǐbù bǎ qián tóujìn zhèxiē lǎorén shēnpáng de báisè mùxiāng nèi ránhòu xiàng
行人纷纷止步，把钱投进这些老人身旁的白色木箱内，然后向
tāmen wēiwēi jūgōng cóng tāmen shǒu zhōng jiēguo yì duǒ huā Wǒ kànle yíhuìr yǒu rén tóu
他们微微鞠躬，从他们手中接过一朵花。我看了一会儿，有人投
yì-liǎng yuán yǒu rén tóu jǐbǎi yuán hái yǒu rén tāochū zhīpiào tiánhǎo hòu tóujìn mùxiāng
一两元，有人投几百元，还有人掏出支票填好后投进木箱。
Nàxiē lǎojūnrén háobú zhùyì rénmen juān duō · shǎo qián yìzhí bù tíng de xiàng rénmen
那些老军人毫不注意人们捐多少钱，一直不//停地向人们
dīshēng dàoxiè Tóngxíng de péngyou gàosu wǒ zhè shì wèi jìniàn Èr Cì Dàzhàn zhōng cānzhàn
低声道谢。同行的朋友告诉我，这是为纪念二次大战中参战
de yǒngshì mùjuān jiùjì cánfèi jūnrén hé lièshì yíshuāng měinián yí cì rèn juān de rén kěwèi
的勇士，募捐救济残废军人和烈士遗孀，每年一次；认捐的人可谓
yǒngyuè érqiě zhìxù jǐngrán qì · fēn zhuāngyán Yǒuxiē dìfang rénmen hái nàixīn de páizhe
踊跃，而且秩序井然，气氛庄严。有些地方，人们还耐心地排着
duì Wǒ xiǎng zhè shì yīn · wèi tāmen dōu zhī · dào Zhèng shì zhèxiē lǎorénmen de liúxuè
队。我想，这是因为他们都知道：正是这些老人们的流血
xīshēng huànláile bāokuò tāmen xìnyǎng zìyóu zài nèi de xǔxǔ-duōduō
牺牲换来了包括他们信仰自由在内的许许多多。

Wǒ liǎng cì bǎ nà wēibùzúdào de yìdiǎnr qián pěnggěi tāmen zhǐ xiǎng duì tāmen shuō
我两次把那微不足道的一点儿钱捧给他们，只想对他们说

shēng xièxie
声 “谢谢”。

Jiéxuǎn zì QīngBái《JuānChéng》
——节选自青白《捐诚》

zuòpǐn 22 hào
作品 22 号

Méi・yǒu yí piàn lǜyè méi・yǒu yì lǚ chuīyān méi・yǒu yí lì nítǔ méi・yǒu yì sī
没有 一片 绿叶， 没有 一缕 炊烟， 没有 一粒泥土， 没有 一丝
huāxiāng zhǐyǒu shuǐ de shìjiè yún de hǎiyáng Yí zhèn táifēng xíguò yì zhī gūdān de xiǎoniǎo
花香，只有 水的世界，云的 海洋。一阵 台风 袭过，一只 孤单的 小鸟
wújiā-kěguī luòdào bèi juǎndào yáng・lǐ de mùbǎn・shàng chéng liú ér xià shānshān ér lái
无家可归，落到 被 卷到 洋里 的 木板上，乘 流而下，姗姗 而来，
jìn le jìn le
近了，近了！……

Hūrán xiǎoniǎo zhāngkāi chìbǎng zài rénmen tóudǐng pánxuánle jǐ quānr pūlā yì
忽然，小鸟 张开 翅膀，在 人们 头顶 盘旋了 几 圈儿，“噗啦”一
shēng luòdàole chuán・shàng Xǔ shì lèi le Háishì fāxiànle xīn dàlù Shuǐshǒu niǎn tā tā bù
声 落到了 船上。许是累了？还是 发现了“新大陆”？ 水手 撵 它它不
zǒu zhuā tā tā guāiguāi de luò zài zhǎngxīn Kě'ài de xiǎoniǎo hé shànliáng de shuǐshǒu
走，抓 它，它 乖乖 地落在 掌心。可爱的 小鸟 和 善良 的 水手
jiéchéngle péngyou
结成了 朋友。

Qiáo tā duō měilì jiāoqiǎo de xiǎozuǐ zhuólǐzhe lǜsè de yǔmáo yāzi yàng de biǎnjiǎo
瞧，它多美丽，娇巧 的 小嘴，啄理着 绿色的 羽毛，鸭子 样 的 扁脚，
chéngxiàn chū chūncǎo de éhuáng Shuǐshǒumen bǎ tā dàidào cāng・lǐ gěi tā dā pù ràng
呈现 出 春草 的 鹅黄。 水手们 把它 带到 舱里，给它“搭铺”，让
tā zài chuán・shàng ānjiā-luòhù měi tiān bǎ fēndào de yí sùliàotǒng dànshuǐ yúngěi tā hē bǎ
它在 船上安家落户，每 天，把 分到 的一 塑料筒 淡水 匀给 它喝，把
cóng zǔguó dài・lái de xiānměi de yúròu fēngěi tā chī tiāncháng-rìjiǔ xiǎoniǎo hé shuǐshǒu de
从 祖国 带来 的 鲜美 的鱼肉 分给 它吃， 天长日久， 小鸟 和 水手 的
gǎnqíng rìqū dǔhòu Qīngchén dāng dì-yī shù yángguāng shèjìn xiánchuāng shí tā biàn
感情 日趋 笃厚。 清晨，当 第一 束 阳光 射进 舷窗 时，它 便
chǎngkāi měilì de gēhóu chàng nga chàng yīngyīng-yǒuyùn wǎnrú chūnshuǐ cóngcóng
敞开 美丽的 歌喉， 唱 啊 唱， 嘤嘤有韵，宛如 春水 淙淙。
Rénlèi gěi tā yǐ shēngmìng tā háobù qiānlìn de bǎ zìjǐ de yìshù qīngchūn fèngxiàn gěile bǔyù tā
人类 给它以 生命，它 毫不 悭吝 地把自己的艺术 青春 奉献 给了哺育它
de rén Kěnéng dōu shì zhèyàng Yìshùjiāmen de qīngchūn zhǐ huì xiàngěi zūnjìng tāmen de rén
的人。可能 都 是 这样？艺术家们 的 青春 只会 献给 尊敬 他们 的人。

Xiǎoniǎo gěi yuǎnháng shēnghuó méng・shàngle yì céng làngmàn sèdiào Fǎnháng shí
小鸟 给 远航 生活 蒙上了 一层 浪漫 色调。返航 时，

rénmen àibúshìshǒu liànliàn-bùshě de xiǎng bǎ tā dàidào yìxiāng Kě xiǎoniǎo qiáocuì le gěi
人们 爱不释手， 恋恋不舍 地 想 把它 带到 异乡 。可 小鸟 憔悴 了，给
shuǐ bù hē Wèi ròu bù chī Yóuliàng de yǔmáo shīqùle guāngzé Shì ra wǒ men yǒu zìjǐ de
水，不喝！喂 肉，不吃！ 油亮 的 羽毛 失去了 光泽 。是啊，我// 们 有 自己的
zǔguó xiǎoniǎo yě yǒu tā de guīsù rén hé dòngwù dōu shì yíyàng nga nǎryě bùrú gùxiāng hǎo
祖国，小鸟 也 有 它的归宿，人和 动物 都 是 一样 啊，哪儿也不如 故乡 好！

Cí'ài de shuǐshǒumen juédìng fàngkāi tā ràng tā huídào dàhǎi de yáolán • qù huídào
慈爱的 水手们 决定 放开 它，让 它 回到 大海 的 摇篮去 ，回到
lánsè de gùxiāng • qù Líbié qián zhège dàzìrán de péngyou yǔ shuǐshǒumen liúyǐng jìniàn Tā
蓝色的 故乡去 。离别 前 ，这个 大自然的 朋友 与 水手们 留影 纪念 。它
zhàn zài xǔduō rén de tóu • shàng jiān • shàng zhǎng • shàng gēbo • shàng yǔ
站 在 许多 人 的 头上 ， 肩上 ， 掌上 ， 胳膊上 ，与
wèiyǎngguo tā de rénmen yìqǐ róngjìn nà lánsè de huàmiàn
喂养过 它的 人们 ，一起 融进 那蓝色的 画面 ……

Jiéxuǎn zì Wáng Wénjié《Kě'ài de Xiǎoniǎo》
—— 节选 自 王 文杰《可爱的 小鸟 》

zuòpǐn 23 hào
作品 23 号

Niǔyuē de dōngtiān cháng yǒu dà fēngxuě pūmiàn de xuěhuā búdàn lìng rén nányǐ zhēngkāi
纽约 的 冬天 常 有 大 风雪， 扑面 的 雪花 不但 令 人 难以 睁开
yǎnjing shènzhì hūxī dōu huì xīrù bīnglěng de xuěhuā Yǒushí qián yì tiān wǎnshang háishì yí piàn
眼睛， 甚至 呼吸 都 会吸入 冰冷 的 雪花。有时 前 一 天 晚上 还是 一 片
qínglǎng dì'èr tiān lākāi chuānglián què yǐ • jīng jīxuě yíng chǐ lián mén dōu tuī • bùkāi le
晴朗，第二 天 拉开 窗帘， 却 已经 积雪 盈 尺，连 门 都 推不开 了。

Yùdào zhèyàng de qíngkuàng gōngsī shāngdiàn cháng huì tíngzhǐ shàngbān xuéxiào yě
遇到 这样 的 情况， 公司、 商店 常 会 停止 上班， 学校 也
tōngguò guǎngbō xuānbù tíngkè Dàn lìng rén bùjiě de shì wéiyǒu gōnglì xiǎoxué réngrán kāifàng
通过 广播， 宣布 停课。但 令 人 不解 的 是，惟有 公立 小学， 仍然 开放。
Zhǐjiàn huángsè de xiàochē jiānnán de zài lùbiān jiē háizi lǎoshī zé yídàzǎo jiù kǒuzhōng pēnzhe
只见 黄色 的 校车， 艰难 地 在 路边 接孩子，老师 则 一大早 就 口中 喷着
rèqì chǎnqù chēzi qiánhòu de jīxuě xiǎoxīnyìyì de kāichē qù xuéxiào
热气，铲去 车子 前后 的积雪，小心翼翼 地 开车 去 学校。

Jù tǒngjì shí nián lái Niǔyuē de gōnglì xiǎoxué zhǐ yīn • wèi chāojí bàofēngxuě tíngguo qī cì
据统计，十 年 来 纽约 的 公立 小学 只 因 为 超级 暴风雪 停过 七次
kè Zhè shì duōme lìng rén jīngyà de shì Fàndezháo zài dà • rén dōu wúxū shàngbān de shíhou
课。这 是 多么 令 人 惊讶 的 事。 犯得着 在 大人 都 无须 上班 的 时候
ràng háizi qù xuéxiào ma Xiǎoxué de lǎoshī yě tài dǎoméile ba
让 孩子去 学校 吗？ 小学 的 老师 也 太 倒霉了 吧？

Yúshì měiféng dàxuě ér xiǎoxué bù tíngkè shí dōu yǒu jiāzhǎng dǎ diànhuà qù mà Miào de
于是，每逢 大雪 而 小学 不 停课 时，都 有 家长 打 电话 去骂。妙 的

shì měi gè dǎ diànhuà de rén fǎnyìng quán Yíyàng xiān shì nùqìchōngchōng de zéwèn
是，每 个 打 电话 的人，反应 全 一样 —— 先 是 怒气冲冲 地 责问，
ránhòu mǎnkǒu dàoqiàn zuìhòu xiàoróng mǎnmiàn de guà · shàng diànhuà Yuányīn shì xuéxiào
然后 满口 道歉，最后 笑容 满面 地 挂上 电话。原因 是，学校
gàosu jiāzhǎng Zài Niǔyuē yǒu xǔduō bǎiwàn fùwēng dàn yě yǒu bùshǎo pínkùn de jiātíng Hòuzhě
告诉 家长：在 纽约 有 许多 百万 富翁，但 也 有 不少 贫困 的家庭。后者
bái · tiān kāi · bùqǐ nuǎnqì gōng · bùqǐ wǔcān háizi de yíngyǎng quán kào xuéxiào · lǐ miǎnfèi de
白天 开不起 暖气，供 不起 午餐，孩子的 营养 全 靠 学校 里 免费 的
zhōngfàn shènzhì kěyǐ duō ná xiē huíjiā dàng wǎncān Xuéxiào tíngkè yì tiān qióng háizi jiù shòu yì tiān
中饭，甚至 可以 多 拿 些 回家 当 晚餐。学校 停课 一天，穷 孩子就 受 一 天
dòng ái yì tiān è suǒyǐ lǎoshīmen nìngyuàn zìjǐ kǔ yìdiǎnr yě bù néng tíng kè
冻，挨一 天 饿，所以 老师们 宁愿 自己苦一点儿，也不 能 停 //课。

Huòxǔ yǒu jiāzhǎng huì shuō Hé bú ràng fùyù de háizi zài jiā · lǐ ràng pínqióng de háizi qù
或许 有 家长 会 说：何 不 让 富裕的孩子 在 家里，让 贫穷 的孩子去
xuéxiào xiǎngshòu nuǎnqì hé yíngyǎng wǔcān ne Xuéxiào de dá · fù shì Wǒmen búyuàn ràng
学校 享受 暖气 和 营养 午餐 呢？学校 的 答复 是：我们 不愿 让
nàxiē qióngkǔ de háizi gǎndào tāmen shì zài jiēshòu jiùjì yīn · wèi shīshě de zuìgāo yuánzé shì
那些 穷苦 的孩子 感到 他们 是 在 接受 救济，因为 施舍 的 最高 原则 是
bǎochí shòushīzhě de zūnyán
保持 受施者 的 尊严。

Jiéxuǎn zì (Táiwān) Liú Yōng《Kè Bùnéng Tíng》
—— 节选 自（台湾）刘 墉《课 不能 停》

zuòpǐn 24 hào
作 品 24 号

Shí nián zài lìshǐ · shàng búguò shì yí shùnjiān Zhǐyào shāo jiā zhùyì rénmen jiù huì fāxiàn
十 年，在 历史 上 不过 是 一 瞬间。只要 稍 加 注意，人们 就 会 发现：
Zài zhè yí shùnjiān · lǐ gè zhǒng shìwù dōu qiāoqiāo jīnglìle zìjǐ de qiānbiàn wànhuà
在 这 一 瞬间 里，各 种 事物 都 悄悄 经历了 自己的 千变 万化。

Zhè cì chóngxīn fǎng Rì wǒ chùchù gǎndào qīnqiè hé shú · xī yě zài xǔduō fāngmiàn
这 次 重新 访 日，我 处处 感到 亲切 和 熟 悉，也 在 许多 方面
fājuéle Rìběn de biànhuà Jiù ná Nàiliáng de yí gè jiǎoluò lái shuō ba wǒ chóngyóule wèi zhī
发觉了 日本 的 变化。就 拿 奈良 的 一个 角落 来 说 吧，我 重游了 为 之
gǎnshòu hěn shēn de Táng Zhāotísì zài sìnèi gè chù cōngcōng zǒule yí biàn tíngyuàn yījiù dàn
感受 很 深 的 唐 招提寺，在 寺内 各 处 匆匆 走了 一遍，庭院 依旧，但
yìxiǎngbúdào hái kàndàole yìxiē xīn de dōngxi Qízhōng zhīyī jiùshì jìn jǐ nián cóng Zhōngguó
意想不到 还 看到了 一些 新 的 东西。其中 之一，就是 近 几 年 从 中国
yízhí lái de yǒuyì zhī lián
移植 来 的“友谊 之 莲”。

Zài cúnfàng Jiànzhēn yíxiàng de nàge yuànzi · lǐ jǐ zhū Zhōngguó lián ángrán tǐnglì cuìlǜ
在 存放 鉴真 遗像 的那个 院子 里，几 株 中国 莲 昂然 挺立，翠绿

de kuāndà héyè zhèng yíngfēng ér wǔ xiǎn • dé shífēn yúkuài Kāihuā de jìjié yǐ guò héhuā
的 宽大 荷叶 正 迎风 而舞，显得 十分 愉快。开花 的季节已过，荷花
duǒduǒ yǐ biànwéi liánpeng léiléi Liánzǐ de yánsè zhèngzài yóu qīng zhuǎn zǐ kàn • lái yǐ • jīng
朵朵 已 变为 莲蓬 累累。莲子 的 颜色 正在 由 青 转 紫，看来 已经
chéngshú le
成熟 了。

Wǒ jīn • búzhù xiǎng Yīn yǐ zhuǎnhuà wéi guǒ
我 禁不住 想："因"已 转化 为"果"。

Zhōngguó de liánhuā kāi zài Rìběn Rìběn de yīnghuā kāi zài Zhōngguó zhè bú shì ǒurán Wǒ
中国 的 莲花 开 在日本，日本的 樱花 开 在 中国， 这 不是偶然。我
xīwàng zhèyàng yì zhǒng shèngkuàng yánxù bù shuāi Kěnéng yǒu rén bù xīnshǎng huā dàn jué
希望 这样 一 种 盛况 延续不衰。可能 有人不 欣赏 花，但决
búhuì yǒu rén xīnshǎng luò zài zìjǐ miànqián de pàodàn
不会 有 人 欣赏 落在自己 面前 的 炮弹。

Zài zhèxiē rìzi • lǐ wǒ kàndàole bùshǎo duō nián bú jiàn de lǎopéngyou yòu jiéshíle yìxiē xīn
在 这些 日子里，我 看到了 不少 多 年 不见 的 老朋友， 又 结识了一些新
péngyou Dàjiā xǐhuan shèjí de huàtí zhīyī jiùshì gǔ Cháng'ān hé gǔ Nàiliáng Nà hái yòngdezháo
朋友。大家 喜欢 涉及的话题之一，就是古 长安 和古 奈良。那 还 用得着
wèn ma péngyoumen miǎnhuái guòqù zhèngshì zhǔwàng wèilái Zhǔmù yú wèilái de rénmen
问 吗， 朋友们 缅怀 过去， 正是 瞩望 未来。瞩目 于 未来 的 人们
bìjiāng huòdé wèilái
必将 获得 未来。

Wǒ bú lìwài yě xīwàng yí gè měihǎo de wèilái
我 不例外，也 希望 一个 美好 的未来。

Wèi le Zhōng-Rì rénmín zhījiān de yǒuyì wǒ jiāng bú làngfèi jīnhòu shēngmìng de měi
为 // 了 中日 人民 之间 的友谊，我 将 不 浪费 今后 生命 的 每
yí shùnjiān
一 瞬间。

Jiéxuǎn zì Yán Wénjǐng《Liánhuā hé Yīnghuā》
—— 节选 自 严 文井 《莲花 和 樱花》

zuòpǐn 25 hào
作品 25 号

Méiyǔtán shǎnshǎn de lǜsè zhāoyǐnzhe wǒmen wǒmen kāishǐ zhuīzhuō tā nà líhé de
梅雨潭 闪闪 的 绿色 招引着 我们， 我们 开始 追捉 她 那 离合 的
shénguāng le Jiūzhe cǎo pānzhe luànshí xiǎo • xīn tànshēn xià • qù yòu jūgōng guòle yí gè
神光 了。揪着 草，攀着 乱石， 小心 探身 下去， 又 鞠躬 过了 一个
shíqióngmén biàn dàole wāngwāng yí bì de tánbiān le
石穹门， 便 到了 汪汪 一碧的 潭 边 了。

Pùbù zài jīnxiù zhījiān dànshì wǒ de xīnzhōng yǐ méi • yǒu pùbù le Wǒ de xīn suí tánshuǐ de
瀑布 在 襟袖 之间，但是 我 的 心中 已 没有 瀑布了。我 的 心 随 潭水 的

lǜ ér yáodàng Nà zuìrén de lǜ ya Fǎngfú yì zhāng jí dà jí dà de héyè pūzhe mǎnshì qíyì de lǜ
绿而摇荡。那醉人的绿呀！仿佛一张极大极大的荷叶铺着，满是奇异的绿
ya Wǒ xiǎng zhāngkāi liǎngbì bàozhù tā dàn zhè shì zěnyàng yí gè wàngxiǎng nga
呀。我想张开两臂抱住她，但这是怎样一个妄想啊。

Zhàn zài shuǐbiān wàngdào nà · miàn jūrán juézhe yǒu xiē yuǎn ne Zhè píngpūzhe hòujīzhe
站在水边，望到那面，居然觉着有些远呢！这平铺着、厚积着
de lǜ zhuóshí kě'ài Tā sōngsōng de zhòuxiézhe xiàng shàofù tuōzhe de qúnfú tā huáhuá de
的绿，着实可爱。她松松地皱缬着，像少妇拖着的裙幅；她滑滑地
mínglìàngzhe xiàng túle míngyóu yìbān yǒu jī dànqīng nàyàng ruǎn nàyàng nèn tā yòu bù zá xiē
明亮着，像涂了“明油”一般，有鸡蛋清那样软，那样嫩；她又不杂些
chénzǐ wǎnrán yí kuài wēnrùn de bìyù zhǐ qīngqīng de yí sè dàn nǐ què kàn · bútòu tā
尘滓，宛然一块温润的碧玉，只清清的一色——但你却看不透她！

Wǒ céng jiànguo Běijīng Shíchàhǎi fúdì de lǜyáng tuō · bùliǎo éhuáng de dǐzi sìhū tài
我曾见过北京什刹海拂地的绿杨，脱不了鹅黄的底子，似乎太
dàn le Wǒ yòu céng jiànguo Hángzhōu Hǔpáosì jìnpáng gāojùn ér shēnmì de lǜbì cóngdié
淡了。我又曾见过杭州虎跑寺近旁高峻而深密的“绿壁”，丛叠
zhe wúqióng de bìcǎo yǔ lǜyè de nà yòu sìhū tài nóng le Qíyú ne Xīhú de bō tài míng le
着无穷的碧草与绿叶的，那又似乎太浓了。其余呢，西湖的波太明了，
Qínhuái Hé de yě tài àn le Kě'ài de wǒ jiāng shénme lái bǐnǐ nǐ ne Wǒ zěnme bǐnǐ de chū ne
秦淮河的也太暗了。可爱的，我将什么来比拟你呢？我怎么比拟得出呢？
Dàyuē tán shì hěn shēn de gù néng yùnxùzhe zhèyàng qíyì de lǜ fǎngfú wèilán de tiān róngle yí
大约潭是很深的，故能蕴蓄着这样奇异的绿；仿佛蔚蓝的天融了一
kuài zài lǐ · miàn shìde zhè cái zhèbān de xiānrùn na
块在里面似的，这才这般的鲜润啊。

Nà zuìrén de lǜ ya Wǒ ruò néng cái nǐ yǐ wéi dài wǒ jiāng zènggěi nà qīngyíng de wǔnǚ
那醉人的绿呀！我若能裁你以为带，我将赠给那轻盈的//舞女，
tā bìnéng línfēng piāojǔ le Wǒ ruò néng yì nǐ yǐ wéi yǎn wǒ jiāng zènggěi nà shàn gē de mángmèi
她必能临风飘举了。我若能挹你以为眼，我将赠给那善歌的盲妹，
tā bì míngmóushànlài le Wǒ shě · bù · dé nǐ wǒ zěn shě · dé nǐ ne Wǒ yòng shǒu pāizhe nǐ
她必明眸善睐了。我舍不得你，我怎舍得你呢？我用手拍着你，
fǔmózhe nǐ rútóng yí gè shí'èrsān suì de xiǎogūniang Wǒ yòu jū nǐ rùkǒu biàn shì wěnzhe tā le
抚摩着你，如同一个十二三岁的小姑娘。我又掬你入口，便是吻着她了。
Wǒ sòng nǐ yí gè míngzi wǒ cóngcǐ jiào nǐ nǚ'érlǜ hǎo ma
我送你一个名字，我从此叫你“女儿绿”，好吗？

Dìèr cì dào Xiānyán de shíhou wǒ bùjīn jīngchà yú Méiyǔtán de lǜ le
第二次到仙岩的时候，我不禁惊诧于梅雨潭的绿了。

Jiéxuǎn zì Zhū Zìqīng《Lǜ》
——节选自朱自清《绿》

zuòpǐn 26 hào
作品 26 号

Wǒmen jiā de hòuyuán yǒu bàn mǔ kòngdì mǔ · qīn shuō Ràng tā huāngzhe guài kěxī de
我们家的后园有半亩空地，母亲说：“让它荒着怪可惜的，

nǐmen nàme ài chī huāshēng jiù kāipì chū · lái zhòng huāshēng bā Wǒmen jiě—dì jǐ gè dōu hěn
你们那么爱吃花生，就开辟出来种花生吧。”我们姐弟几个都很
gāoxìng mǎi zhǒng fāngdì bō zhǒng jiāo shuǐ méi guò jǐ gè yuè jūrán shōuhuò le
高兴，买种，翻地，播种，浇水，没过几个月，居然收获了。

Mǔ · qīn shuō Jīnwǎn wǒmen guò yí gè shōuhuòjié qǐng nǐmen fù · qīn yě lái chángchang
母亲说：“今晚我们过一个收获节，请你们父亲也来尝尝
wǒmen de xīn huāshēng hǎo · bù hǎo Wǒmen dōu shuō hǎo Mǔ · qīn bǎ huāshēng
我们的新花生，好不好？”我们都说好。母亲把花生
zuòchéngle hǎo jǐ yàng shípǐn hái fēn · fù jiù zài hòuyuán de máotíng · lǐ guò zhège jié
做成了好几样食品，还吩咐就在后园的茅亭里过这个节。

Wǎnshang tiānsè bú tài hǎo kěshì fù · qīn yě láile shízài hěn nándé
晚上天色不太好，可是父亲也来了，实在很难得。

Fù · qīn shuō Nǐmen ài chī huāshēng ma
父亲说：“你们爱吃花生吗？”

Wǒmen zhēngzhe dāying Ài
我们争着答应：“爱！”

Shéi néng bǎ huāshēng de hǎo · chù shuō chū · lái
“谁能把花生的好处说出来？”

Jiějie shuō Huāshēng de wèir měi
姐姐说：“花生的味美。”

Gēge shuō Huāshēng kěyǐ zhàyóu
哥哥说：“花生可以榨油。”

Wǒ shuō Huāshēng de jià · qián piányi shéi dōu kěyǐ mǎi · lái chī dōu xǐhuan chī Zhè
我说：“花生的价钱便宜，谁都可以买来吃，都喜欢吃。这
jiùshì tā de hǎo · chù
就是它的好处。”

Fù · qīn shuō Huāshēng de hǎo · chù hěn duō yǒu yí yàng zuì kěguì Tā de guǒshí mái zài
父亲说：“花生的好处很多，有一样最可贵：它的果实埋在
dì · lǐ bú xiàng táozi shíliu píngguǒ nàyàng bǎ xiānhóng nènlǜ de guǒshí gāogāo de guà zài
地里，不像桃子、石榴、苹果那样，把鲜红嫩绿的果实高高地挂在
zhītóu · shàng shǐ rén yí jiàn jiù shēng àimù zhī xīn Nǐmen kàn tā ǎi'ǎi de zhǎng zài dì · shàng
枝头上，使人一见就生爱慕之心。你们看它矮矮地长在地上，
děngdào chéngshúle yě bùnéng lìkè fēnbiàn chū · lái tā yǒu méi · yǒu guǒshí bìxū wā chū · lái
等到成熟了，也不能立刻分辨出来它有没有果实，必须挖出来
cái zhī · dào
才知道。”

Wǒmen dōu shuō shì mǔ · qīn yě diǎndiǎn tóu
我们都说是，母亲也点点头。

Fù · qīn jiē xià · qù shuō Suǒyǐ nǐmen yào xiàng huāshēng tā suīrán bù hǎokàn kěshì hěn
父亲接下去说：“所以你们要像花生，它虽然不好看，可是很
yǒuyòng bú shì wàibiǎo hǎokàn ér méi · yǒu shíyòng de dōngxi
有用，不是外表好看而没有实用的东西。”

Wǒ shuō Nàme rén yào zuò yǒuyòng de rén búyào zuò zhǐ jiǎng tǐ・miàn ér duì bié・rén
我 说 :“那么,人 要 做 有用 的人,不要 做 只 讲 体面, 而对 别人
méi・yǒu hǎo・chù de rén le
没有 好处 的 人 了。”//

Fù・qīn shuō Duì Zhè shì wǒ duì nǐmen de xīwàng
父亲 说 :“对。这 是 我 对 你们 的 希望 。”

Wǒmen tándào yè shēn cái sàn Huāshēng zuò de shípǐn dōu chīwán le fù・qīn de huà què
我们 谈到 夜 深 才 散。 花生 做 的 食品 都 吃完 了, 父亲 的 话 却
shēnshēn de yìn zài wǒ de xīn・shàng
深深 地 印 在 我 的 心上 。

Jiéxuǎn zì Xǔ Dìshān《Luòhuāshēng》
—— 节选 自 许 地山 《落花生》

zuòpǐn 27 hào
作品 27 号

Wǒ dǎliè guīlái yánzhe huāyuán de línyīnlù zǒuzhe Gǒu pǎo zài wǒ qián・biān
我 打猎 归来, 沿着 花园 的 林阴路 走着 。狗 跑 在 我 前边 。

Tūrán gǒu fàngmàn jiǎobù nièzú—qiánxíng hǎoxiàng xiùdàole qián・biān yǒu shénme
突然, 狗 放慢 脚步, 蹑足潜行, 好像 嗅到了 前边 有 什么
yěwù
野物 。

Wǒ shùnzhe línyīnlù wàng・qù kàn・jiànle yì zhī zuǐ biān hái dài huángsè tóu・shàng
我 顺着 林阴路 望去, 看见了 一只 嘴 边 还 带 黄色 、 头上
shēngzhe róumáo de xiǎo máquè Fēng měngliè de chuīdǎzhe línyīnlù・shàng de báihuàshù
生着 柔毛 的 小 麻雀 。风 猛烈 地 吹打着 林阴路 上 的 白桦树,
máquè cóng cháo・lǐ diēluò xià・lái dāidāi de fú zài dì・shàng gūlì wúyuán de zhāngkāi liǎng
麻雀 从 巢里 跌落 下来, 呆呆 地 伏 在 地上, 孤立 无援 地 张开 两
zhī yǔmáo hái wèi fēngmǎn de xiǎo chìbǎng
只 羽毛 还 未 丰满 的 小 翅膀 。

Wǒ de gǒu mànmàn xiàng tā kàojìn Hūrán cóng fùjìn yì kē shù・shàng fēi・xià yì zhī hēi
我 的 狗 慢慢 向 它 靠近。 忽然, 从 附近 一棵 树上, 飞下 一只 黑
xiōngpú de lǎo máquè xiàng yì kē shízǐ shìde luòdào gǒu de gēn・qián Lǎo máquè quánshēn
胸脯 的 老 麻雀, 像 一颗 石子 似的 落到 狗 的 跟前 。老 麻雀 全身
dàoshùzhe yǔmáo jīngkǒngwànzhuàng fāchū juéwàng qīcǎn de jiào shēng jiēzhe xiàng lòuchū
倒竖着 羽毛, 惊恐万状, 发出 绝望 、凄惨 的 叫 声, 接着 向 露出
yáchǐ dà zhāngzhe de gǒuzuǐ pū・qù
牙齿 、大 张着 的 狗嘴 扑去 。

Lǎo máquè shì měng pū xià・lái jiùhù yòuquè de Tā yòng shēntǐ yǎnhùzhe zìjǐ de yòu'ér
老 麻雀 是 猛 扑 下来 救护 幼雀 的。它 用 身体 掩护着 自己的 幼儿 ……
Dàn tā zhěnggè xiǎoxiǎo de shēntǐ yīn kǒngbù ér zhànlìzhe tā xiǎoxiǎo de shēngyīn yě biànde
但 它 整个 小小 的 身体 因 恐怖 而 战栗着,它 小小 的 声音 也 变得

cūbào sīyǎ tā zài xīshēng zìjǐ
粗暴 嘶哑，它在 牺牲 自己！

Zài tā kànlái gǒu gāi shì duōme pángdà de guàiwu wɑ Rán ér tā háishì bùnéng zhàn zài zìjǐ gāogāo de ānquán de shùzhī · shàng Yì zhǒng bǐ tā de lǐzhì gèng qiángliè de lì · liàng shǐ tā cóng nàr pū · xià shēn · lái
在它看来，狗 该 是 多么 庞大 的 怪物 啊！然 而它 还是 不能 站 在 自己 高高 的、安全 的 树枝 上 ……一 种 比它的理智 更 强烈 的 力量，使它 从 那儿 扑下 身来 。

Wǒ de gǒu zhànzhù le xiàng hòu tuìle tuì kànlái tā yě gǎndàole zhè zhǒng lì · liàng
我的狗 站住 了，向 后 退了退……看来，它也 感到了 这 种 力量 。

Wǒ gǎnjǐn huànzhù jīnghuāngshīcuò de gǒu ránhòu wǒ huáizhe chóngjìng de xīnqíng zǒukāile
我 赶紧 唤住 惊慌失措 的 狗，然后 我 怀着 崇敬 的 心情，走开了 。

Shì rɑ qǐng búyào jiànxiào Wǒ chóngjìng nà zhī xiǎoxiǎo de yīngyǒng de niǎo'ér wǒ chóngjìng tā nà zhǒng ài de chōngdòng hé lì · liàng
是 啊，请 不要 见笑 。我 崇敬 那只 小小 的、英勇 的鸟儿，我 崇敬 它那 种 爱的 冲 动 和 力量 。

Ài wǒ xiǎng bǐ sǐ hé sǐ de kǒngjù gèng qiángdà Zhǐyǒu yīkào tā yīkào zhè zhǒng ài shēngmìng cái néng wéichí xià · qù fāzhǎn xià · qù
爱，我// 想，比死和死的 恐惧 更 强大 。只有 依靠 它，依靠 这 种 爱，生命 才 能 维持 下 去，发展 下去 。

Jiéxuǎn zì [É] Túgénièfū《Máquè》 Bā Jīn yì
——节选 自［俄］屠格涅夫《麻雀》，巴金译

zuòpǐn 28 hào
作品 28 号

Nà nián wǒ liù suì Lí wǒ jiā jǐn yí jiàn zhī yáo de xiǎo shānpō páng yǒu yí gè zǎo yǐ bèi fèiqì de cǎishíchǎng shuāngqīn cónglái bù zhǔn wǒ qù nàr qíshí nàr fēngjǐng shífēn mírén
那 年 我六岁。离 我 家 仅一 箭 之 遥 的 小 山坡 旁，有 一个 早 已 被 废弃 的 采石场， 双 亲 从来 不准 我去那儿，其实那儿 风景 十分 迷人 。

Yí gè xiàjì de xiàwǔ wǒ suízhe yì qún xiǎohuǒbànr tōutōu shàng nàr qù le Jiù zài wǒmen chuānyuèle yì tiáo gūjì de xiǎolù hòu tāmen què bǎ wǒ yí gè rén liú zài yuán dì ránhòu bēnxiàng gèng wēixiǎn de dìdài le
一个夏季的下午，我 随着 一 群 小伙伴 偷偷 上 那儿去了。就 在 我们 穿越了 一 条 孤寂的 小路 后，他们 却 把 我一个 人 留 在 原 地，然后 奔向 "更 危险 的地带"了。

Děng tāmen zǒuhòu wǒ jīnghuāngshīcuò de fāxiàn zài yě zhǎo · bú dào yào huíjiā de nà tiáo gūjì de xiǎodào le Xiàng zhī wú tóu de cāngying wǒ dàochù luàn zuān yīkù · shàng guàmǎnle
等 他们 走后，我 惊慌失措 地发现，再 也 找不到 要 回家 的那 条 孤寂的 小道 了。像 只 无 头 的 苍蝇， 我 到处 乱 钻，衣裤 上 挂满了

mángcì Tài·yáng yǐ·jīng luòshān ér cǐshí cǐkè jiā·lǐ yídìng kāishǐ chī wǎncān le
芒刺。太阳已经落山，而此时此刻，家里一定开始吃晚餐了，
shuāngqīn zhèng pànzhe wǒ huíjiā Xiǎngzhe xiǎngzhe wǒ bùyóude bèi kàozhe yì kē shù
双亲正盼着我回家……想着想着，我不由得背靠着一棵树，
shāngxīn de wūwū dàkū qǐ·lái
伤心地呜呜大哭起来……

Tūrán bù yuǎnchù chuán·láile shēngshēng liǔdí Wǒ xiàng zhǎodàole jiùxīng jímáng
突然，不远处传来了声声柳笛。我像找到了救星，急忙
xúnshēng zǒuqù Yì tiáo xiǎodào biān de shùzhuāng·shàng zuòzhe yí wèi chuīdí rén shǒu·lǐ hái
循声走去。一条小道边的树桩上坐着一位吹笛人，手里还
zhèng xiāozhe shénme Zǒujìn xì kàn tā bú jiùshì bèi dàjiā chēngwéi xiāngbalǎor de Kǎtíng ma
正削着什么。走近细看，他不就是被大家称为“乡巴佬儿”的卡廷吗？

Nǐ hǎo xiǎojiāhuor Kǎtíng shuō kàn tiānqì duō měi nǐ shì chū·lái sànbù de ba
“你好，小家伙儿，”卡廷说，“看天气多美，你是出来散步的吧？”

Wǒ qièshēngshēng de diǎndiǎn tóu dádào Wǒ yào huíjiā le Qǐng nàixīn děng·shàng
我怯生生地点点头，答道：“我要回家了。”“请耐心等上
jǐ fēnzhōng Kǎtíng shuō Qiáo wǒ zhèngzài xiāo yì zhī liǔdí chà·bùduō jiù yào zuòhǎo le
几分钟，”卡廷说，“瞧，我正在削一支柳笛，差不多就要做好了，
wángōng hòu jiù sònggěi nǐ ba
完工后就送给你吧！”

Kǎtíng biān xiāo biān bùshí bǎ shàng wèi chéngxíng de liǔdí fàng zài zuǐ·lǐ shìchuī yíxià
卡廷边削边不时把尚未成形的柳笛放在嘴里试吹一下。
Méi guò duōjiǔ yì zhī liǔdí biàn dìdào wǒ shǒu zhōng Wǒ liǎ zài yí zhènzhèn qīngcuì yuè'ěr de
没过多久，一支柳笛便递到我手中。我俩在一阵阵清脆悦耳的
díyīn zhōng tà·shàngle guītú
笛音//中，踏上了归途……

Dāngshí wǒ xīnzhōng zhǐ chōngmǎn gǎn·jī ér jīntiān dāng wǒ zìjǐ yě chéngle zǔfù shí què
当时，我心中只充满感激，而今天当我自己也成了祖父时，却
tūrán lǐngwù dào tā yòngxīn zhī liángkǔ Nàtiān dāng tā tīngdào wǒ de kūshēng shí biàn pàndìng
突然领悟到他用心之良苦！那天当他听到我的哭声时，便判定
wǒ yídìng míle lù dàn tā bìng bù xiǎng zài háizi miànqián bànyǎn jiùxīng de juésè yúshì
我一定迷了路，但他并不想在孩子面前扮演“救星”的角色，于是
chuīxiǎng liǔdí yǐbiàn ràng wǒ néng fāxiàn tā bìng gēnzhe tā zǒuchū kùnjìng Jiù zhèyàng
吹响柳笛以便让我能发现他，并跟着他走出困境！就这样，
Kǎtíng xiānsheng yǐ xiāngxiarén de chúnpǔ bǎohùle yí gè xiǎonánháir qiángliè de zìzūn
卡廷先生以乡下人的纯朴，保护了一个小男孩儿强烈的自尊。

Jiéxuǎn zì Táng Ruòshuǐ yì《Mítú Díyīn》
——节选自唐若水译《迷途笛音》

zuòpǐn 29 hào
作品 29 号

Zài hàohàn wúyín de shāmò·lǐ yǒu yí piàn měilì de lǜzhōu lǜzhōu·lǐ cángzhe yì kē
在浩瀚无垠的沙漠里，有一片美丽的绿洲，绿洲里藏着一颗

shǎnguāng de zhēnzhū　Zhè kē zhēnzhū jiùshì Dūnhuáng Mògāokū　Tā zuòluò zài wǒguó Gānsù
闪光　的　珍珠　。这　颗　珍珠　就是　敦煌　莫高窟　。它　坐落　在　我国　甘肃
Shěng Dūnhuáng Shì Sānwēi Shān hé Míngshā Shān de huáibào zhōng
省　敦　煌　市　三危　山　和　鸣沙　山　的　怀抱　中　。

Míngshā Shān dōnglù shì píngjūn gāodù wéi shíqī mǐ de yá bì　Zài yìqiān liùbǎi duō mǐ cháng
鸣沙　山　东麓　是　平均　高度　为　十七米的崖壁。在　一千　六百　多米　长
de yábì · shàng záo yǒu dàxiǎo dòngkū qībǎi yú gè xíngchéngle guīmó hóngwěi de shíkūqún
的崖壁　上，　凿　有　大　小　洞窟　七百余个，　形成了　规模　宏伟　的　石窟群　。

Qízhōng sìbǎi jiǔshí'èr gè dòngkū zhōng gòng yǒu cǎisè sù xiàng liǎngqiān yìbǎi yú zūn gè
其中　四百　九十二　个　洞窟　中，　共　有　彩色　塑　像　两千　一百余尊，各
zhǒng bìhuà gòng sìwàn wǔqiān duō píngfāngmǐ　Mògāokū shì wǒguó gǔdài wúshù yìshù jiàngshī
种　壁画　共　四万　五千　多　平方米　。莫高窟　是　我国　古代　无数　艺术　匠师
liúgěi rénlèi de zhēnguì wénhuà yíchǎn
留给　人类　的　珍贵　文化　遗产　。

Mògāokū de cǎisù měi yì zūn dōu shì yí jiàn jīngměi de yìshùpǐn　Zuì dà de yǒu jiǔ céng lóu
莫高窟　的彩塑，每　一　尊　都　是　一　件　精美　的　艺术品　。最　大　的　有　九　层　楼
nàme gāo zuì xiǎo de hái bùrú yí gè shǒuzhǎng dà　Zhèxiē cǎisù gèxìng xiānmíng shéntài gèyì
那么　高，最　小　的　还　不如　一个　手掌　大。这些　彩塑　个性　鲜明，　神态　各异。
Yǒu címéi shànmù de pú · sà yǒu wēifēng-lǐnlǐn de tiān wáng hái yǒu qiángzhuàng yǒngměng de
有　慈眉　善目　的　菩萨，有　威风凛凛　的　天　王，　还有　强壮　勇猛　的
lìshì
力士……

Mògāokū bìhuà de nèiróng fēngfù duōcǎi yǒude shì miáohuì gǔdài láodòng rénmín dǎliè
莫高窟　壁画　的　内容　丰富多彩，　有的　是　描绘　古代　劳动　人民　打猎、
bǔyú　gēngtián　shōugē de qíngjǐng yǒude shì miáohuì rénmen zòuyuè　wǔdǎo　yǎn zájì de
捕鱼、　耕田　、收割　的　情景，　有的　是　描绘　人们　奏乐　、舞蹈　、演　杂技　的
chǎngmiàn hái yǒude shì miáohuì dàzìrán de měilì fēngguāng　Qízhōng zuì yǐnrénzhùmù de shì
场面，　还有的　是　描绘　大自然　的　美丽　风光　。其中　最　引人注目　的　是
fēitiān　Bìhuà · shàng de fēitiān yǒude bì kuà huālán cǎizhāi xiānhuā　yǒude fǎn tán pí · pá qīng
飞天　。壁画　上　的　飞天，有　的　臂　挎　花篮，　采摘　鲜花　；有的　反　弹　琵琶，　轻
bō yínxián　yǒude dào xuán shēnzi zì tiān ér jiàng　yǒude cǎidài piāofú màntiān áoyóu　yǒude
拨　银弦　；有的　倒　悬　身子，自　天　而　降　；有的　彩带　飘拂，　漫天　遨游　；有的
shūzhǎnzhe shuāngbì piānpiān qǐwǔ　Kànzhe zhèxiē jīngměi dòngrén de bìhuà jiù xiàng zǒujìnle
舒展着　双臂，　翩翩　起舞。看着　这些　精美　动人　的　壁画，就　像　走进了//
cànlàn huīhuáng de yìshù diàntáng
灿烂　辉煌　的　艺术　殿堂　。

Mògāokū · lǐ hái yǒu yí gè miànjī bú dà de dòngkū　cáng jīngdòng　Dòng · lǐ céng
莫高窟　里　还有　一个　面积　不大的　洞窟　——　藏　经洞　。洞　里　曾
cángyǒu wǒguó gǔdài de gè zhǒng jīngjuàn　wénshū　bóhuà　cìxiù　tóngxiàng děng gòng
藏有　我国　古代　的　各　种　经卷　、文书　、帛画　、刺绣　、铜像　等　共
liùwàn duō jiàn　Yóuyú Qīngcháo zhèngfǔ fǔbài wúnéng dàliàng zhēnguì de wénwù bèi wàiguó
六万　多　件　。由于　清朝　政府　腐败　无能，　大量　珍贵　的　文物　被　外国

qiángdào lüèzǒu Jǐncún de bùfen jīngjuàn xiànzài chénliè yú Běijīng Gùgōng děng chù
强盗 掠走。仅存的部分经卷，现在陈列于北京故宫等处。

Mògāokū shì jǔshìwénmíng de yìshù bǎokù Zhè · lǐ de měi yì zūn cǎisù měi yì fú bìhuà
莫高窟是举世闻名的艺术宝库。这里的每一尊彩塑、每一幅壁画、
měi yí jiàn wénwù dōu shì Zhōngguó gǔdài rénmín zhìhuì de jiéjīng
每一件文物，都是中国古代人民智慧的结晶。

Jiéxuǎn zì Xiǎoxué《Yǔwén》dìliù cè zhōng《Mògāokū》
——节选自小学《语文》第六册中《莫高窟》

zuòpǐn 30 hào
作品 30 号

Qíshí nǐ zài hěn jiǔ yǐqián bìng bù xǐhuan mǔ · dān yīn · wèi tā zǒng bèi rén zuòwéi fùguì
其实你在很久以前并不喜欢牡丹，因为它总被人作为富贵
móbài Hòulái nǐ mùdǔle yí cì mǔ · dān de luòhuā nǐ xiāngxìn suǒyǒu de rén dōu huì wéi zhī
膜拜。后来你目睹了一次牡丹的落花，你相信所有的人都会为之
gǎndòng Yí zhèn qīngfēng xúlái jiāoyàn xiānnèn de shèngqī mǔ · dān hūrán zhěng duǒ zhěng
感动：一阵清风徐来，娇艳鲜嫩的盛期牡丹忽然整朵整
duǒ de zhuìluò pūsǎ yídì xuànlì de huābàn Nà huābàn luòdì shí yīrán xiānyàn duómù rútóng yì zhī
朵地坠落，铺撒一地绚丽的花瓣。那花瓣落地时依然鲜艳夺目，如同一只
fèng · shàng jìtán de dàniǎo tuōluò de yǔmáo dīyínzhe zhuàngliè de bēigē líqù
奉上祭坛的大鸟脱落的羽毛，低吟着壮烈的悲歌离去。

Mǔ · dān méi · yǒu huāxièhuābài zhī shí yàome shuòyú zhī tóu yàome guīyú nítǔ tā
牡丹没有花谢花败之时，要么烁于枝头，要么归于泥土，它
kuàyuè wěidùn hé shuāilǎo yóu qīngchūn ér sǐwáng yóu měilì ér xiāodùn Tā suī měi què bú lìnxī
跨越萎顿和衰老，由青春而死亡，由美丽而消遁。它虽美却不吝惜
shēngmìng jíshǐ gàobié yě yào zhǎnshì gěi rén zuìhòu yí cì de jīngxīndòngpò
生命，即使告别也要展示给人最后一次的惊心动魄。

Suǒyǐ zài zhè yīnlěng de sìyuè · lǐ qíjì bú huì fāshēng Rènpíng yóurén sǎoxìng hé zǔzhòu
所以在这阴冷的四月里，奇迹不会发生。任凭游人扫兴和诅咒，
mǔ · dān yīrán ānzhīruòsù Tā bù gǒuqiě bù fǔjiù bù tuǒxié bú mèisú gānyuàn zìjǐ lěngluò
牡丹依然安之若素。它不苟且、不俯就、不妥协、不媚俗，甘愿自己冷落
zìjǐ Tā zūnxún zìjǐ de huāqī zìjǐ de guīlǜ tā yǒu quánlì wèi zìjǐ xuǎnzé měinián yí dù de
自己。它遵循自己的花期自己的规律，它有权利为自己选择每年一度的
shèngdà jiérì Tā wèishénme bú jùjué hánlěng
盛大节日。它为什么不拒绝寒冷？

Tiānnánhǎiběi de kànhuā rén yīrán luòyìbùjué de yǒngrù Luòyáng Chéng Rénmen bú huì yīn
天南海北的看花人，依然络绎不绝地涌入洛阳城。人们不会因
mǔ · dān de jùjué ér jùjué tā de měi Rúguǒ tā zài bèi biǎnzhé shí cì yěxǔ tā jiùhuì fányǎn chū shí
牡丹的拒绝而拒绝它的美。如果它再被贬谪十次，也许它就会繁衍出十
gè Luòyáng mǔ · dān chéng
个洛阳牡丹城。

Yúshì nǐ zài wúyán de yíhàn zhōng gǎnwù dào ·ùguì yǔ gāoguì zhǐshì yí zì zhī chā Tóng rén
于是你在无言的遗憾中感悟到，富贵与高贵只是一字之差。同人
yíyàng huā'ér yě shì yǒu língxìng de gèng yǒu pǐnwèi zhī gāodī Pǐnwèi zhè dōngxi wéi qì wéi hún
一样，花儿也是有灵性的，更有品位之高低。品位这东西为气为魂
wéi jīngǔ wéi shényùn zhǐ kě yìhuì Nǐ tànfú mǔ · dān zhuó'ěrbùqún zhī zī fāng zhī pǐnwèi shì
为//筋骨为神韵，只可意会。你叹服牡丹卓尔不群之姿，方知品位是
duōme róng · yì bèi shìrén hūlüè huò shì mòshì de měi
多么容易被世人忽略或是漠视的美。

Jiéxuǎn zì Zhāng Kàngkàng《Mǔ · dān de Jùjué》
——节选自张抗抗《牡丹的拒绝》

zuòpǐn 31 hào
作品 31 号

Sēnlín hányǎng shuǐyuán bǎochí shuǐtǔ fángzhǐ shuǐhàn zāihài de zuòyòng fēicháng dà Jù
森林涵养水源，保持水土，防止水旱灾害的作用非常大。据
zhuānjiā cèsuàn yí piàn shí wàn mǔ miànjī de sēnlín xiāngdāngyú yí gè liǎngbǎi wàn lì fāngmǐ de
专家测算，一片十万亩面积的森林，相当于一个两百万立方米的
shuǐkù zhè zhèng rú nóngyàn suǒ shuō de Shān · shàng duō zāi shù děngyú xiū shuǐkù Yǔ duō tā
水库，这正如农谚所说的："山上多栽树，等于修水库。雨多它
néng tūn yǔ shǎo tā néng tǔ
能吞，雨少它能吐。"

Shuōqǐ sēnlín de gōng · láo nà hái duō de hěn Tā chúle wèi rénlèi tígōng mùcái jí xǔduō zhǒng
说起森林的功劳，那还多得很。它除了为人类提供木材及许多种
shēngchǎn shēnghuó de yuánliào zhīwài zài wéihù shēngtài huánjìng fāngmiàn yě shì gōng · láo zhuózhù
生产、生活的原料之外，在维护生态环境方面也是功劳卓著，
tā yòng lìng yì zhǒng néngtūnnéngtǔ de tèshū gōngnéng yùnyùle rénlèi Yīn · wèi dìqiú zài xíngchéng
它用另一种"能吞能吐"的特殊功能孕育了人类。因为地球在形成
zhīchū dàqì zhōng de èryǎnghuàtàn hánliàng hěn gāo yǎngqì hěn shǎo qìwēn yě gāo shēngwù shì nányǐ
之初，大气中的二氧化碳含量很高，氧气很少，气温也高，生物是难以
shēngcún de Dàyuē zài sìyì nián zhīqián lùdì cái chǎnshēngle sēnlín Sēnlín mànmàn jiāng dàqì zhōng
生存的。大约在四亿年之前，陆地才产生了森林。森林慢慢将大气中
de èryǎnghuàtàn xīshōu tóngshí tǔ · chūxīn · xiānyǎngqì tiáojié qìwēn Zhè cái jùbèile rénlèi shēngcún
的二氧化碳吸收，同时吐出新鲜氧气，调节气温：这才具备了人类生存
de tiáojiàn dìqiú · shàng cái zuìzhōng yǒule rénlèi
的条件，地球上才最终有了人类。

Sēnlín shì dìqiú shēngtài xìtǒng de zhǔtǐ shì dàzìrán de zǒng diàodùshì shì dìqiú de lǜsè zhī fèi
森林，是地球生态系统的主体，是大自然的总调度室，是地球的绿色之肺。
Sēnlín wéihù dìqiú shēngtài huánjìng de zhè zhǒng néngtūnnéngtǔ de tèshū gōngnéng shì qítā rènhé wùtǐ
森林维护地球生态环境的这种"能吞能吐"的特殊功能是其他任何物体
dōu bùnéng qǔdài de Rán'ér yóuyú dìqiú · shàng de ránshāowù zēngduō èryǎnghuàtàn de pái
都不能取代的。然而，由于地球上的燃烧物增多，二氧化碳的排

fàngliàng jíjù zēngjiāshǐ · dé dìqiú shēngtài huánjìng jíjù èhuà zhǔyào biǎoxiàn wéi quánqiú
放量 急剧 增加，使得 地球 生态 环境 急剧恶化，主要 表现 为 全球
qìhòu biàn nuǎn shuǐfèn zhēngfā jiākuài gǎibiànle qìliú de xúnhuán shǐ qìhòu biànhuà jiājù
气候 变 暖，水分 蒸发 加快，改变了 气流 的 循环，使 气候 变化 加剧，
cóng'ér yǐnfā rèlàng jùfēng bàoyǔ hónglào jí gānhàn
从而 引发 热浪、飓风、暴雨、洪涝 及 干旱。

Wèile shǐ dìqiú de zhège néngtūnnéngtǔ de lǜsè zhī fèi huīfù jiànzhuàng yǐ gǎishàn
为了 // 使 地球 的 这个 "能吞能吐" 的 绿色 之 肺 恢复 健壮，以 改善
shēngtài huánjìng yìzhì quánqiú biàn nuǎn jiǎnshǎo shuǐhàn děng zìrán zāihài wǒmen yīnggāi
生态 环境，抑制 全球 变 暖，减少 水旱 等 自然 灾害，我们 应该
dàlì zàolín hùlín shǐ měi yí zuò huāngshān dōu lǜ qǐ · lái
大力 造林、护林，使 每 一 座 荒山 都 绿 起来。

Jiéxuǎn zì《Zhōngkǎo Yǔwén Kèwài Yuèdú Shìtí Jīngxuǎn》
—— 节选 自 《中考 语文 课外 阅读 试题 精选》
zhōng《"Néngtūn—néngtǔ de Sēnlín》
中《"能吞能吐" 的 森林》

zuòpǐn 32 hào
作品 32 号

Péngyou jíjiāng yuǎnxíng
朋友 即将 远行。

Mùchūn shíjié yòu yāole jǐ wèi péngyou zài jiā xiǎojù Suīrán dōu shì jí shú de péngyou què
暮春 时节，又 邀了 几 位 朋友 在 家 小聚。虽然 都 是 极 熟 的 朋友，却
shì zhōngnián nándé yí jiàn ǒu'ěr diànhuà · lǐ xiāngyù yě wúfēi shì jǐ jù xúnchánghuà Yì guō
是 终年 难得 一 见，偶尔 电话 里 相遇，也 无非 是 几 句 寻常话。一 锅
xiǎomǐ xīfàn yì dié dàtóucài yì pán zìjiā niàngzhì de pàocài yì zhī xiàngkǒu mǎihuí de kǎoyā
小米 稀饭，一 碟 大头菜，一 盘 自家 酿制 的 泡菜，一 只 巷口 买回 的 烤鸭，
jiǎnjiǎndāndān bú xiàng qǐngkè dào xiàng jiārén tuánjù
简简单单，不 像 请客，倒 像 家人 团聚。

Qíshí yǒuqíng yě hǎo àiqíng yě hǎo jiǔ'érjiǔzhī dōu huì zhuǎnhuà wéi qīnqíng
其实，友情 也 好，爱情 也 好，久而久之 都 会 转化 为 亲情。

Shuō yě qíguài hé xīn péngyou huì tán wénxué tán zhéxué tán rénshēng dào · lǐ děngděng hé
说 也 奇怪，和 新 朋友 会 谈 文学、谈 哲学、谈 人生 道理 等等，和
lǎo péngyou què zhǐ huà jiācháng cháimǐyóuyán xìxìsuìsuì zhǒngzhǒng suǒshì Hěn duō shíhou
老 朋友 却 只 话 家常，柴米油盐，细细碎碎，种种 琐事。很 多 时候，
xīnlíng de qìhé yǐ · jīng bù xūyào tài duō de yányǔ lái biǎodá
心灵 的 契合 已经 不 需要 太 多 的 言语 来 表达。

Péngyou xīn tàngle gè tóu bùgǎn huíjiā jiàn mǔ · qīn kǒngpà jīnghàile lǎo · rén · jiā
朋友 新 烫了 个 头，不敢 回家 见 母亲，恐怕 惊骇了 老人家，
què huāntiānxǐdì lái jiàn wǒmen lǎo péngyou pō néng yǐ yì zhǒng qùwèixìng de yǎnguāng
却 欢天喜地 来 见 我们，老 朋友 颇 能 以 一 种 趣味性 的 眼光

xīnshǎng zhège gǎibiàn
欣赏 这个 改变 。

Niánshào de shíhou wǒmen chà · bùduō dōu zài wèi bié · rén ér huó wèi kǔkǒupóxīn de
年少 的时候，我们 差不多 都 在 为 别人 而活，为 苦口婆心 的
fùmǔ huó wèi xúnxúnshànyòu de shīzhǎng huó wèi xǔduō guānniàn xǔduō chuántǒng de yuēshùlì
父母活，为 循循善诱 的 师长 活，为 许多 观念、许多 传统 的 约束力
ér huó Niánsuì zhú zēng jiànjiàn zhèngtuō wàizài de xiànzhì yǔ shùfù kāishǐ dǒng · dé wèi zìjǐ
而活。年岁 逐 增，渐渐 挣脱 外在 的 限制 与 束缚，开始 懂得 为 自己
huó zhào zìjǐ de fāngshì zuò yìxiē zìjǐ xǐhuan de shì bú zàihu bié · rén de pīpíng yì · jiàn bú
活，照 自己 的 方式 做 一些 自己 喜欢 的 事，不 在乎 别人 的 批评 意 见，不
zàihu bié · rén de dǐhuǐ liúyán zhǐ zàihu nà yí fèn suíxīnsuǒyù de shūtan zìrán Ǒu ěr yě nénggòu
在乎 别人 的 诋毁 流言，只 在乎 那 一份 随心所欲 的 舒坦 自然。偶尔，也 能够
zòngróng zìjǐ fànglàng yíxià bìngqiě yǒu yì zhǒng èzuòjù de qièxǐ
纵容 自己 放浪 一下，并且 有 一 种 恶作剧的 窃喜。

Jiù ràng shēngmìng shùn qí zìrán shuǐdàoqúchéng ba yóurú chuāng qián de wūjiù
就 让 生命 顺 其 自然， 水到渠成 吧，犹如 窗 前 的//乌桕，
zìshēngzìluò zhījiān zì yǒu yí fèn yuánróng fēngmǎn de xǐyuè Chūnyǔ qīngqīng luòzhe méi · yǒu
自生自落 之间，自 有 一 份 圆融 丰满 的 喜悦。春雨 轻轻 落着， 没有
shī méi · yǒu jiǔ yǒude zhǐshì yí fèn xiāng zhī xiāng zhǔ de zìzài zìdé
诗， 没有 酒，有的 只是 一 份 相 知 相 属 的 自在 自得。

Yèsè zài xiàoyǔ zhōng jiànjiàn chénluò péngyou qǐshēn gàocí méi · yǒu wǎnliú méi · yǒu
夜色 在 笑语 中 渐渐 沉落， 朋友 起身 告辞， 没有 挽留， 没有
sòngbié shènzhì yě méi · yǒu wèn guīqī
送别， 甚至 也 没有 问 归期。

Yǐ · jīng guòle dàxǐdàbēi de suìyuè yǐ · jīng guòle shānggǎn liúlèi de niánhuá zhī · dàole
已经 过了 大喜大悲 的 岁月， 已经 过了 伤感 流泪 的 年华， 知道了
jùsàn yuánlái shì zhèyàng de zìrán hé shùnlǐchéngzhāng dǒng · dé zhè diǎn biàn dǒngdé zhēnxī
聚散 原来 是 这样 的 自然 和 顺理成章， 懂得 这 点，便 懂得 珍惜
měi yí cì xiāngjù de wēnxīn líbié biàn yě huānxǐ
每 一次 相聚 的 温馨，离别 便 也 欢喜。

Jiéxuǎn zì (Táiwān) Xìng Línzǐ《Péngyou hé Qítā》
—— 节选 自（台湾） 杏林子 《朋友 和其他》

zuòpǐn 33 hào
作品 33 号

Wǒmen zài tiányě sànbù Wǒ wǒde mǔ · qīn wǒde qī · zǐ hé érzi
我们 在 田野 散步：我，我的 母亲， 我的 妻子 和儿子。

Mǔ · qīn běn búyuàn chū · lái de Tā lǎo le shēntǐ bù hǎo zǒu yuǎn yìdiǎnr jiù jué · dé hěn
母亲 本 不愿 出来 的。她 老 了，身体 不好，走 远 一点儿就 觉得 很
lèi Wǒ shuō zhèng yīn · wèi rúcǐ cái yīnggāi duō zǒuzou Mǔ · qīn xìnfú de diǎndiǎn tóu biàn
累。我 说， 正 因为 如此，才 应该 多 走走 。母亲 信服地 点点 头，便

qù ná wài tào Tā xiàn zài hěn tīng wǒ de huà jiù xiàng wǒ xiǎo shí hou hěn tīng tā de huà yí yàng
去拿 外套 。她 现在 很 听 我的话，就 像 我 小时候 很 听 她的 话 一样。

Zhè nán fāng chū chūn de tián yě dà kuài xiǎo kuài de xīn lǜ suí yì de pū zhe yǒu de nóng yǒu de
这 南方 初春 的田野，大块 小块 的新绿随意地铺着，有的 浓，有的
dàn shù · shàng de nèn yá yě mì le tián · lǐ de dōng shuǐ yě gū gū de qǐ zhe shuǐ pào Zhè yí qiè dōu
淡， 树上 的嫩芽也密了，田里 的 冬水 也咕咕地起着 水泡。这 一切 都
shǐ rén xiǎng zhe yí yàng dōng xi shēng mìng
使人 想着 一 样 东西 —— 生命。

Wǒ hé mǔ · qīn zǒu zài qián · miàn wǒ de qī · zǐ hé ér zi zǒu zài hòu · miàn Xiǎo jiā huo tū rán jiào
我和 母亲 走 在 前面， 我的妻子和儿子走 在 后面。 小家伙 突然 叫
qǐ · lái Qián · miàn shì mā ma hé ér zi hòu · miàn yě shì mā ma hé ér zi Wǒ men dōu xiào le
起来：“前面 是妈妈和儿子， 后面 也是妈妈 和儿子。”我们 都 笑了。

Hòu lái fā shēng le fēn qí Mǔ · qīn yào zǒu dà lù dà lù píng shùn Wǒ de ér zi yào zǒu xiǎo lù xiǎo lù yǒu
后来 发生了 分歧：母亲 要 走大路，大路 平顺；我的儿子要 走小路，小路 有
yì si Bú guò yí qiè dōu qǔ jué yú wǒ wǒ de mǔ · qīn lǎo le tā zǎo yǐ xí guàn tīng cóng tā qiáng zhuàng de
意思。不过，一切 都 取决于我 。我的 母亲 老 了，她早已 习惯 听从 她 强壮 的
ér zi wǒ de ér zi hái xiǎo tā hái xí guàn tīng cóng tā gāo dà de fù · qīn qī · zǐ ne zài wài · miàn tā zǒng shì
儿子；我的儿子还小，他还 习惯 听从 他 高大 的父亲；妻子 呢，在 外面， 她 总是
tīng wǒ de Yí shà shí wǒ gǎn dào le zé rèn de zhòng dà Wǒ xiǎng zhǎo yí gè liǎng quán de bàn fǎ zhǎo bù
听 我的。一霎时 我 感到了 责任 的 重大。我 想 找 一个 两全 的办法，找 不
chū wǒ xiǎng chāi sàn yì jiā rén fēn chéng liǎng lù gè dé qí suǒ zhōng bú yuàn · yì Wǒ jué dìng
出；我 想 拆散 一家人， 分成 两 路，各得其所， 终 不 愿意。 我 决定
wěi qu ér zi yīn · wèi wǒ bàn tóng tā de shí rì hái cháng Wǒ shuō Zǒu dà lù
委屈 儿子， 因为 我 伴同 他的时日还 长 。我 说：“走 大路。”

Dàn shì mǔ · qīn mō mo sūn'ér de xiǎo nǎo guār biàn le zhǔ yi Hái shì zǒu xiǎo lù ba Tā de
但是 母亲 摸摸 孙儿 的 小 脑瓜儿，变了 主意：“还是 走 小路 吧。”她 的
yǎn suí xiǎo lù wàng · qù Nà · lǐ yǒu jīn sè de cài huā liǎng háng zhěng qí de sāng shù jìn tóu yì kǒu
眼 随 小路 望去： 那里 有 金色 的菜花，两 行 整齐 的 桑树，//尽头 一 口
shuǐ bō lín lín de yú táng Wǒ zǒu bú guò · qù de dì fang nǐ jiù bēi zhe wǒ Mǔ · qīn duì wǒ shuō
水波 粼粼 的鱼塘。“我 走不 过去 的地方，你就 背着 我。”母亲 对 我 说。

Zhè yàng wǒ men zài yáng guāng · xià xiàng zhe nà cài huā sāng shù hé yú táng zǒu · qù
这样， 我们 在 阳光 下， 向着 那 菜花、 桑树 和 鱼塘 走去。
Dào le yí chù wǒ dūn xià · lái bēi qǐ le mǔ · qīn qī · zǐ yě dūn xià · lái bēi qǐ le ér zi Wǒ hé qī · zǐ
到了 一处，我 蹲 下来，背起了 母亲； 妻子 也 蹲 下来，背起了 儿子。我 和 妻子
dōu shì màn màn de wěn wěn de zǒu de hěn zǐ xì hǎo xiàng wǒ bèi · shàng de tóng tā
都 是 慢慢 地， 稳稳 地，走 得 很 仔细， 好像 我 背上 的 同 她
bèi · shàng de jiā qǐ · lái jiù shì zhěng gè shì jiè
背上 的加起来，就是 整个 世界。

Jié xuǎn zì Mò Huái qī《Sàn bù》
—— 节选 自莫 怀戚《散步》

zuòpǐn 34 hào

作品 34 号

Dìqiú • shàng shìfǒu zhēn de cúnzài wúdǐdòng Ànshuō dìqiú shì yuán de yóu dìqiào dìmàn
地球上是否真的存在"无底洞"？按说地球是圆的，由地壳、地幔
hé dìhé sān céng zǔchéng zhēnzhèng de wúdǐdòng shì bù yīng cúnzài de wǒmen suǒ kàndào de
和地核三层组成，真正的"无底洞"是不应存在的，我们所看到的
gè zhǒng shāndòng lièkǒu lièfèng shènzhì huǒshānkǒu yě dōu zhǐshì dìqiào qiǎnbù de yì zhǒng
各种山洞、裂口、裂缝，甚至火山口也都只是地壳浅部的一种
xiànxiàng Rán'ér zhōngguó yìxiē gǔjí què duō cì tídào hǎiwài yǒu gè shēn'àomòcè de wúdǐdòng
现象。然而中国一些古籍却多次提到海外有个深奥莫测的无底洞。
Shìshí • shàng dìqiú • shàng quèshí yǒu zhèyàng yí gè wúdǐdòng
事实上地球上确实有这样一个"无底洞"。

Tā wèiyú Xīlà Yàgèsī gǔchéng de hǎibīn Yóuyú bīnlín dàhǎi dà zhǎngcháo shí xiōngyǒng de
它位于希腊亚各斯古城的海滨。由于濒临大海，大涨潮时，汹涌的
hǎishuǐ biàn huì páishāndǎohǎi bān de yǒngrù dòng zhōng xíngchéng yì gǔ tuāntuān de jíliú Jù cè měi
海水便会排山倒海般地涌入洞中，形成一股湍湍的急流。据测，每
tiān liúrù dòng nèi de hǎishuǐ liàng dá sānwàn duō dūn Qíguài de shì rúcǐ dàliàng de hǎishuǐ guànrù dòng
天流入洞内的海水量达三万多吨。奇怪的是，如此大量的海水灌入洞
zhōng què cónglái méi • yǒu bǎ dòng guànmǎn Céng yǒu rén huáiyí zhège wúdǐdòng huì • bú huì jiù
中，却从来没有把洞灌满。曾有人怀疑，这个"无底洞"，会不会就
xiàng shíhuīyán dìqū de lòudǒu shùjǐng luòshuǐdòng yílèi de dìxíng Rán'ér cóng èrshí shìjì sānshí
像石灰岩地区的漏斗、竖井、落水洞一类的地形。然而从二十世纪三十
niándài yǐlái rénmen jiù zuòle duō zhǒng nǔlì qǐtú xúnzhǎo tā de chūkǒu què dōu shì wǎngfèixīnjī
年代以来，人们就做了多种努力企图寻找它的出口，却都是枉费心机。

Wèile jiēkāi zhège mìmì yī jiǔ wǔ bā nián Měiguó Dìlǐ xuéhuì pàichū yì zhī kǎocháduì tāmen bǎ yì
为了揭开这个秘密，一九五八年美国地理学会派出一支考察队，他们把一
zhǒng jīngjiǔ búbiàn de dài sè rǎnliào róngjiě zài hǎishuǐ zhōng guānchá rǎnliào shì rúhé suízhe hǎishuǐ
种经久不变的带色染料溶解在海水中，观察染料是如何随着海水
yìqǐ chén xià • qù Jiēzhe yòu chákànle fùjìn hǎimiàn yǐjí dǎo • shàng de gè tiáo hé hú mǎn huái
一起沉下去。接着又察看了附近海面以及岛上的各条河、湖，满怀
xīwàng de xúnzhǎo zhè zhǒng dài yánsè de shuǐ jiéguǒ lìng rén shīwàng Nándào shì hǎishuǐ liàng tài dà bǎ
希望地寻找这种带颜色的水，结果令人失望。难道是海水量太大把
yǒusèshuǐ xīshì de tài dàn yǐzhì wúfǎ fāxiàn
有色水稀释得太淡，以致无法发现？//

Zhìjīn shéi yě bù zhī • dào wèishénme zhè • lǐ de hǎishuǐ huì méiwánméiliǎo de "lòu" xià • qù zhège
至今谁也不知道为什么这里的海水会没完没了地"漏"下去，这个
wúdǐdòng de chūkǒu yòu zài nǎ • lǐ měi tiān dàliàng de hǎishuǐ jiūjìng dōu liúdào nǎ • lǐ qù le
"无底洞"的出口又在哪里，每天大量的海水究竟都流到哪里去了？

Jiéxuǎn zì Luóbótè Luówēi'ěr《Shénmì de "Wúdǐdòng"》
——节选自罗伯特·罗威尔《神秘的"无底洞"》

zuòpǐn 35 hào

作品 35 号

Wǒ zài Éguó jiàndào de jǐngwù zài méi · yǒu bǐ Tuō'ěrsītài mù gèng hóngwěi gèng
我 在 俄国 见到 的 景物 再 没有 比 托尔斯泰 墓 更 宏伟、 更
gǎnrén de
感人 的。

Wánquán ànzhào Tuō'ěrsītài de yuànwàng tā de fénmù chéngle shìjiān zuì měi de gěi rén
完全 按照 托尔斯泰 的 愿望，他 的 坟墓 成了 世间 最 美 的，给 人
yìnxiàng zuì shēnkè de fénmù Tā zhǐshì shùlín zhōng de yí gè xiǎoxiǎo de chángfāngxíng tǔqiū
印象 最 深刻 的 坟墓。它 只是 树林 中 的 一个 小小 的 长方形 土丘，
shàng · miàn kāimǎn xiānhuā méi · yǒu shízìjià méi · yǒu mùbēi méi · yǒu mùzhìmíng
上面 开满 鲜花 —— 没有 十字架， 没有 墓碑， 没有 墓志铭，
lián Tuō'ěrsītài zhège míngzi yě méi · yǒu
连 托尔斯泰 这个 名字 也 没有。

Zhè wèi bǐ shéi dōu gǎndào shòu zìjǐ de shēngmíng suǒ lěi de wěirén què xiàng ǒu'ěr bèi
这 位 比 谁 都 感到 受 自己 的 声名 所 累 的 伟人，却 像 偶尔 被
fāxiàn de liúlànghàn bù wéi rén zhī de shìbīng bù liú míngxìng de bèi rén máizàng le Shéi dōu kěyǐ
发现 的 流浪汉，不 为 人 知 的 士兵，不留 名姓 地 被 人 埋葬 了。谁 都 可以
tàjìn tā zuìhòu de ānxīdì wéi zài sìzhōu xīshū de mù zhàlan shì bù guānbì de bǎohù Lièfū
踏进 他 最后 的 安息地，围 在 四周 稀疏 的 木 栅栏 是 不 关闭 的 —— 保护 列夫 ·
Tuō'ěrsītài déyǐ ānxī de méi · yǒu rènhé biéde dōngxi wéiyǒu rénmen de jìngyì ér tōngcháng
托尔斯泰 得以 安息 的，没有 任何 别的 东西，惟有 人们 的 敬意；而 通常，
rénmen què zǒngshì huáizhe hàoqí qù pòhuài wěirén mùdì de níngjìng
人们 却 总是 怀着 好奇，去 破坏 伟人 墓地 的 宁静。

Zhè · lǐ bīrén de pǔsù jìngù zhù rènhé yì zhǒng guānshǎng de xiánqíng bìngqiě bù róngxǔ nǐ
这里，逼人 的 朴素 禁锢 住 任何 一 种 观赏 的 闲情， 并且 不 容许 你
dàshēng shuōhuà Fēng'. ér fǔ lín zài zhè zuò wúmíngzhě zhī mù de shùmù zhījiān sàsà xiǎngzhe
大声 说话。 风儿 俯临，在 这 座 无名者 之 墓 的 树木 之间 飒飒 响着，
hénuǎn de yángguāng zài féntóur xīxì dōngtiān báixuě wēnróu de fùgài zhè piàn yōu'àn de
和暖 的 阳光 在 坟头 嬉戏；冬天， 白雪 温柔 地 覆盖 这 片 幽暗 的
tǔdì Wúlùn nǐ zài xiàtiān huò dōngtiān jīngguò zhèr nǐ dōu xiǎngxiàng bú dào zhège xiǎoxiǎo
土地。无论 你 在 夏天 或 冬天 经过 这儿，你 都 想象 不 到，这个 小小
de lóngqǐ de chángfāngtǐ · lǐ ānfàngzhe yí wèi dāngdài zuì wěidà de rénwù
的、隆起 的 长方体 里 安放着 一 位 当代 最 伟大 的 人物。

Rán'ér qiàqià shì zhè zuò bù liú xìngmíng de fénmù bǐ suǒyǒu wākōngxīnsi yòng dàlǐshí hé shēhuá
然而，恰恰 是 这 座 不留 姓名 的 坟墓，比 所有 挖空心思 用 大理石 和 奢华
zhuāngshì jiànzào de fénmù gèng kòurénxīnxián Zài jīntiān zhège tèshū de rìzi · lǐ dào tā de
装饰 建造 的 坟墓 更 扣人心弦。 在 今天 这个 特殊 的 日子//里，到 他 的
ānxīdì lái de chéngbǎi shàng qiān rén zhōngjiān méi · yǒu yí gè yǒu yǒngqì nǎpà jǐnjǐn cóng zhè
安息地 来 的 成 百 上 千 人 中间， 没有 一个 有 勇气，哪怕 仅仅 从 这
yōu'àn de tǔqiū · shàng zhāixià yì duǒ huā liúzuò jìniàn Rénmen chóngxīn gǎndào shìjiè · shàng
幽暗 的 土丘 上 摘下 一 朵 花 留作 纪念。人们 重新 感到，世界 上

zàiméi · yǒu bǐ Tuō'ěrsītài zuìhòu liú xià de zhè zuò jìniànbēi shì de pǔsù fénmù gèng dǎdòng
再　没有　比 托尔斯泰 最后 留 下 的、这 座 纪念碑 式 的 朴素 坟墓，更　打动
rénxīnde le
人心 的了。

Jiéxuǎn zì [Ào] Cíwēigé《Shìjiān Zuì Měi de Fénmù》Zhāng Hòurén yì
—— 节选 自[奥] 茨威格《世间 最 美 的 坟墓》，张　厚仁 译

zuòpǐn 36 hào
作品 36 号

Wǒguó de jiànzhù cóng gǔdài de gōngdiàn dào jìndài de yìbān zhùfáng jué dà bùfen shì
我国 的 建筑，从　古代 的　宫殿　到 近代 的 一般 住房，绝 大 部分 是
duìchèn de zuǒ · biān zěnmeyàng yòu · biān zěnmeyàng Sūzhōu yuánlín kě juébù jiǎng · jiū duì
对称　的，　左边　　怎么样，　右边　　怎么样。苏州　园林 可 绝不　讲究　对
chèn hǎoxiàng gùyì bìmiǎn shìde Dōng · biān yǒule yí gè tíngzi huòzhě yí dào huíláng xī · biān
称，　好像　故意 避免 似的。　东边　　有了 一 个 亭子 或者 一 道 回廊，　西边
jué bú huì lái yí gè tóngyàng de tíngzi huòzhě yí dào tóngyàng de huíláng Zhè shì wèishénme Wǒ
决 不 会 来 一 个　同样　的 亭子 或者 一 道　同样　的 回廊。这 是　为什么？我
xiǎng yòng túhuà lái bǐfang duìchèn de jiànzhù shì tú'ànhuà bú shì měishùhuà ér yuánlín shì
想，　用　图画 来 比方，　对称　的　建筑　是 图案画，不 是　美术画，　而　园林　是
měishùhuà měishùhuà yāoqiú zìrán zhī qù shì bù jiǎng · jiū duìchèn de
美术画，　美术画　要求 自然 之 趣，是 不　讲究　　对称　的。

Sūzhōu yuánlín · lǐ dōu yǒu jiǎshān hé chízhǎo
苏州　园林 里 都 有　假山 和 池沼。

Jiǎshān de duīdié kěyǐ shuō shì yí xiàng yìshù ér bùjǐn shì jìshù Huòzhě shì
假山　的 堆叠，可以　说　是　一　项　　艺术　而 不仅 是 技术。　或者　是
chóngluándiézhàng huòzhě shì jǐ zuò xiǎoshān pèihézhe zhúzi huāmù quán zàihu shèjìzhě hé
重峦叠嶂，　　或者　是 几 座　小山　　配合着　竹子 花木，　全　在乎 设计者 和
jiàngshīmen shēngpíng duō yuèlì xiōng zhōng yǒu qiūhè cái néng shǐ yóulǎnzhě pāndēng de
匠　师们　　生平　　多 阅历，　胸　　中　有 丘壑，才　能　使　游览者　　攀登　的
shíhou wàngquè Sūzhōu chéngshì zhǐ jué · de shēn zài shān jiān
时候　忘却　苏州　城市，只　觉得　身　在　山　间。

Zhìyú chízhǎo dàduō yǐnyòng huóshuǐ Yǒuxiē yuánlín chízhǎo kuān · chǎng jiù bǎ chízhǎo
至于 池沼，　大多　引用　活水。　有些　园林　池沼　　宽敞，　就 把　池沼
zuòwéi quányuán de zhōngxīn qítā jǐngwù pèihézhe bùzhì Shuǐmiàn jiǎrú chéng hédào múyàng
作为　全　园　的　中心，其他 景物　配合着　布置。　水面　假如　成　河道　模样，
wǎngwǎng ānpái qiáoliáng Jiǎrú ānpái liǎng zuò yǐshàng de qiáoliáng nà jiù yí zuò yí gè yàng jué
往往　安排　桥梁。假如 安排　两　座　以上　的　桥梁，那就一 座 一个 样，决
bù léitóng
不 雷同。

Chízhǎo huò hédào de biānyán hěn shǎo qì qízhěng de shí'àn zǒngshì gāodī qūqū rèn qí
池沼　或 河道 的　边沿　很　少　砌　齐整　的 石岸，总是　高低 屈曲，任 其

zìrán Hái zài nàr bùzhì jǐ kuài línglóng de shítou huòzhě zhòng xiē huācǎo zhè yě shì wèile qǔdé
自然。还在那儿布置几块玲珑的石头，或者种些花草。这也是为了取得
cóng gègè jiǎodù kàn dōu chéng yì fú huà de xiàoguǒ Chízhǎo • lǐ yǎngzhe jīnyú huò gè sè lǐyú
从各个角度看都成一幅画的效果。池沼里养着金鱼或各色鲤鱼，
xiàqiū jìjié héhuā huò shuìlián kāi fàng yóulǎnzhě kàn yú xì lián yè jiān yòu shì rù huà de yì jǐng
夏秋季节荷花或睡莲开//放，游览者看“鱼戏莲叶间”，又是入画的一景。

Jiéxuǎn zì Yè Shèngtáo《Sūzhōu Yuánlín》
——节选自叶圣陶《苏州园林》

zuòpǐn 37 hào
作品 37 号

Yí wèi fǎng Měi Zhōngguó nǚzuòjiā zài Niǔyuē yùdào yí wèi mài huā de lǎotàitai Lǎotàitai
一位访美中国女作家，在纽约遇到一位卖花的老太太。老太太
chuānzhuó pòjiù shēntǐ xūruò dàn liǎn • shàng de shénqíng què shì nàyàng xiánghé xīngfèn
穿着破旧，身体虚弱，但脸上的神情却是那样祥和兴奋。
Nǚzuòjiā tiāole yì duǒ huā shuō Kàn qǐ • lái nǐ hěn gāoxìng Lǎotàitai miàn dài wēixiào de shuō
女作家挑了一朵花说：“看起来，你很高兴。”老太太面带微笑地说：
Shìde yíqiè dōu zhème měihǎo wǒ wèishénme bù gāoxìng ne Duì fánnǎo nǐ dào zhēn néng
“是的，一切都这么美好，我为什么不高兴呢？”“对烦恼，你倒真能
kàndekāi Nǚzuòjiā yòu shuōle yí jù Méi liàodào lǎotàitai de huídá gèng lìng nǚzuòjiā
看得开。”女作家又说了一句。没料到，老太太的回答更令女作家
dàchīyìjīng Yēsū zài xīngqīwǔ bèi dìng • shàng shízìjià shí shì quán shìjiè zuì zāogāo de yì tiān
大吃一惊：“耶稣在星期五被钉上十字架时，是全世界最糟糕的一天，
kě sān tiān hòu jiùshì Fùhuójié Suǒyǐ dāng wǒ yùdào búxìng shíjiù huì děngdài sān tiān zhèyàng
可三天后就是复活节。所以，当我遇到不幸时，就会等待三天，这样
yíqiè jiù huīfù zhèngcháng le
一切就恢复正常了。”

Děngdài sān tiān duōme fùyú zhélǐ de huàyǔ duōme lèguān de shēnghuó fāngshì Tā bǎ
“等待三天”，多么富于哲理的话语，多么乐观的生活方式。它把
fánnǎo hé tòngkǔ pāo • xià quánlì qù shōuhuò kuàilè
烦恼和痛苦抛下，全力去收获快乐。

Shěn Cóngwén zài wéngé qījiān xiànrùle fēirén de jìngdì Kě tā háobù zàiyì tā zài Xiánníng
沈从文在“文革”期间，陷入了非人的境地。可他毫不在意，他在咸宁
shí gěi tā de biǎozhí huàjiā Huáng Yǒngyù xiě xìn shuō Zhè • lǐ de héhuā zhēn hǎo nǐ ruò lái
时给他的表侄、画家黄永玉写信说：“这里的荷花真好，你若来……”
Shēn xiàn kǔnàn què réng wèi héhuā de shèngkāi xīnxǐ zàntàn bùyǐ zhè shì yì zhǒng qūyú
身陷苦难却仍为荷花的盛开欣喜赞叹不已，这是一种趋于
chéngmíng de jìngjiè yì zhǒng kuàngdá sǎ • tuō de xiōngjīn yì zhǒng miànlín mónàn tǎndàng
澄明的境界，一种旷达洒脱的胸襟，一种面临磨难坦荡
cóngróng de qìdù yì zhǒng duì shēnghuó tóngzǐ bān de rè'ài hé duì měihǎo shìwù wúxiàn
从容的气度，一种对生活童子般的热爱和对美好事物无限

xiàngwǎng de shēngmìng qínggǎn
向往 的 生命 情感。

Yóucǐ kějiàn yǐngxiǎng yí gè rén kuàilè de yǒushí bìng bú shì kùnjìng jí mónàn ér shì yí gè rén de
由此可见，影响 一个人快乐的，有时 并不是困境及磨难，而是一个人的
xīntài Rúguǒ bǎ zìjǐ jìnpào zài jījí lèguān xiàngshàng de xīntài zhōng kuàilè bìrán huì zhànjù
心态。如果把自己浸泡在积极、乐观、向上的心态中，快乐必然会//占据
nǐ de měi yì tiān
你的每一天。

Jiéxuǎn zì《Tài · dù Chuàngzào Kuàilè》
——节选自《态度创造快乐》

zuòpǐn 38 hào
作品 38 号

Tài Shān jí dǐng kàn rìchū lìlái bèi miáohuì chéng shífēn zhuàngguān de qíjǐng Yǒu rén
泰山极顶看日出，历来被描绘成十分壮观的奇景。有人
shuō Dēng Tài Shān ér kàn · búdào rìchū jiù xiàng yì chū dàxì méi · yǒu xìyǎn wèir zhōngjiū
说：登泰山而看不到日出，就像一出大戏没有戏眼，味儿终究
yǒu diǎnr guǎdàn
有点寡淡。

Wǒ qù páshān nà tiān zhèng gǎn · shàng gè nándé de hǎo tiān wànlǐ chángkōng yúncaisīr
我去爬山那天，正赶上个难得的好天，万里长空，云彩丝儿
dōu bú jiàn Sùcháng yānwù téngténg de shāntóu xiǎn · dé méi · mù fēnmíng Tóngbànmen dōu
都不见。素常，烟雾腾腾的山头，显得眉目分明。同伴们都
xīnxǐ de shuō Míngtiān zǎo · chén zhǔn kěyǐ kàn · jiàn rìchū le Wǒ yě shì bàozhe zhè zhǒng
欣喜地说："明天早晨准可以看见日出了。"我也是抱着这种
xiǎngtou pá · shàng shān · qù
想头，爬上山去。

Yílù cóng shānjiǎo wǎngshàng pá xì kàn shānjǐng wǒ jué · dé guà zài yǎnqián de bú shì
一路从山脚往上爬，细看山景，我觉得挂在眼前的不是
Wǔ Yuè dú zūn de Tài Shān què xiàng yì fú guīmó jīngrén de qīnglǜ shānshuǐhuà cóng xià · miàn
五岳独尊的泰山，却像一幅规模惊人的青绿山水画，从下面
dào zhǎnkāi · lái Zài huàjuàn zhōng zuì xiān lòuchū de shì shāngēnr dǐ nà zuò Míngcháo jiànzhù
倒展开来。在画卷中最先露出的是山根底那座明朝建筑
Dàizōngfāng mànmàn de biàn xiànchū Wángmǔchí Dǒumǔgōng Jīngshíyù Shān shì yì céng bǐ yì
岱宗坊，慢慢地便现出王母池、斗母宫、经石峪。山是一层比一
céng shēn yì dié bǐ yì dié qí céngcéngdiédié bù zhī hái huì yǒu duō shēn duō qí Wàn shān cóng
层深，一叠比一叠奇，层层叠叠，不知还会有多深多奇。万山丛
zhōng shí'ér diǎnrǎnzhe jíqí gōngxì de rénwù Wángmǔchí páng de Lǚzǔdiàn · lǐ yǒu bùshǎo zūn
中，时而点染着极其工细的人物。王母池旁的吕祖殿里有不少尊
míngsù sùzhe Lǚ Dòngbīn děng yìxiē rén zītài shénqíng shì nàyàng yǒu shēngqì nǐ kànle bùjīn huì
明塑，塑着吕洞宾等一些人，姿态神情是那样有生气，你看了，不禁会

tuōkǒu zàntàn shuō Huó la
脱口 赞叹 说:“活 啦。”

Huàjuàn jìxù zhǎnkāi lǜyīn sēnsēn de Bǎidòng lòumiàn bú tài jiǔ biàn láidào Duìsōngshān
画卷 继续 展开,绿荫 森森 的 柏洞 露面 不太久,便 来到 对松山。
Liǎngmiàn qífēng duìzhìzhe mǎn shānfēng dōu shì qíxíng guàizhuàng de lǎosōng niánjì pà dōu yǒu
两面 奇峰 对峙着,满 山峰 都是 奇形怪状 的老松,年纪怕都有
shàng qiān suì le yánsè jìng nàme nóng nóng de hǎo xiàng yào liú xià • lái shì de Láidào zhèr nǐ
上 千岁了,颜色竟那么浓,浓得好像要流下来似的。来到这儿,你
bùfáng quándāng yí cì huà • lǐ de xiěyì rénwù zuò zài lùpáng de Duìsōngtíng • lǐ kànkan shānsè
不妨 权当 一次 画里 的写意人物,坐在路旁的 对松亭 里,看看 山色,
tīngting liú// shuǐ hé sōngtāo
听听 流//水和松涛。

Yìshíjiān wǒ yòu jué • dé zìjǐ bùjǐn shì zài kàn huàjuàn què yòu xiàng shì zài línglíng luànluàn
一时间,我又 觉得 自己不仅是在看 画卷,却又像是在 零零乱乱
fānzhe yí juàn lìshǐ gǎoběn
翻着一卷历史稿本。

Jiéxuǎn zì Yáng Shuò《Tài Shān Jí Dǐng》
——节选自杨 朔《泰山极顶》

zuòpǐn 39 hào
作品 39 号

Yùcái Xiǎoxué xiàozhǎng Táo Xíngzhī zài xiàoyuán kàndào xuésheng Wáng Yǒu yòng níkuài
育才 小学 校长 陶 行知 在 校园 看到 学生 王友用泥块
zá zìjǐ bān • shàng de tóngxué Táo Xíngzhī dāngjí hèzhǐle tā bìng lìng tā fàngxué hòu dào
砸自己班 上 的同学,陶 行知 当即喝止了他,并令他 放学 后到
xiàozhǎngshì qù Wúyí Táo Xíngzhī shì yào hǎohǎo jiàoyù zhège wánpí de xuésheng Nàme tā
校长室 去。无疑,陶 行知 是要 好好 教育 这个“顽皮”的 学生。那么他
shì rúhé jiàoyù de ne
是如何 教育 的呢?

Fàngxué hòu Táo Xíngzhī láidào xiàozhǎngshì Wáng Yǒu yǐ • jīng děng zài ménkǒu zhǔnbèi
放学 后,陶 行知 来到 校长室, 王 友/已经 等在 门口 准备
ái xùn le Kě yí jiànmiàn Táo Xíngzhī què tāochū yí kuài tángguǒ sònggěi Wáng Yǒu bìng shuō
挨训了。可一见面,陶 行知 却 掏出 一块 糖果 送给 王友,并说:
Zhè shì jiǎnggěi nǐ de yīn • wèi nǐ ànshí láidào zhè • lǐ ér wǒ què chídào le Wáng Yǒu jīngyí de
“这 是奖给 你的,因为 你按时 来到 这里,而我 却 迟到 了。”王 友 惊疑地
jiēguo tángguǒ
接过 糖果。

Suíhòu Táo Xíngzhī yòu tāochū yí kuài tángguǒ fàngdào tā shǒu • lǐ shuō Zhè dìèr kuài
随后,陶 行知 又 掏出 一块 糖果 放到 他 手里,说:“这第二块
tángguǒ yě shì jiǎnggěi nǐ de yīn • wèi dāng wǒ búràng nǐ zài dǎrén shí nǐ lìjí jiù zhùshǒu le
糖果 也是 奖给 你的, 因为 当我 不让 你再 打人时,你立即就 住手了,

zhè shuōmíng nǐ hěn zūnzhòng wǒ wǒ yīnggāi jiǎng nǐ Wáng Yǒu gèng jīngyí le tā yǎnjing
这 说明 你很 尊重 我，我 应该 奖 你。”王 友 更 惊疑了，他 眼睛
zhēng de dàdà de
睁 得大大的。

Táo Xíngzhī yòu tāochū dìsān kuài tángguǒ sāidào Wáng Yǒu shǒu · lǐ shuō Wǒ diàocháguo
陶 行知 又 掏出 第三 块 糖果 塞到 王 友 手里，说：“我 调查过
le nǐ yòng níkuài zá nàxiē nánshēng shì yīn · wèi tāmen bù shǒu yóuxì guīzé qīfù nǚshēng nǐ zá
了，你 用 泥块 砸 那些 男生，是 因为 他们 不 守 游戏 规则，欺负 女生；你 砸
tāmen shuōmíng nǐ hěn zhèngzhí shànliáng qiě yǒu pīpíng bùliáng xíngwéi de yǒngqì yīnggāi
他们，说明 你 很 正直 善良，且 有 批评 不良 行为 的 勇气，应该
jiǎnglì nǐ ya Wáng Yǒu gǎndòng jí le tā liúzhe yǎnlèi hòuhuǐ de hǎndào Táo Táo
奖励 你 啊！”王 友 感动 极 了，他 流着 眼泪 后悔 地 喊道：“陶 …… 陶
xiàozhǎng nǐ dǎ wǒ liǎng xià ba Wǒ zá de bú shì huàirén ér shì zìjǐ de tóngxué ya
校长 你打我 两 下吧！我砸的不是 坏人，而是自己的 同学 啊……”

Táo Xíngzhī mǎnyì de xiào le tā suíjí tāochū dìsì kuài tángguǒ dìgěi Wáng Yǒu shuō Wèi
陶 行知 满意 地 笑 了，他随即 掏出 第四 块 糖果 递给 王 友，说：“为
nǐ zhèngquè de rènshi cuò · wù wǒ zài jiǎnggěi nǐ yí kuài tángguǒ zhǐ kěxī wǒ zhǐyǒu zhè yí kuài
你 正确 地 认识 错误，我 再 奖给 你一 块 糖果，只 可惜 我 只有 这 一 块
tángguǒ le Wǒ de tángguǒ méi · yǒu le wǒ kàn wǒmen de tánhuà yě gāi jiéshù le ba
糖果 了。我 的 糖果 // 没有 了，我 看 我们 的 谈话 也 该 结束 了吧！”
Shuōwán jiù zǒuchū le xiàozhǎngshì
说完，就 走出 了 校长室。

Jiéxuǎn zì《Jiàoshī Bólǎn · Bǎiqī Jīnghuá》zhōng《Táo Xíngzhī de "Sì Kuài Tángguǒ"》
—— 节选 自《教师 博览·百期 精华》 中 《陶 行知 的“四 块 糖果”》

zuòpǐn 40 hào
作品 40 号

Xiǎngshòu xìngfú shì xūyào xuéxí de dāng tā jíjiāng láilín de shíkè xūyào tíxǐng Rén kěyǐ
享受 幸福 是 需要 学习 的，当 它 即将 来临 的 时刻 需要 提醒。人 可以
zìrán'érrán de xuéhuì gǎnguān de xiǎnglè què wúfǎ tiānshēng de zhǎngwò xìngfú de yùnlǜ
自然而然 地 学会 感官 的 享乐，却 无法 天生 地 掌握 幸福 的 韵律。
Línghún de kuàiyì tóng qìguān de shūshì xiàng yí duì luánshēng xiōngdì shí'ér xiāngbàng xiāngyī
灵魂 的 快意 同 器官 的 舒适 像 一对 孪生 兄弟，时而 相傍相依，
shí'ér nányuán běizhé
时而 南辕 北辙。

Xìngfú shì yì zhǒng xīnlíng de zhènchàn Tā xiàng huì qīngtīng yīnyuè de ěrduo yíyàng xūyào
幸福 是一 种 心灵 的 震颤。它 像 会 倾听 音乐 的 耳朵 一样，需要
búduàn de xùnliàn
不断 地 训练。

Jiǎn'éryánzhī xìngfú jiùshì méi · yǒu tòngkǔ de shíkè Tā chūxiàn de pínlǜ bìng bú xiàng
简而言之，幸福 就是 没有 痛苦 的 时刻。它 出现 的 频率 并 不 像

wǒmen xiǎngxiàng de nàyàng shǎo Rénmen chángcháng zhǐshì zài xìngfú de jīn mǎchē yǐ · jīng
我们 想象 的 那样 少。人们 常常 只是 在 幸福 的金 马车 已 经
shǐguò · qù hěn yuǎn shí cái jiǎnqǐ dì · shàng de jīn zōngmáo shuō yuánlái wǒ jiànguo tā
驶 过去 很 远 时，才 拣起 地上 的金 鬃毛 说，原来 我 见过 它。

Rénmen xǐ'ài huíwèi xìngfú de biāoběn què hūlüè tā pīzhe lù · shuǐ sànfā qīngxiāng de
人们 喜爱 回味 幸福 的 标本，却 忽略 它 披着 露水 散发 清香 的
shíkè Nà shíhou wǒmen wǎngwǎng bùlǚ cōngcōng，zhānqiángùhòu bù zhī zài mángzhe shénme
时刻。那 时候 我们 往往 步履 匆匆， 瞻前顾后 不知 在 忙着 什么。

Shì · shàng yǒu yùbào táifēng de yǒu yùbào huángzāi de yǒu yùbào wēnyì de yǒu yùbào
世上 有 预报 台风 的，有 预报 蝗灾 的，有 预报 瘟疫 的，有 预报
dìzhèn de Méi · yǒu rén yùbào xìngfú
地震 的。没有 人 预报 幸福。

Qíshí xìngfú hé shìjiè wànwù yíyàng yǒu tā de zhēngzhào
其实 幸福 和世界 万物 一样，有 它的 征兆。

Xìngfú chángcháng shì ménglóng de hěn yǒu jiézhì de xiàng wǒmen pēnsǎ gānlín Nǐ búyào
幸福 常常 是 朦胧 的，很 有 节制 地 向 我们 喷洒 甘霖。你 不要
zǒng xīwàng hōnghōnglièliè de xìngfú tā duōbàn zhǐshì qiāoqiāo de pūmiàn ér lái Nǐ yě búyào
总 希望 轰轰烈烈 的幸福，它 多半 只是 悄悄 地 扑面 而来。你 也 不要
qǐtú bǎ shuǐlóngtóu nǐng de gèng dà nàyàng tā huì hěn kuài de liúshī Nǐ xūyào jìngjìng de yǐ
企图 把 水龙头 拧 得 更 大，那样 它 会 很 快 地 流失。你 需要 静静 地 以
pínghé zhī xīn tǐyàn tā de zhēn dì
平和 之心，体验 它的 真 谛。

Xìngfú jué dà duōshù shì pǔsù de Tā bú huì xiàng xìnhào dàn shìde zài hěn gāo de tiānjì
幸福 绝 大 多数 是 朴素 的。它 不 会 像 信号 弹 似的，在 很 高 的 天际
shǎnshuò hóngsè de guāngmáng Tā pīzhe běnsè de Wài yī qīnqiè wēnnuǎn de
闪烁 红色 的 光芒。 它 披着 本色 的 外 // 衣，亲切 温暖 地
bāoguǒqǐ wǒmen
包裹起 我们。

Xìngfú bù xǐhuan xuānxiāo fúhuá tā chángcháng zài àndàn zhōng jiànglín Pínkùn zhōng
幸福 不 喜欢 喧嚣 浮华，它 常常 在 暗淡 中 降临。贫困 中
xiāngrúyǐmò de yí kuài gāobǐng huànnàn zhōng xīnxīnxiāngyìn de yí gè yǎnshén fù · qīn yí cì
相濡以沫 的一 块 糕饼， 患难 中 心心相印 的一个 眼神， 父亲 一次
cūcāo de fǔmō nǚyǒu yì zhāng wēnxīn de zìtiáo Zhè dōu shì qiānjīn nán mǎi de xìngfú wa
粗糙 的抚摸，女友 一 张 温馨 的 字条…… 这 都 是 千金 难 买 的 幸福 啊。
Xiàng yí lìlì zhuì zài jiù chóuzi · shàng de hóngbǎoshí zài qīliáng zhōng yùfā yìyì duómù
像 一粒粒 缀 在旧 绸子上 的 红宝石，在 凄凉 中 愈发 熠熠 夺目。

Jiéxuǎn zì Bì Shūmǐn《Tíxǐng Xìngfú》
—— 节选 自毕 淑敏《提醒 幸福》

zuòpǐn 41 hào
作品 41 号

Zài Lǐyuērènèilú de yí gè pínmínkū · lǐ yǒu yí gè nánháizi tā fēicháng xǐhuan zúqiú kěshì
在 里约热内卢的一个 贫民窟 里，有 一个男孩子，他 非常 喜欢 足球，可是

yòu mǎi · bùqǐ yúshì jiù tī sùliàohér tī qìshuǐpíng tī cóng lājīxiāng · lǐ jiǎnlái de yē zikér Tā zài
又 买不起，于是就踢塑料盒，踢 汽水瓶，踢 从 垃圾箱 里 拣来 的椰子壳。他 在
hútòngr · lǐ tī zài néng zhǎodào de rènhé yí piàn kōngdì · shàng tī
胡同 里 踢，在 能 找到 的任何一 片 空地 上 踢。

Yǒu yì tiān dāng tā zài yí chù gānhé de shuǐtáng · lǐ měng tī yí gè zhū pángguāng shí bèi
有 一天，当 他 在一 处 干涸 的 水塘 里 猛 踢一个 猪 膀胱 时，被
yí wèi zúqiú jiàoliàn kàn · jiàn le Tā fāxiàn zhège nánháir tī de hěn xiàng shì nàme huíshì jiù
一 位 足球 教练 看 见 了。他 发现 这个 男孩儿 踢得 很 像 是 那么 回事，就
zhǔdòng tíchū yào sònggěi tā yí gè zúqiú Xiǎonán hair dédào zúqiú hòu tī de gèng màijìnr le
主动 提出 要 送给 他 一个 足球。小男 孩儿 得到 足球 后 踢得 更 卖劲 了。
Bùjiǔ tā jiù néng zhǔnquè de bǎ qiú tījìn yuǎnchù suíyì bǎifàng de yí gè shuǐtǒng · lǐ
不久，他就 能 准确 地把 球 踢进 远处 随意 摆放 的一个 水桶 里。

Shèngdànjié dào le háizi de māma shuō Wǒmen méi · yǒu qián mǎi shèngdàn lǐwù
圣诞节 到 了，孩子 的 妈妈 说：“我们 没有 钱 买 圣诞 礼物
sònggěi wǒmen de ēnrén jiù ràng wǒmen wèi tā qídǎo ba
送给 我们 的 恩人，就 让 我们 为 他 祈祷 吧。”

Xiǎonánháir gēnsuí māma qídǎo wánbì xiàng māma yàole yì bǎ chǎnzi biàn pǎole chū · qù
小男孩儿 跟随 妈妈 祈祷 完毕，向 妈妈 要了 一把 铲子 便 跑了 出去。
Tā láidào yí zuò biéshù qián de huāyuán · lǐ kāishǐ wā kēng
他 来到 一座 别墅 前 的 花园 里，开始 挖 坑。

Jiù zài tā kuài yào wāhǎo kēng de shíhou cóng biéshù · lǐ zǒuchū yí gè rén · lái wèn xiǎoháir
就 在 他 快 要 挖好 坑 的 时候，从 别墅 里 走出 一个 人来，问 小孩儿
zài gàn shénme háizi táiqǐ mǎn shì hànzhū de liǎndànr shuō Jiàoliàn Shèngdànjié dào le wǒ
在 干 什么，孩子 抬起 满 是 汗珠 的 脸蛋儿，说：“教练，圣诞节 到 了，我
méi · yǒu lǐwù sònggěi nín wǒ yuàn gěi nín de shèngdànshù wā yí gè shùkēng
没有 礼物 送给 您，我 愿 给 您 的 圣诞树 挖 一个 树坑。”

Jiàoliàn bǎ xiǎonánháir cóng shùkēng · lǐ lā shàng · lái shuō wǒ jīntiān dédàole shìjiè
教练 把 小男孩儿 从 树坑 里 拉 上来，说，我 今天 得到了 世界
· shàng zuì hǎo de lǐwù Míngtiān nǐ jiù dào wǒ de xùnliànchǎng qù ba
上 最 好 的 礼物。明天 你 就 到 我 的 训练场 去吧。

Sān nián hòu zhè wèi shíqī suì de nánháir zài dì-liù jiè zúqiú jǐnbiāosài · shàng dú jìn èrshíyī
三 年 后，这 位 十七 岁 的 男孩儿 在 第六届 足球 锦标赛 上 独进 二十一
qiú wèi Bāxī dì-yī cì pěnghuíle jīnbēi Yí gè yuánlái bù wéi shìrén suǒ zhī de míngzi Bèilì suí
球，为 巴西 第一次 捧回了 金杯。一个 原//来 不为 世人 所 知 的 名字 ——贝利，随
zhī chuánbiàn shìjiè
之 传遍 世界。

Jiéxuǎn zì Liú Yànmǐn《Tiāncái de Zàojiù》
—— 节选 自 刘 燕敏 《天才 的 造就》

zuòpǐn 42 hào
作品 42 号

Jì · dé wǒ shísān suì shí hé mǔ · qīn zhù zài Fǎguó dōngnánbù de Nàisī Chéng Mǔ · qīn
记得 我 十三 岁 时，和 母亲 住 在 法国 东 南部 的 耐斯 城。 母亲

méi · yǒu zhàngfu yě méi · yǒu qīnqi gòu qīngkǔ de dàn tā jīngcháng néng ná · chū lìng rén
没有 丈夫，也 没有 亲戚，够 清苦 的，但 她 经常 能 拿出 令 人
chījīng de dōngxi bǎi zài wǒ miànqián Tā cónglái bù chī ròu yízài shuō zìjǐ shì sùshízhě Rán'ér yǒu
吃惊 的 东西，摆 在 我 面前。她 从来 不 吃 肉，一再 说 自己 是 素食者。然而 有
yì tiān wǒ fāxiàn mǔ · qīn zhèng zǐxì de yòng yì xiǎo kuài suì miànbāo cā nà gěi wǒ jiān niúpái
一天，我 发现 母亲 正 仔细 地 用 一 小 块 碎 面包 擦 那 给 我 煎 牛排
yòng de yóuguō Wǒ míngbaile tā chēng zìjǐ wéi sùshízhě de zhēnzhèng yuányīn
用 的 油锅。我 明白了 她 称 自己 为 素食者 的 真正 原因。

Wǒ shíliù suì shí mǔ · qīn chéngle Nàisī Shì Měiméng lǚguǎn de nǚ jīnglǐ Zhèshí tā gèng
我 十六 岁 时，母亲 成了 耐斯 市 美蒙 旅馆 的 女 经理。这时，她 更
mánglù le Yì tiān tā tān zài yǐzi · shàng liǎnsè cāngbái zuǐchún fā huī Mǎshàng zhǎolái
忙碌 了。一 天，她 瘫 在 椅子 上，脸色 苍白，嘴唇 发 灰。马上 找来
yīshēng zuò · chū zhěnduàn Tā shèqǔle guòduō de yí dǎosù Zhídào zhèshí wǒ cái zhī · dào
医生，做出 诊断：她 摄取了 过多 的 胰 岛素。直到 这时 我 才 知道
mǔ · qīn duōnián yìzhí duì wǒ yǐnmán de jítòng tángniàobìng
母亲 多年 一直 对 我 隐瞒 的 疾痛—— 糖尿病。

Tā de tóu wāixiàng zhěntou yìbiān tòngkǔ de yòng shǒu zhuānao xiōngkǒu Chuángjià
她 的 头 歪向 枕头 一边，痛苦 地 用 手 抓挠 胸口。床架
shàngfāng zé guàzhe yì méi wǒ yī jiǔ sān èr nián yíngdé Nàisī Shì shàonián pīngpāngqiú guànjūn
上方，则 挂着 一 枚 我 一九 三 二 年 赢得 耐斯 市 少年 乒乓球 冠军
de yínzhì jiǎngzhāng
的 银质 奖章。

À shì duì wǒ de měihǎo qiántú de chōngjǐng zhīchēngzhe tā huó xià · qù wèile gěi tā nà
啊，是 对 我 的 美好 前途 的 憧憬 支撑着 她 活 下去，为了 给 她 那
huāng · táng de mèng zhìshǎo jiā yìdiǎnr zhēnshí de sècǎi wǒ zhǐnéng jìxù nǔlì yǔ shíjiān
荒唐 的 梦 至少 加 一点 真实 的 色彩，我 只能 继续 努力，与 时间
jìngzhēng zhízhì yī jiǔ sān bā nián wǒ bèi zhēng rù kōngjūn Bālí hěn kuài shīxiàn wǒ zhǎnzhuǎn
竞争，直至 一九 三 八 年 我 被 征 入 空军。巴黎 很 快 失陷，我 辗转
diàodào Yīngguó Huángjiā Kōngjūn Gāng dào Yīngguó jiù jiēdàole mǔ · qīn de láixìn Zhèxiē xìn
调到 英国 皇家 空军。刚 到 英国 就 接到了 母亲 的 来信。这些 信
shì yóu zài Ruìshì de yí gè péngyou mìmì de zhuǎndào Lúndūn sòngdào wǒ shǒuzhōng de
是 由 在 瑞士 的 一个 朋友 秘密地 转到 伦敦，送到 我 手中 的。

Xiànzài wǒ yào huíjiā le xiōngqián pèidàizhe xǐngmù de lǜhēi liǎng sè de jiěfàng shízì
现在 我 要 回家 了，胸前 佩带着 醒目 的 绿黑 两 色 的 解放 十字
shòudài shàng · miàn guàzhe wǔliù méi wǒ zhōngshēn nánwàng de xūnzhāng jiān · shàng hái
绶//带，上面 挂着 五六 枚 我 终身 难忘 的 勋章，肩上 还
pèidàizhe jūnguān jiānzhāng Dàodá lǚguǎn shí méi · yǒu yí gè rén gēn wǒ dǎ zhāohu Yuánlái wǒ
佩带着 军官 肩章。到达 旅馆 时，没有 一个 人 跟 我 打 招呼。原来，我
mǔ · qīn zài sān nián bàn yǐqián jiù yǐ · jīng líkāi rénjiān le
母亲 在 三 年 半 以前 就 已经 离开 人间 了。

Zài tā sǐ qián de jǐ tiān zhōng tā xiěle jìn èrbǎi wǔshí fēng xìn bǎ zhèxiē xìn jiāogěi tā zài
在 她 死 前 的 几 天 中，她 写了 近 二百 五十 封 信，把 这些 信 交给 她 在

Ruìshì de péngyou qǐng zhège péngyou dìngshí jì gěi wǒ Jiù zhèyàng zài mǔ · qīn sǐ hòu de sān
瑞士的朋友，请这个朋友定时寄给我。就这样，在母亲死后的三
nián bàn de shíjiān · lǐ wǒ yīzhí cóng tā shēn · shàng xīqǔzhe lì · liàng hé yǒngqì zhè shǐ wǒ
年半的时间里，我一直从她身上吸取着力量和勇气——这使我
nénggòu jìxù zhàndòu dào shènglì nà yì tiān
能够继续战斗到胜利那一天。

Jiéxuǎn zì [Fǎ] Luómàn Jiālǐ《Wǒ de Mǔ · qīn Dúyīwú'èr》
——节选自[法]罗曼·加里《我的母亲独一无二》

zuòpǐn 43 hào

作品 43 号

Shēnghuó duìyú rènhé rén dōu fēi yì shì wǒmen bìxū yǒu jiānrèn-bùbá de jīngshén Zuì
生活对于任何人都非易事，我们必须有坚韧不拔的精神。最
yàojǐn de háishì wǒmen zìjǐ yào yǒu xìnxīn Wǒmen bìxū xiāngxìn wǒmen duì měi yí jiàn shìqing
要紧的，还是我们自己要有信心。我们必须相信，我们对每一件事情
dōu jùyǒu tiānfù de cáinéng bìngqiě wúlùn fùchū rènhé dàijià dōu yào bǎ zhèn jiàn shì wánchéng
都具有天赋的才能，并且，无论付出任何代价，都要把这件事完成。
Dāng shìqing jiéshù de shíhou nǐ yào néng wènxīn-wúkuì de shuō Wǒ yǐ · jīng jìn wǒ suǒ
当事情结束的时候，你要能问心无愧地说："我已经尽我所
néng le
能了。"

Yǒu yì nián de chūntiān wǒ yīn bìng bèipò zài jiā · lǐ xiūxi shù zhōu Wǒ zhùshìzhe wǒ de
有一年的春天，我因病被迫在家里休息数周。我注视着我的
nǚ'érmen suǒ yǎng de cán zhèngzài jié jiǎn zhè shǐ wǒ hěn gǎn xìngqù Wàngzhe zhèxiē cán zhízhuó
女儿们所养的蚕正在结茧，这使我很感兴趣。望着这些蚕执著
de qínfèn de gōngzuò wǒ gǎndào wǒ hé tāmen fēicháng xiāngsì Xiàng tāmen yíyàng wǒ zǒngshì
地、勤奋地工作，我感到我和它们非常相似。像它们一样，我总是
nàixīn de bǎ zìjǐ de nǔlì jízhōng zài yí gè mùbiāo · shàng Wǒ zhīsuǒyǐ rúcǐ huòxǔ shì yīn · wèi
耐心地把自己的努力集中在一个目标上。我之所以如此，或许是因为
yǒu mǒu zhǒng lì · liàng zài biāncèzhe wǒ zhèngrú cán bèi biāncèzhe qù jié jiǎn yìbān
有某种力量在鞭策着我——正如蚕被鞭策着去结茧一般。

Jìn wǔshí nián lái wǒ zhìlìyú kēxué yánjiū ér yánjiū jiùshì duì zhēnlǐ de tàntǎo Wǒ yǒu xǔduō
近五十年来，我致力于科学研究，而研究，就是对真理的探讨。我有许多
měihǎo kuàilè de jìyì Shàonǚ shíqī wǒ zài Bālí Dàxué gūdú de guòzhe qiúxué de suìyuè zài
美好快乐的记忆。少女时期我在巴黎大学，孤独地过着求学的岁月；在
hòulái xiànshēn kēxué de zhěnggè shíqī wǒ zhàngfu hé wǒ zhuānxīn-zhìzhì xiàng zài mènghuàn
后来献身科学的整个时期，我丈夫和我专心致志，像在梦幻
zhōng yìbān zuò zài jiǎnlòu de shūfáng · lǐ jiānxīn de yánjiū hòulái wǒmen jiù zài nà · lǐ
中一般，坐在简陋的书房里艰辛地研究，后来我们就在那里
fāxiànle léi
发现了镭。

Wǒ yǒngyuǎn zhuīqiú ānjìng de gōngzuò hé jiǎndān de jiātíng shēnghuó Wèile shíxiàn zhège
我 永远 追求 安静 的 工作 和 简单 的 家庭 生活。为了 实现 这个
lǐxiǎng wǒ jiélì bǎochí níngjìng de huánjìng yǐmiǎn shòu rénshì de gānrǎo hé shèngmíng de tuōlěi
理想，我 竭力 保持 宁静 的 环境，以免 受 人事 的 干扰 和 盛名 的拖累。

Wǒ shēnxìn zài kēxué fāngmiàn wǒmen yǒu duì shìyè ér bú shì duì cáifù de xìngqù Wǒ de
我 深信，在 科学 方面 我们 有 对 事业 而 不//是 对 财富 的 兴趣。我 的
wéiyī shēwàng shì zài yí gè zìyóu guójiā zhōng yǐ yí gè zìyóu xuézhě de shēn · fèn cóngshì
惟一 奢望 是 在 一 个 自由 国家 中，以 一 个 自由 学者 的 身份 从事
yánjiū gōngzuò
研究 工作。

Wǒ yìzhí chénzuì yú shìjiè de yōuměi zhīzhōng wǒ suǒ rè'ài de kēxué yě búduàn zēngjiā tā
我 一直 沉醉 于 世界 的 优美 之中，我 所 热爱 的 科学 也 不断 增加 它
zhǎnxīn de yuǎnjǐng Wǒ rèndìng kēxué běnshēn jiù jùyǒu wěidà de měi
崭新 的 远景。我 认定 科学 本身 就 具有 伟大 的美。

Jiéxuǎn zì [Bōlán] Mǎlì Jūlǐ《Wǒ de Xìnniàn》, Jiàn Jié yì
—— 节选 自[波兰] 玛丽·居里《我的 信念》，剑 捷译

zuòpǐn 44 hào
作品 44 号

Wǒ wèishénme fēi yào jiāoshū bùkě Shì yīn · wèi wǒ xǐhuan dāng jiàoshī de shíjiān
我 为什么 非 要 教书 不可？是 因为 我 喜欢 当 教师 的 时间
ānpáibiǎo hé shēnghuó jiézòu Qī、bā、jiǔ sān gè yuè gěi wǒ tígōngle jìnxíng huígù yánjiū xiězuò de
安排表 和 生活 节奏。七、八、九 三 个 月 给 我 提供了 进行 回顾、研究、写作 的
liángjī bìng jiāng sānzhě yǒujī rónghé ér shànyú huígù yánjiū hé zǒngjié zhèngshì yōuxiù jiàoshī
良机，并 将 三者 有机 融合，而 善于 回顾、研究 和 总结 正是 优秀 教师
sùzhì zhōng bùkě quēshǎo de chéng · fèn
素质 中 不可 缺少 的 成分。

gàn zhè háng gěile wǒ duōzhǒng duōyàng de gānquán qù pǐncháng zhǎo yōuxiù de shūjí qù
干 这 行 给了 我 多种多样 的“甘泉”去 品尝，找 优秀 的书籍 去
yándú dào xiàngyátǎ hé shíjì shìjiè · lǐ qù fāxiàn Jiàoxué gōngzuò gěi wǒ tígōngle jìxù xuéxí de
研读，到“象牙塔”和实际 世界里 去发现。教学 工作 给 我 提供了 继续 学习 的
shíjiān bǎozhèng yǐjí duōzhǒng tújìng jīyù hé tiǎozhàn
时间 保证，以及 多种 途径、机遇和 挑战。

Rán'ér wǒ ài zhè yì háng de zhēnzhèng yuányīn shì ài wǒ de xuésheng Xuéshengmen zài wǒ
然而，我 爱 这 一 行 的 真正 原因，是 爱 我 的 学生。 学生们 在 我
de yǎnqián chéngzhǎng biànhuà Dāng jiàoshī yìwèizhe qīnlì chuàngzào guòchéng de fāshēng
的 眼前 成长、 变化。 当 教师 意味着 亲历 “创造” 过程 的 发生——
qiàsì qīnshǒu fùyǔ yì tuán nítǔ yǐ shēngmìng méi · yǒu shénme bǐ mùdǔ tā kāishǐ hūxī gèng
恰似 亲手 赋予 一 团 泥土 以 生命， 没有 什么 比 目睹 它 开始 呼吸 更
jīdòng rénxīn de le
激动 人心 的了。

Quánlì wǒ yě yǒu le Wǒ yǒu quánlì qù qǐfā yòudǎo qù jīfā zhìhuì de huǒhuā qù wèn fèixīn
权利 我 也 有 了：我 有 权利 去启发 诱导，去激发 智慧 的 火花，去 问 费心
sīkǎo de wèntí qù zànyáng huídá de chángshì qù tuījiàn shūjí qù zhǐdiǎn míjīn Háiyǒu shénme
思考 的问题，去 赞扬 回答 的 尝试，去 推荐 书籍，去 指点 迷津。还有 什么
biéde quánlì néng yǔ zhī xiāng bǐ ne
别的 权利 能 与之 相 比呢？

Érqiě jiāoshū hái gěi wǒ jīnqián hé quánlì zhīwài de dōngxi nà jiùshì àixīn Bùjǐn yǒu duì
而且，教书 还 给 我 金钱 和 权利 之外 的 东西，那 就是 爱心。不仅 有 对
xuésheng de ài duì shūjí de ài duì zhīshi de ài háiyǒu jiàoshī cái néng gǎnshòu dào de duì
学生 的爱，对 书籍 的 爱，对 知识 的 爱，还有 教师 才 能 感受 到 的 对
tèbié xuésheng de ài Zhèxiē xuésheng yǒurú míngwánbùlíng de níkuài yóuyú jiēshòule lǎoshī
“特别” 学生 的爱。这些 学生， 有如 冥顽不灵 的泥块，由于 接受了 老师
de chì'ài cái bófāle shēngjī
的 炽爱 才 勃发了 生机。

Suǒyǐ wǒ ài jiāoshū hái yīn • wèi zài nàxiē bófā shēngjī de tèbié xuésheng shēn • shàng
所以，我 爱 教书，还 因为， 在 那些 勃发 生机 的“特别” 学//生 身上，
wǒ yǒushí fāxiàn zìjǐ hé tāmen hūxī xiāngtōng yōulè yǔ gòng
我 有时 发现 自己 和 他们 呼吸 相通， 忧乐 与 共。

Jiéxuǎn zì [Měi] Bǐdé Jī Bèidélè《Wǒ Wèishénme Dāng Jiàoshī》
——节选 自[美]彼得·基·贝得勒《我 为什么 当 教师》

zuòpǐn 45 hào
作品 45 号

Zhōngguó xībù wǒmen tōngcháng shì zhǐ Huáng Hé yǔ Qín Lǐng xiānglián yí xiàn yǐ xī
中国 西部 我们 通常 是 指 黄 河 与 秦 岭 相连 一 线 以 西，
bāokuò xīběi hé xīnán de shí'èr gè shěng shì zìzhìqū Zhè kuài guǎngmào de tǔdì miànjī wéi
包括 西北 和 西南 的 十二 个 省、市、自治区。这 块 广袤 的 土地 面积 为
wǔbǎi sìshíliù wàn píngfāng gōnglǐ zhàn guótǔ zǒng miànjī de bǎi fēn zhī wǔshíqī rénkǒu èr diǎn
五百 四十六 万 平方 公里，占 国土 总 面积 的 百 分 之 五十七；人口 二 点
bā yì zhàn quánguó zǒng rénkǒu de bǎi fēn zhī èrshísān
八亿，占 全国 总 人口 的 百 分 之 二十三。

Xībù shì Huáxià wénmíng de yuántóu Huáxià zǔxiān de jiǎobù shì shùnzhe shuǐbiān zǒu de
西部 是 华夏 文明 的 源头。华夏 祖先 的 脚步 是 顺着 水边 走 的：
Cháng Jiāng shàngyóu chūtǔguo Yuánmóurén yáchǐ huàshí jù jīn yuē yìbǎi qīshí wàn nián Huáng
长 江 上游 出土过 元谋人 牙齿 化石，距今 约 一百 七十 万 年； 黄
Hé zhōngyóu chūtǔguo Lántiánrén tóugàigǔ jù jīn yuē qīshí wàn nián Zhè liǎng chù gǔ rénlèi dōu bǐ
河 中游 出土过 蓝田人 头盖骨，距今 约 七十 万 年。这 两 处 古 人类 都 比
jù jīn yuē wǔshí wàn nián de Běijīng yuánrén zī • gé gèng lǎo
距今 约 五十 万 年 的 北京 猿人 资格 更 老。

Xībù dìqū shì HuáXià wénmíng de zhòngyào fāyuándì Qín huáng Hànwǔ yǐhòu dōngxīfāng
西部地区 是 华夏 文明 的 重要 发源地。秦 皇 汉武 以后， 东西方

wénhuà zài zhè · lǐ jiāohuì rónghé cóng'ér yǒule sīchóuzhīlù de tuólíng shēngshēng fó yuàn shēn
文化 在 这里 交汇 融合，从而 有了 丝绸之路 的 驼铃 声声，佛 院 深
sì de mùgǔchénzhōng Dūnhuáng Mògāokū shì shìjiè wénhuàshǐ · shàng de yí gè qíjì tā zài
寺的 暮鼓晨钟。敦煌 莫高窟 是 世界 文化史上 的一个 奇迹，它 在
jìchéng Hàn Jìn yìshù chuántǒng de jīchǔ · shàng xíngchéngle zìjǐ jiānshōubìngxù de huīhóng
继承 汉 晋 艺术 传统 的 基础上， 形成了 自己 兼收并蓄 的 恢宏
qìdù zhǎnxiàn chū jīngměijuélún de yìshù xíngshì hé bódàjīngshēn de wénhuà nèihán
气度，展现 出 精美绝伦 的 艺术 形式 和 博大精深 的 文化 内涵。
Qínshǐhuáng Bīngmǎyǒng Xīxià wánglíng Lóulán gǔguó Bùdálāgōng Sānxīngduī Dàzú shíkè děng
秦始皇 兵马俑、西夏 王陵、楼兰 古国、布达拉宫、三星堆、大足 石刻 等
lìshǐ wénhuà yíchǎn tóngyàng wéi shìjiè suǒ zhǔmù chéngwéi Zhōnghuá wénhuà zhòngyào
历史 文化 遗产，同样 为 世界 所 瞩目，成为 中华 文化 重要
de xiàngzhēng
的 象征。

Xībù dìqū yòu shì shǎoshù mínzú jíqí wénhuà de jícuìdì jīhū bāokuòle wǒguó suǒyǒu de
西部地区 又 是 少数 民族 及其 文化 的集萃地，几乎 包括了 我国 所有 的
shǎoshù mínzú Zài yìxiē piān yuǎn de shǎoshù mínzú dìqū réng bǎoliúle yìxiē jiǔyuǎn shídài de
少数 民族。在 一些 偏 远 的 少数 民族 地区，仍 保留//了一些 久远 时代 的
yìshù pǐnzhǒng chéngwéi zhēnguì de huó huàshí rú Nàxī gǔyuè xìqǔ jiǎnzhǐ cìxiù yánhuà děng
艺术 品种， 成为 珍贵 的“活化石”，如纳西 古乐、戏曲、剪纸、刺绣、岩画 等
mínjiān yìshù hé zōngjiào yìshù Tèsè xiānmíng fēngfùduōcǎi yóurú yí gè jùdà de mínzú mínjiān
民间 艺术 和 宗教 艺术。特色 鲜明、丰富多彩，犹如 一个 巨大 的 民族 民间
wénhuà yìshù bǎokù
文化 艺术 宝库。

Wǒmen yào chōngfèn zhòngshì hé lìyòng zhèxiē détiāndúhòu de zīyuán yōushì jiànlì liánghǎo
我们 要 充分 重视 和 利用 这些 得天独厚 的 资源 优势，建立 良好
de mínzú mínjiān wénhuà shēngtài huánjìng wèi xībù dàkāifā zuòchū gòngxiàn
的 民族 民间 /文化 生态 环境，为 西部大开发 做出 贡献。

Jiéxuǎn zì《Zhōngkǎo Yǔwén Kèwài Yuèdú Shìtí Jīngxuǎn》
—— 节选 自《中考 语文 课外 阅读 试题 精选》
zhōng《Xībù Wénhuà hé Xībù Kāifā》
中《西部 文化 和西部开发》

zuòpǐn 46 hào
作品 46 号

Gāoxìng zhè shì yì zhǒng jùtǐ de bèi kàndedào mōdezháo de shìwù suǒ huànqǐ de qíng · xù
高兴，这 是一 种 具体的 被 看得到 摸得着 的 事物 所 唤起 的 情绪。
Tā shì xīnlǐ de gèng shì shēnglǐ de Tā róng · yì lái yě róng · yì qù shéi yě bù yīnggāi duì tā
它 是 心理的，更 是 生理 的。它 容易 来也 容易 去，谁 也不 应该 对它
shì'érbújiàn shīzhījiāobì shéi yě bù yīnggāi zǒngshì zuò nàxiē shǐ zìjǐ bù gāoxìng yě shǐ pángrén
视而不见 失之交臂，谁 也不 应该 总是 做 那些 使自己不 高兴 也使 旁人

bù gāoxìng de shì Ràng wǒmen shuō yí jiàn zuì róng • yì zuò yě zuì lìng rén gāoxìng de shì ba
不 高兴 的事。让 我们 说 一件最 容易 做也最令人 高兴 的事吧，
zūnzhòng nǐ zìjǐ yě zūnzhòng bié • rén zhè shì měi yí gè rén de quánlì wǒ háiyào shuō zhè shì
尊重 你自己，也 尊重 别人，这是每一个人的权利，我还要 说 这是
měi yí gè rén de yìwù
每一个人的义务。

Kuàilè tā shì yì zhǒng fùyǒu gàikuòxìng de shēngcún zhuàngtài gōngzuò zhuàngtài Tā jīhū
快乐，它是一 种 富有 概括性 的 生存 状态、 工作 状态。它几乎
shì xiānyàn de tā láizì shēngmìng běnshēn de huólì láizì yǔzhòu dìqiú hé rénjiān de xīyǐn tā shì
是 先验 的，它来自 生命 本身 的活力，来自宇宙、地球和 人间 的吸引，它是
shìjiè de fēngfù xuànlì kuòdà yōujiǔ de tǐxiàn Kuàilè háishì yì zhǒng lì • liàng shì mái zài dìxià de
世界的丰富、绚丽、阔大、悠久的体现。快乐 还是一 种 力量，是埋在地下的
gēnmài Xiāomiè yí gè rén de kuàilè bǐ wājué diào yì kē dàshù de gēn yào nán de duō
根脉。消灭 一个人的快乐比挖掘 掉 一棵大树的根要难得多。

Huānxīn zhè shì yì zhǒng qīngchūn de shīyì de qínggǎn Tā láizì miànxiàngzhe wèilái
欢欣，这是一 种 青春 的、诗意的 情感。它来自 面向着 未来
shēnkāi shuāngbì bēnpǎo de chōnglì tā láizì yì zhǒng qīngsōng ér yòu shénmì ménglóng ér yòu
伸开 双臂 奔跑 的冲力，它来自一 种 轻松 而又 神秘、 朦胧 而又
yǐnmì de jīdòng tā shì jīqíng jíjiāng dàolái de yùzhào tā yòu shì dàyǔ guòhòu de bǐ xiàyǔ háiyào
隐秘的激动，它是激情 即将 到来 的 预兆，它又是大雨 过后 的比下雨 还要
měimiào de duō yě jiǔyuǎn de duō de huíwèi
美妙 得多也久远 得多的回味……

Xǐyuè tā shì yì zhǒng dàiyǒu xíng'érshàng sècǎi de xiūyǎng hé jìngjiè Yǔqí shuō tā shì yì
喜悦，它是一 种 带有 形而上 色彩的修 养 和境界。与其 说 它是一
zhǒng qíng • xù bùrú shuō tā shì yì zhǒng zhìhuì yì zhǒng chāobá yì zhǒng bēitiān mǐnrén de
种 情绪，不如 说 它是一 种 智慧、一 种 超拔、一 种 悲天 悯人 的
kuānróng hé lǐjiě yì zhǒng bǎojīngcāngsāng de chōngshí hé zìxìn yì zhǒng guāngmíng de
宽容 和理解，一 种 饱经沧桑 的 充实 和自信，一 种 光明 的
lǐxìng yì zhǒng jiān dìng de chéngshú yì zhǒng zhànshèngle fánnǎo hé yōngsú de
理性，一 种 坚 定//的 成熟， 一 种 战胜了 烦恼 和 庸俗 的
qīngmíng chéngchè Tā shì yì tán qīngshuǐ tā shì yì mǒ zhāoxiá tā shì wúbiān de píngyuán tā shì
清明澄澈。 它是一潭 清水，它是一抹 朝霞，它是 无边 的 平原，它是
chénmò de dìpíngxiàn Duō yìdiǎnr zài duō yìdiǎnr xǐyuè ba tā shì chìbǎng yě shì guīcháo Tā shì
沉默 的 地平线。多 一点儿、再 多 一点儿喜悦吧，它是 翅膀，也是 归 巢。它是
yì bēi měijiǔ yě shì yì duǒ yǒngyuǎn kāi bú bài de liánhuā
一杯美酒，也是一朵 永远 开不败的莲花。

Jiéxuǎn zì Wáng Méng《Xǐyuè》
——节选 自 王 蒙《喜悦》

zuòpǐn 47 hào
作品 47 号

Zài Wānzǎi Xiānggǎng zuì rènao de dìfang yǒu yì kē róng shù tā shì zuì guì de yì kē shù
在 湾仔， 香港 最热闹的地方，有一棵 榕 树，它是最贵的一棵树，

bùguāng zài Xiānggǎng zài quánshìjiè dōu shì zuì guì de
不光 在 香港，在 全世界，都 是 最 贵 的。

Shù huó de shù yòu bú mài hé yán qí guì Zhǐ yīn tā lǎo tā cū shì Xiānggǎng bǎinián
树，活 的 树，又 不 卖 何 言 其 贵？只 因 它 老，它 粗，是 香港 百年

cāngsāng de huó jiànzhèng Xiānggǎngrén bùrěn kànzhe tā bèi kǎnfá huòzhě bèi yízǒu biàn gēn
沧桑 的 活 见证，香港人 不忍 看着 它 被 砍伐，或者 被 移走，便 跟

yào zhànyòng zhè piàn shānpō de jiànzhùzhě tán tiáojiàn Kěyǐ zài zhèr jiàn dàlóu gài shāngshà
要 占用 这 片 山坡 的 建筑者 谈 条件：可以 在 这儿 建 大楼 盖 商厦，

dàn yī bù zhǔn kǎn shù èr bùzhǔn nuó shù bìxū bǎ tā yuándì jīngxīn yǎng qǐ · lái chéngwéi
但 一 不 准 砍 树，二 不准 挪 树，必须 把 它 原地 精心 养 起来，成为

Xiānggǎng nàoshì zhōng de yì jǐng Tàigǔ Dàshà de jiànshèzhě zuìhòu qiānle hétong zhànyòng
香港 闹市 中 的 一 景。太古 大厦 的 建设者 最后 签了 合同，占用

zhège dà shānpō jiàn háohuá shāngshà de xiānjué tiáojiàn shì tóngyì bǎohù zhè kē lǎoshù Shù
这个 大 山坡 建 豪华 商厦 的 先决 条件 是 同意 保护 这 棵 老树。树

zhǎng zài bànshānpō · shàng jìhuà jiāng shù xià · miàn de chéngqiānshàngwàn dūn shānshí
长 在 半山坡上，计划 将 树 下 面 的 成千上万 吨 山石

quánbù tāokōng qǔ zǒu téngchū dìfang · lái gài lóu bǎ shù jià zài dàlóu shàng · miàn fǎngfú tā
全部 掏空 取走，腾出 地方来 盖 楼，把 树 架 在 大楼 上 面，仿佛 它

yuánběn shì zhǎng zài lóudǐng · shàng shìde Jiànshèzhě jiùdì zàole yí gè zhíjìng shíbā mǐ shēn
原本 是 长 在 楼顶上 似的。建设者 就地 造了 一个 直径 十八 米、深

shí mǐ de dà huāpén xiān gùdìng hǎo zhè kē lǎoshù zài zài dà huāpén dǐ · xià gài lóu guāng zhè yí
十 米 的 大 花盆，先 固定 好 这 棵 老树，再 在 大 花盆 底下 盖 楼。光 这 一

xiàng jiù huāle liǎngqiān sānbǎi bāshíjiǔ wàn gǎngbì kānchēng shì zuì ángguì de bǎohù
项 就 花了 两千 三百 八十九 万 港币，堪称 是 最 昂贵 的 保护

cuòshī le
措施 了。

Tàigǔ Dàshà luòchéng zhīhòu rénmen kěyǐ chéng gǔndòng fútī yí cì dàowèi láidào Tàigǔ
太古 大厦 落成 之后，人们 可以 乘 滚动 扶梯 一 次 到位，来到 太古

Dàshà de dǐngcéng chū hòumén nàr shì yí piàn zìrán jǐngsè Yì kē dàshù chūxiàn zài rénmen
大厦 的 顶层。出 后门，那儿 是 一 片 自然 景色。一 棵 大树 出现 在 人们

miànqián shùgàn yǒu yì mǐ bàn cū shūguān zhíjìng zú yǒu èrshí duō mǐ dúmùchénglín fēicháng
面前，树干 有 一 米 半 粗，树冠 直径 足 有 二十 多 米，独木成林，非常

zhuàngguān xíngchéng yí zuò yǐ tā wéi zhōngxīn de xiǎo gōngyuán qǔmíng jiào Róngpǔ Shù
壮观，形成 一 座 以 它 为 中心 的 小 公园，取名 叫“榕圃”。树

qián · miàn chāzhe tóngpái shuōmíng yuányóu Cǐqíng cǐjǐng rú bú kàn tóngpái de shuōmíng
前面// 插着 铜牌，说明 原由。此情 此景，如 不 看 铜牌 的 说明，

juéduì xiǎng · búdào jùshùgēn dǐ · xià háiyǒu yí zuò hóngwěi de xiàndài dàlóu
绝对 想不到 巨树根 底 下 还有 一 座 宏伟 的 现代 大楼。

Jiéxuǎn zì Shū Yǐ《Xiānggǎng Zuì Guì de Yì Kē Shù》
—— 节选 自 舒 乙《香港：最 贵 的 一棵 树》

zuòpǐn 48 hào
作品 48 号

Wǒmen de chuán jiànjiàn de bījìn róngshù le Wǒ yǒu jī · huì kànqīng tā de zhēn miànmù
我们的船渐渐地逼近榕树了。我有机会看清它的真面目：
Shì yì kē dàshù yǒu shǔ · bù qīng de yāzhī zhī · shàng yòu shēnggēn yǒu xǔduō gēn yìzhí
是一棵大树，有数不清的丫枝，枝上又生根，有许多根一直
chuídào dì · shàng shēnjìn nítǔ · lǐ Yí bùfen shùzhī chuídào shuǐmiàn cóng yuǎnchù kàn jiù xiàng
垂到地上，伸进泥土里。一部分树枝垂到水面，从远处看，就像
yì kē dàshù xié tǎng zài shuǐmiàn · shàng yíyàng
一棵大树斜躺在水面上一样。

Xiànzài zhèngshì zhīfányèmào de shíjié Zhè kē róngshù hǎoxiàng zài bǎ tā de quánbù
现在正是枝繁叶茂的时节。这棵榕树好像在把它的全部
shēngmìnglì zhǎnshì gěi wǒmen kàn Nàme duō de lǜyè yí cù duī zài lìng yí cù de shàng · miàn
生命力展示给我们看。那么多的绿叶，一簇堆在另一簇的上面，
bù liú yìdiǎnr fèngxì Cuìlǜ de yánsè míngliàng de zài wǒmen de yǎnqián shǎnyào sìhū měi yí piàn
不留一点缝隙。翠绿的颜色明亮地在我们的眼前闪耀，似乎每一片
shùyè · shàng dōu yǒu yí gè xīn de shēngmìng zài chàndòng zhè měilì de nánguó de shù
树叶上都有一个新的生命在颤动，这美丽的南国的树！

Chuán zài shù · xià bóle piànkè àn · shàng hěn shī wǒmen méi · yǒu shàng · qù Péngyou
船在树下泊了片刻，岸上很湿，我们没有上去。朋友
shuō zhè · lǐ shì niǎo de tiāntáng yǒu xǔduō niǎo zài zhè kē shù · shàng zuò wō nóngmín bùxǔ rén
说这里是“鸟的天堂”，有许多鸟在这棵树上做窝，农民不许人
qù zhuō tāmen Wǒ fǎngfú tīng · jiàn jǐ zhī niǎo pū chì de shēngyīn dànshì děngdào wǒ de yǎnjing
去捉它们。我仿佛听见几只鸟扑翅的声音，但是等到我的眼睛
zhùyì de kàn nà · lǐ shí wǒ què kàn · bújiàn yì zhī niǎo de yǐngzi Zhǐyǒu wúshù de shùgēn lì zài
注意地看那里时，我却看不见一只鸟的影子。只有无数的树根立在
dì · shàng xiàng xǔduō gēn mùzhuāng Dì shì shī de dàgài zhǎngcháo shí héshuǐ chángcháng
地上，像许多根木桩。地是湿的，大概涨潮时河水常常
chōng · shàng àn · qù Niǎo de tiāntáng · lǐ méi · yǒu yì zhī niǎo wǒ zhèyàng xiǎngdào Chuán
冲上岸去。“鸟的天堂”里没有一只鸟，我这样想到。船
kāi le yí gè péngyou bōzhe chuán huǎnhuǎn de liúdào hé zhōngjiān qù
开了，一个朋友拨着船，缓缓地流到河中间去。

Dì'èr tiān wǒmen huázhe chuán dào yí gè péngyou de jiāxiāng qù jiùshì nàge yǒu shān yǒu
第二天，我们划着船到一个朋友的家乡去，就是那个有山有
tǎ de dìfang Cóng xuéxiào chūfā wǒmen yòu jīngguò nà niǎo de tiāntáng
塔的地方。从学校出发，我们又经过那“鸟的天堂”。

Zhè yí cì shì zài zǎo · chén yángguāng zhào zài shuǐmiàn · shàng yě zhào zài
这一次是在早晨，阳光照在水面上，也照在
shùshāo · shàng Yíqiè dōu xiǎn · dé fēi cháng guāngmíng Wǒmen de chuán yě zài shù · xià
树梢上。一切都//显得非常光明。我们的船也在树下
bóle piànkè
泊了片刻。

Qǐchū sìzhōuwéi fēicháng qīngjìng Hòulái hūrán qǐle yì shēng niǎojiào Wǒmen bǎ shǒu yì
起初 四周围 非常 清静。后来 忽然 起了一 声 鸟叫。我们 把 手 一
pāi biàn kàn • jiàn yì zhī dàniǎo fēile qǐ • lái jiēzhe yòu kàn • jiàn dìèr zhī dìsān zhī Wǒmen
拍，便 看见 一只 大鸟 飞了 起来，接着 又 看见 第二只，第三 只。我们
jìxù pāizhǎng hěn kuài de zhège shùlín jiù biàn de hěn rènao le Dàochù dōu shì niǎo shēng
继续 拍掌， 很 快 地 这个 树林 就 变 得 很 热闹 了。到处 都 是 鸟 声，
dàochù dōu shì niǎo yǐng Dà de xiǎo de huā de hēi de yǒude zhàn zài zhī • shàng jiào yǒude fēi
到处 都 是 鸟 影。大的，小 的，花 的，黑 的，有的 站 在 枝上 叫，有的 飞
qǐ • lái zài pū chìbǎng
起来，在 扑 翅膀。

Jiéxuǎn zì Bā Jīn《Xiǎoniǎo de Tiāntáng》
——节选 自 巴 金 《小鸟 的 天堂》

zuòpǐn 49 hào
作品 49 号

Yǒu zhèyàng yí gè gùshi
有 这样 一个 故事。

Yǒu rén wèn Shìjiè • shàng shénme dōngxi de qìlì zuì dà Huídá fēnyún de hěn yǒude shuō
有 人 问： 世界上 什么 东西 的 气力 最 大？回答 纷纭 得很，有的 说
xiàng yǒude shuō shī yǒu rén kāi wánxiào shìde shuō Shì Jīngāng Jīngāng yǒu duō • shǎo
“象”，有的 说 “狮”，有 人 开 玩笑 似的 说：是“金刚”，金刚 有 多 少
qìlì dāngrán dàjiā quán bù zhī • dào
气力，当然 大家 全不 知道。

Jiéguǒ zhè yíqiè dá'àn wánquán bú duì shìjiè • shàng qìlì zuì dà de shì zhíwù de zhǒngzi
结果，这 一切 答案 完全 不对， 世界上 气力 最 大的，是 植物 的 种子。
Yí lì zhǒngzi suǒ kěyǐ xiǎnxiàn chū • lái de lì jiǎnzhí shì chāoyuè yíqiè
一粒 种子 所 可以 显现 出来 的力，简直 是 超越 一切。

Rén de tóugàigǔ jiéhé de fēicháng zhìmì yǔ jiāngù shēnglǐxuéjiā hé jiěpōuxuézhě yòngjìnle
人 的 头盖骨，结合 得 非常 致密 与 坚固， 生理学家 和 解剖学者 用尽了
yíqiè de fāngfǎ yào bǎ tā wánzhěng de fēn chū • lái dōu méi • yǒu zhè zhǒng lìqi Hòulái hūrán
一切 的 方法，要 把它 完整 地 分 出来， 都 没有 这 种 力气。后来 忽然
yǒu rén fāmíngle yí gè fāngfǎ jiùshì bǎ yìxiē zhíwù de zhǒngzi fàng zài yào pōuxī de tóugàigǔ • lǐ
有 人 发明了 一个 方法，就是 把一些 植物 的 种子 放 在 要 剖析 的 头盖骨里，
gěi tā yǐ wēndù yǔ shīdù shǐ tā fāyá Yì fāyá zhèxiē zhǒngzi biàn yǐ kěpà de lì • liàng jiāng
给 它 以 温度 与 湿度，使 它 发芽。一 发芽，这些 种子 便 以 可怕 的 力量， 将
yíqiè jīxièlì suǒ bùnéng fēnkāi de gǔgé wánzhěng de fēnkāi le Zhíwù zhǒngzi de lì • liàng zhī
一切 机械力 所 不能 分开 的 骨骼， 完整 地 分开 了。植物 种子 的 力量 之
dà rúcǐ rúcǐ
大，如此 如此。

Zhè yěxǔ tèshūle yìdiǎnr chángrén bù róng • yì lǐjiě Nàme nǐ kàn • jiànguo sǔn de
这，也许 特殊了 一点儿， 常人 不 容易 理解。那么，你 看见过 笋 的

chéngzhǎng ma Nǐ kàn • jiànguo bèi yā zài wǎlì hé shíkuài xià • miàn de yì kē xiǎocǎo de
成长 吗?你 看见过 被压在瓦砾和石块 下面 的一颗 小草 的

shēngzhǎng ma Tā wèizhe xiàngwǎng yángguāng wèizhe dáchéng tā de shēng zhī yìzhì
生长 吗?它 为着 向往 阳光, 为着 达成 它的 生 之意志,

bùguǎnshàng • miàndeshíkuài rúhé zhòngshí yǔ shízhījiān rúhé xiá tā bìdìng yàoqūqūzhézhé
不管 上面 的石块如何 重,石与石之间 如何狭,它必定 要 曲曲折折

de dànshì wánqiángbùqū de tòudào dìmiàn shàng • lái Tā de gēn wǎng tǔrǎng zuān tā de yá
地,但是 /顽强不屈 地 透到 地面 上来。 它的根 往 土壤 钻,它的芽

wǎngdìmiàntǐngzhè shì yì zhǒng bùkě kàngjù de lì zǔzhǐ tā de shíkuài jiéguǒ yě bèi tā xiānfān
往 地面挺,这是一 种 不可抗拒 的力,阻止它的石块,结果也被它掀翻,

yí lì zhǒngzi delì • liàngzhīdà, rú cǐ rúcǐ
一粒 种子 的 力量 之大,如//此如此。

Méi • yǒu yí gèrénjiāngxiǎocǎojiàozuò dàlìshì dànshì tā delì • liàngzhī dà díquèshì
没有 一个人 将 小 草 叫做“大力士”,但是它的 力量 之大,的确是

shìjiè wúbǐ Zhèzhǒng lì shìyìbānrénkàn • bújiàndeshēngmìnglì Zhǐyàoshēngmìngcúnzài zhè
世界无比。这 种 力是一般人 看不见 的 生命力。只要 生命 存在,这

zhǒng lì jiùyàoxiǎnxiàn Shàng • miàndeshíkuài sīháobù zúyǐ zǔdǎng Yīn • wèi tā shì yì zhǒng
种 力就要 显现。 上面 的石块,丝毫不足以阻挡。 因为 它是一 种

chángqīkàngzhàn de lì yǒu tánxìng néngqūnéngshēn de lì yǒu rènxìng bù dá mùdì bù zhǐ
“长期 抗战” 的力;有 弹性, 能屈能伸 的力;有 韧性,不达目的不止

de lì
的力。

Jiéxuǎn zì XiàYǎn《Yěcǎo》
——节选 自夏 衍《野草》

zuòpǐn 50 hào
作品 50 号

Zhùmíngjiàoyùjiā Bānjiémíng céngjīng jiēdào yí gè qīngniánrén de qiújiù diànhuà bìng yǔ
著名 教育家 班杰明 曾经 接到一个 青年人 的求教 电话, 并与

nàge xiàngwǎng chéng gōng kěwàng zhǐdiǎn de qīngniánrén yuēhǎo le jiànmiàn de shíjiān
那个 向往 成 功、渴望 指点 的 青年人 约好 了 见面 的时间

hédìdiǎn
和地点。

Dài nàge qīngnián rúyuē'érzhì shí Bānjiémíng de fángmén chǎngkāizhe yǎnqián de
待那个 青年 如约而至 时, 班杰明 的 房门 敞开着, 眼前 的

jǐngxiàngquè lìng qīngniánrén pō gǎn yìwài Bānjiémíng de fángjiān • lǐ luànqībāzāo lángjí
景象 却 令 青年人 颇 感 意外—— 班杰明 的 房间里 乱七八糟、狼藉

yí piàn
一片。

Méi děng qīngniánrén kāikǒu Bānjiémíng jiù zhāohu dào Nǐ kàn wǒ zhè fángjiān tài bù
没 等 青年人 开口, 班杰明 就 招呼 道:你 看 我 这 房间,太不

zhěngjié le qǐng nǐ zài mén wài děnghòu yì fēnzhōng wǒ shōushi yíxià nǐ zài jìn · lái ba
整洁了，请你在门外等候一分钟，我收拾一下，你再进来吧。”
Yìbiān shuōzhe Bānjiémíng jiù qīngqīng de guān · shàngle fángmén
一边说着，班杰明就轻轻地关上了房门。

Bú dào yì fēnzhōng de shíjiān Bānjiémíng jiù yòu dǎkāile fángmén bìng rèqíng de bǎ
不到一分钟的时间，班杰明就又打开了房门并热情地把
qīngniánrén ràngjìn kètīng Zhèshí qīngniánrén de yǎnqián zhǎnxiàn chū lìng yì fān jǐngxiàng
青年人让进客厅。这时，青年人的眼前展现出另一番景象——
fángjiān nèi de yíqiè yǐ biàn · dé jǐngrán yǒuxù érqiě yǒu liǎng bēi gānggāng dàohǎo de hóngjiǔ
房间内的一切已变得井然有序，而且有两杯刚刚倒好的红酒，
zài dàndàn de xiāngshuǐ qìxī · lǐ hái yàngzhe wēibō
在淡淡的香水气息里还漾着微波。

Kěshì méi děng qīngniánrén bǎ mǎnfù de yǒuguān rénshēng hé shìyè de yínán wèntí xiàng
可是，没等青年人把满腹的有关人生和事业的疑难问题向
Bānjiémíng jiǎng chū · lái Bānjiémíng jiù fēicháng kèqi de shuōdào Gānbēi Nǐ kěyǐ zǒu le
班杰明讲出来，班杰明就非常客气地说道：“干杯。你可以走了。”

Qīngniánrén shǒu chí jiǔbēi yíxiàzi lèngzhù le jì gāngà yòu fēicháng yíhàn de shuō Kěshì
青年人手持酒杯一下子愣住了，既尴尬又非常遗憾地说：“可是，
wǒ wǒ hái méi xiàng nín qǐngjiào ne
我……我还没向您请教呢……”

Zhèxiē nándào hái búgòu ma Bānjiémíng yìbiān wēixiàozhe yìbiān sǎoshìzhe zìjǐ de
“这些……难道还不够吗？”班杰明一边微笑着，一边扫视着自己的
fángjiān qīngyánxìyǔ de shuō Nǐ jìn · lái yòu yǒu yì fēnzhōng le
房间，轻言细语地说，“你进来又有一分钟了。”

Yì fēnzhōng yì fēnzhōng Qīngniánrén ruòyǒusuǒsī de shuō Wǒ dǒng le nín
“一分钟……一分钟……”青年人若有所思地说：“我懂了，您
ràng wǒ míngbaile yì fēnzhōng de shíjiān kěyǐ zuò xǔ duō shìqing kěyǐ gǎibiàn xǔduō shìqing
让我明白了一分钟的时间可以做许//多事情，可以改变许多事情
de shēnkè dào · lǐ
的深刻道理。”

Bānjiémíng shūxīn de xiàole Qīngniánrén bǎ bēi · lǐ de hóngjiǔ yìyǐn'érjìn xiàng Bānjiémíng
班杰明舒心地笑了。青年人把杯里的红酒一饮而尽，向班杰明
liánlián dàoxiè hòu kāixīn de zǒu le
连连道谢后，开心地走了。

Qíshí zhǐyào bǎwò hǎo shēngmìng de měi yì fēnzhōng yě jiù bǎwòle lǐxiǎng de rénshēng
其实，只要把握好生命的每一分钟，也就把握了理想的人生。

Jiéxuǎn zì Jǐ Guǎngyáng《Yì Fēnzhōng》
——节选自纪广洋《一分钟》

zuòpǐn 51 hào
作品 51 号

Yǒu gè tā bízi de xiǎonánháir yīn · wèi liǎng suì shí déguo nǎoyán zhìlì shòu sǔn xuéxí
有个塌鼻子的小男孩儿，因为两岁时得过脑炎，智力受损，学习

qǐ·lái hěn chīlì Dǎ gè bǐfang bié·rén xiě zuòwén néng xiě èrsānbǎi zì tā què zhǐnéng xiě
起来 很 吃力。打 个 比方， 别人 写 作文 能 写 二三百 字，他 却 只能 写
sān-wǔ háng Dàn jíbiàn zhèyàng de zuòwén tā tóngyàng néng xiě de hěn dòngrén
三五 行。但 即便 这样 的 作文，他 同样 能 写得 很 动人。

Nà shì yí cì zuòwénkè tímù shì Yuànwàng Tā jíqí rènzhēn de xiǎngle bàntiān ránhòu jí
那是一次 作文课，题目 是《愿望》。他 极其 认真 地 想了 半天， 然后 极
rènzhēn de xiě nà zuòwén jí duǎn Zhǐyǒu sān jù huà Wǒ yǒu liǎng gè yuànwàng dìyī gè shì
认真 地写，那 作文 极 短。 只有 三 句 话：我 有 两 个 愿望， 第一个 是，
māma tiāntiān xiàomīmī de kànzhe wǒ shuō Nǐ zhēn cōng·míng dì-èr gè shì lǎoshī tiāntiān
妈妈 天天 笑眯眯 地 看着 我 说：“你 真 聪明，” 第二 个 是，老师 天天
xiàomīmī de kànzhe wǒ shuō Nǐ yìdiǎnr yě bú bèn
笑眯眯 地 看着 我 说：“你 一点 也不笨。”

Yúshì jiùshì zhè piān zuòwén shēnshēn de dǎdòngle tā de lǎoshī nà wèi māma shì de lǎoshī
于是，就是 这 篇 作文， 深深 地 打动了 他 的 老师，那 位 妈妈 式 的 老师
bùjǐn gěile tā zuì gāo fēn zài bān·shàng dài gǎnqíng de lǎngdúle zhè piān zuòwén hái yìbǐyíhuà de
不仅 给了 他 最 高 分，在 班上 带 感情 地 朗读了 这 篇 作文，还 一笔一画 地
pīdào Nǐ hěn cōng·míng nǐ de zuòwén xiě de fēicháng gǎnrén qǐng fàngxīn māma kěndìng huì
批道：你 很 聪明， 你 的 作文 写 得 非常 感人，请 放心，妈妈 肯定 会
géwài xǐhuan nǐ de lǎoshī kěndìng huì géwài xǐhuan nǐ de dàjiā kěndìng huì géwài xǐhuan nǐ de
格外 喜欢 你的，老师 肯定 会 格外 喜欢 你的，大家 肯定 会 格外 喜欢 你的。

Pěngzhe zuòwénběn tā xiào le bèngbèngtiàotiào de huíjiā le xiàng zhī xǐ·què Dàn tā
捧着 作文本， 他 笑 了， 蹦蹦跳跳 地 回家 了，像 只 喜鹊。 但 他
bìng méi·yǒu bǎ zuòwénběn nágěi māma kàn tā shì zài děngdài děngdàizhe yí gè měihǎo
并 没有 把 作文本 拿给 妈妈 看，他 是 在 等待， 等待着 一 个 美好
de shíkè
的时刻。

Nàge shíkè zhōngyú dào le shì māma de shēng·rì yí gè yángguāng cànlàn de xīngqītiān
那个 时刻 终于 到 了，是 妈妈 的 生日——一个 阳光 灿烂 的 星期天：
Nà tiān tā qǐ de tèbié zǎo bǎ zuòwénběn zhuāng zài yí gè qīnshǒu zuò de měilì de dà xìnfēng·lǐ
那天，他 起得 特别 早，把 作文本 装 在 一个 亲手 做 的 美丽 的 大 信封 里，
děngzhe māma xǐng·lái Māma gānggāng zhēng yǎn xǐng·lái tā jiù xiàomīmī de zǒudào māma
等着 妈妈 醒来。 妈妈 刚刚 睁 眼 醒来，他 就 笑眯眯 地 走到 妈妈
gēn·qián shuō Māma jīntiān shì nín de shēng·rì wǒ yào sònggěi nín yí jiàn lǐwù
跟前 说：“妈妈，今天 是 您 的 生日， 我 要// 送给 您 一 件 礼物。”

Guǒrán kànzhe zhè piān zuòwén māma tiántián de yǒngchūle liǎng háng rèlèi yì bǎ lǒuzhù
果然， 看着 这 篇 作文，妈妈 甜甜 地 涌出了 两 行 热泪，一把 搂住
xiǎonánháir lǒu de hěn jǐn hěn jǐn
小男孩儿，搂 得 很 紧 很 紧。

Shìde zhìlì kěyǐ shòusǔn dàn ài yǒngyuǎn bú huì
是的，智力 可以 受 损，但 爱 永远 不会。

Jiéxuǎn zì Zhāng Yùtíng《Yí Gè Měilì de Gùshi》
——节选自张玉庭《一个美丽的故事》

zuòpǐn 52 hào
作品 52 号

Xiǎoxué de shíhou yǒu yí cì wǒmen qù hǎibiān yuǎnzú māma méi · yǒu zuò biànfàn gěile wǒ
小学的时候，有一次我们去海边远足，妈妈没有做便饭，给了我
shí kuài qián mǎi wǔcān Hǎoxiàng zǒule hěn jiǔ hěn jiǔ zhōngyú dào hǎibiān le dàjiā zuò
十块钱买午餐。好像走了很久，很久，终于到海边了，大家坐
xià · lái biàn chīfàn huāngliáng de hǎibiān méi · yǒu shāngdiàn wǒ yí gè rén pǎodào fángfēnglín
下来便吃饭，荒凉的海边没有商店，我一个人跑到防风林
wài · miàn qù jírèn lǎoshī yào dàjiā bǎ chīshèng de fàncài fēngěi wǒ yìdiǎnr Yǒu liǎngsān gè
外面去，级任老师要大家把吃剩的饭菜分给我一点儿。有两三个
nánshēng liú · xià yìdiǎnr gěi wǒ hái yǒu yí gè nǚshēng tā de mǐfàn bànle jiàngyóu hěn xiāng Wǒ
男生留下一点儿给我，还有一个女生，她的米饭拌了酱油，很香。我
chīwán de shíhou tā xiàomīmī de kànzhe wǒ duǎn tóufa liǎn yuányuán de
吃完的时候，她笑眯眯地看着我，短头发，脸圆圆的。

Tā de míngzi jiào Wēng Xiāngyù
她的名字叫翁香玉。

Měi tiān fàngxué de shíhou tā zǒu de shì jīngguò wǒmen jiā de yì tiáo xiǎolù dàizhe yí wèi bǐ
每天放学的时候，她走的是经过我们家的一条小路，带着一位比
tā xiǎo de nánháir kěnéng shì dìdi Xiǎolù biān shì yì tiáo qīngchè jiàn dǐ de xiǎoxī liǎngpáng
她小的男孩儿，可能是弟弟。小路边是一条清澈见底的小溪，两旁
zhúyīn fùgài wǒ zǒngshì yuǎnyuǎn de gēn zài tā hòu · miàn xiàrì de wǔhòu tèbié yánrè zǒudào
竹阴覆盖，我总是远远地跟在她后面，夏日的午后特别炎热，走到
bànlù tā huì tíng xià · lái ná shǒupà zài xīshuǐ · lǐ jìnshī wèi xiǎonánháir cā liǎn Wǒ yě zài
半路她会停下来，拿手帕在溪水里浸湿，为小男孩儿擦脸。我也在
hòu · miàn tíng xià · lái bǎ āngzāng de shǒupà nòngshīle cā liǎn zài yílù yuǎnyuǎn gēnzhe
后面停下来，把肮脏的手帕弄湿了擦脸，再一路远远跟着
tā huíjiā
她回家。

Hòulái wǒmen jiā bāndào zhèn · shàng qù le guò jǐ nián wǒ yě shàngle zhōngxué Yǒu yì
后来我们家搬到镇上去了，过几年我也上了中学。有一
tiān fàngxué huíjiā zài huǒchē · shàng kàn · jiàn xiéduìmiàn yí wèi duǎn tóufa yuányuán liǎn de
天放学回家，在火车上，看见斜对面一位短头发、圆圆脸的
nǚháir yì shēn sùjing de bái yī hēi qún Wǒ xiǎng tā yídìng bú rènshi wǒ le Huǒchē hěn kuài dào
女孩儿，一身素净的白衣黑裙。我想她一定不认识我了。火车很快到
zhàn le wǒ suízhe rénqún jǐ xiàng ménkǒu tā yě zǒujìnle jiào wǒ de míngzi Zhè shì tā dìyī cì hé
站了，我随着人群挤向门口，她也走近了，叫我的名字。这是她第一次和
wǒ shuōhuà
我说话。

Tā xiàomīmī de hé wǒ yìqǐ zǒuguò yuètái Yǐhòu jiù méi · yǒu zài jiànguo tā le
她笑眯眯的，和我一起走过月台。以后就没有再见过//她了。

Zhè piān wénzhāng shōu zài wǒ chūbǎn de Shàonián Xīnshì zhè běn shū · lǐ
这 篇 文章 收 在 我 出版 的《少年 心事》这 本 书里。

Shū chūbǎn hòu bàn nián yǒu yì tiān wǒ hūrán shōudào chūbǎnshè zhuǎnlái de yì fēng xìn
书 出版 后 半 年，有 一 天 我 忽然 收到 出版社 转来 的一 封 信，
xìnfēng · shàng shì mòshēng de zìjì dàn qīngchu de xiězhe wǒ běnmíng
信封上 是 陌生 的字迹，但 清楚 地 写着 我 本名。

Xìn lǐ · miàn shuō tā kàndàole zhè piān wénzhāng xīn · lǐ fēicháng jīdòng méi xiǎngdào zài
信 里面 说 她 看到了 这 篇 文章 心里 非常 激动，没 想到 在
líkāi jiāxiāng piāobó yìdì zhème jiǔ zhīhòu huì kàn · jiàn zìjǐ réngrán zài yí gè rén de jìyì · lǐ
离开 家乡，漂泊 异地 这么 久之后，会 看见 自己 仍然 在 一个 人 的记忆里，
tā zìjǐ yě shēnshēn jì · dé zhè qízhōng de měi yí mù zhǐshì méi xiǎngdào yuèguo yáoyuǎn de
她 自己 也 深深 记得 这 其中 的 每 一幕，只是 没 想到 越过 遥远 的
shíkōng jìngrán lìng yí gè rén yě shēnshēn jì · dé
时空，竟然 另 一个 人 也 深深 记得。

Jiéxuǎn zì Kǔ Líng《Yǒngyuǎn de Jìyì》
——节选 自 苦伶 《永远 的记忆》

zuòpǐn 53 hào
作品 53 号

Zài fánhuá de Bālí dàjiē de lùpáng zhànzhe yí gè yīshān lánlǚ tóufa bānbái shuāngmù
在 繁华 的 巴黎 大街 的 路旁， 站着 一个 衣衫 褴褛、头发 斑白、 双目
shīmíng de lǎorén Tā bú xiàng qítā qǐgài nàyàng shēnshǒu xiàng guòlù xíngrén qǐtǎo ér shì zài
失明 的老人。他 不 像 其他 乞丐 那样 伸手 向 过路 行人 乞讨，而是 在
shēnpáng lì yí kuài mùpái shàng · miàn xiězhe Wǒ shénme yě kàn · bújiàn Jiē · shàng
身旁 立 一 块 木牌， 上面 写着：“我 什么 也 看不见！” 街上
guòwǎng de xíngrén hěn duō kànle mùpái · shàng de zì dōu wúdòngyúzhōng yǒude hái dàndàn
过往 的 行人 很 多，看了 木牌上 的字 都 无动于衷， 有的 还 淡淡
yí xiào biàn shānshān ér qù le
一笑，便 姗姗 而去了。

Zhè tiān zhōngwǔ Fǎguó zhùmíng shīrén Ràng Bǐhàolè yě jīngguò zhè · lǐ Tā kànkan
这 天 中午， 法国 著名 诗人 让·彼浩勒 也 经过 这里。他 看看
mùpái · shàng de zì wèn máng lǎorén Lǎo · rén · jiā jīntiān shàngwǔ yǒu rén gěi nǐ qián ma
木牌上 的字，问 盲 老人：“老人家， 今天 上午 有 人 给 你 钱 吗？”

Máng lǎorén tànxīzhe huídá Wǒ wǒ shénme yě méi · yǒu dédào Shuōzhe liǎn · shàng de
盲 老人 叹息着 回答：“我，我 什么 也 没有 得到。”说着， 脸上 的
shénqíng fēicháng bēishāng
神情 非常 悲伤。

Ràng Bǐhàolè tīng le náqǐ bǐ qiāoqiāo de zài nà háng zì de qián · miàn tiān · shàngle
让·彼浩勒 听 了，拿起 笔 悄悄 地 在 那 行 字 的 前面 添上了
chūntiān dào le kěshì jǐ gè zì jiù cōngcōng de líkāi le
“春天 到 了，可是”几个字，就 匆匆 地离开了。

Wǎnshang Ràng Bǐhàolè yòu jīngguò zhè · lǐ wèn nàge máng lǎorén xiàwǔ de qíngkuàng
晚上，让·彼浩勒又经过这里，问那个盲老人下午的情况。
Máng lǎorén xiàozhe huídá shuō Xiānsheng bù zhī wèishénme xiàwǔ gěi wǒ qián de rén duō jí
盲老人笑着回答说：“先生，不知为什么，下午给我钱的人多极
le Ràng Bǐhàolè tīng le mōzhe húzi mǎnyì de xiào le
了！”让·彼浩勒听了，摸着胡子满意地笑了。

Chūntiān dào le kěshì wǒ shénme yě kàn · bújiàn Zhè fùyǒu shīyì de yǔyán chǎnshēng
“春天到了，可是我什么也看不见！”这富有诗意的语言，产生
zhème dà de zuòyòng jiù zàiyú tā yǒu fēicháng nónghòu de gǎnqíng sècǎi Shìde chūntiān shì
这么大的作用，就在于它有非常浓厚的感情色彩。是的，春天是
měihǎo de nà lántiān báiyún nà lǜshù hónghuā nà yīnggēyànwǔ nà liúshuǐ rénjiā zěnme bú jiào rén
美好的，那蓝天白云，那绿树红花，那莺歌燕舞，那流水人家，怎么不叫人
táozuì ne Dàn zhè liángchén měijǐng duìyú yí gè shuāngmù shīmíng de rén lái shuō zhǐshì yí piàn
陶醉呢？但这良辰美景，对于一个双目失明的人来说，只是一片
qīhēi Dāng rénmen xiǎngdào zhège máng lǎorén yìshēng zhōng jìng lián wànzǐqiānhóng de
漆黑。当人们想到这个盲老人，一生中竟连万紫千红的
chūntiān dōu bùcéng kàndào zěn néng bú duì tā chǎnshēng tóngqíng zhīxīn ne
春天//都不曾看到，怎能不对他产生同情之心呢？

Jiéxuǎn zì Xiǎoxué《Yǔwén》dìliù cè zhōng《Yǔyán de Mèilì》
——节选自小学《语文》第六册中《语言的魅力》

zuòpǐn 54 hào
作品 54 号

Yǒu yí cì Sū Dōngpō de péngyou Zhāng È názhe yì zhāng xuānzhǐ lái qiú tā xiě yì fú zì
有一次，苏东坡的朋友张鹗拿着一张宣纸来求他写一幅字，
érqiě xīwàng tā xiě yìdiǎnr guānyú yǎngshēng fāngmiàn de nèiróng Sū Dōngpō sīsuǒle yíhuìr
而且希望他写一点儿关于养生方面的内容。苏东坡思索了一会儿，
diǎndiǎn tóu shuō Wǒ dédàole yí gè yǎngshēng chángshòu gǔfāng yào zhǐyǒu sì wèi jīntiān jiù
点点头说：“我得到了一个养生长寿古方，药只有四味，今天就
zènggěi nǐ ba Yúshì Dōngpō de lángháo zài zhǐ · shàng huīsǎ qǐ · lái shàng · miàn xiězhe“Yī
赠给你吧。”于是，东坡的狼毫在纸上挥洒起来，上面写着：“一
yuē wúshì yǐ dàng guì èr yuē zǎo qǐn yǐ dàng fù sān yuē ān bù yǐ dàng chē sì yuē wǎn shí yǐ
曰无事以当贵，二曰早寝以当富，三曰安步以当车，四曰晚食以
dàng ròu
当肉。”

Zhè nǎ · lǐ yǒu yào Zhāng È yìliǎn mángrán de wèn Sū Dōngpō xiàozhe jiěshì shuō
这哪里有药？张鹗一脸茫然地问。苏东坡笑着解释说，
yǎngshēng chángshòu de yàojué quán zài zhè sì jù lǐ · miàn
养生长寿的要诀，全在这四句里面。

Suǒwèi wú shì yǐ dàng guì shì zhǐ rén búyào bǎ gōngmíng lìlù róngrǔ guòshī kǎolǜ de tài
所谓“无事以当贵”，是指人不要把功名利禄、荣辱过失考虑得太

duō rú néng zài qíngzhì · shàng xiāosǎ dàdù suíyù'ér'ān wú shì yǐ qiú zhè bǐ fùguì gèng néng shǐ
多，如 能 在 情志 上 潇洒 大度，随遇而安，无 事 以求，这 比 富贵 更 能 使
rén zhōng qí tiānnián
人 终 其 天年。

Zǎo qǐn yǐ dàng fù zhǐ chīhǎo chuānhǎo cáihuò chōngzú bìngfēi jiù néng shǐ nǐ chángshòu
"早 寝 以 当 富"，指 吃好 穿好、财货 充足，并非 就 能 使 你 长寿。
Duì lǎoniánrén lái shuō, yǎngchéng liánghǎo de qǐjū xíguàn yóuqí shì zǎo shuì zǎo qǐ bǐ huòdé
对 老年人 来 说，养成 良好 的 起居 习惯，尤其 是 早 睡 早 起，比 获得
rènhé cáifù gèngjiā bǎoguì
任何 财富 更加 宝贵。

Ān bù yǐ dàng chē zhǐ rén búyào guòyú jiǎngq ú ānyì zhītǐ bù láo ér yīng duō yǐ bùxíng lái
"安步 以 当 车"，指 人 不要 过于 讲求 安逸、肢体 不劳，而 应 多 以 步行 来
tìdài qímǎ chéngchē duō yùndòng cái kěyǐ qiángjiàn tǐpò tōngchàng qìxuè
替代 骑马 乘车，多 运动 才 可以 强健 体魄，通畅 气血。

Wǎn shí yǐ dàng ròu yìsi shì rén yīnggāi yòng yǐ jī fāng shí wèi bǎo xiān zhǐ dàitì duì
"晚 食 以 当 肉"，意思 是 人 应该 用 已 饥 方 食、未 饱 先 止 代替 对
měiwèi jiāyáo de tānchī wú yàn Tā jìnyíbù jiěshì èle yǐhòu cái jìnshí suīrán shì cūchádànfàn
美味 佳肴 的 贪吃 无 厌。他 进一步 解释，饿了 以后 才 进食，虽然 是 粗茶淡饭，
dàn qí xiāngtián kěkǒu huì shèngguò shānzhēn rúguǒ bǎole háiyào miǎnqiǎng chī jíshǐ měiwèi
但 其 香甜 可口 会 胜过 山珍；如果 饱了 还要 勉强 吃，即使 美味
jiāyáo bǎi zài yǎnqián yě nányǐ xiàyàn
佳肴 摆 在 眼前 也 难以//下咽。

Sū Dōngpō de sì wèi chángshòuyào shíjì · shàng shì qiángdiàole qíngzhì shuìmián yùndòng
苏 东坡 的 四 味 "长寿药"，实际上 是 强调了 情志、睡眠、运动、
yǐnshí sì gè fāngmiàn duì yǎngshēng chángshòu de zhòngyàoxìng zhè zhǒng yǎngshēng
饮食 四 个 方面 对 养生 长寿 的 重要性，这 种 养生
guāndiǎn jíshǐ zài jīntiān réngrán zhí · dé jièjiàn
观点 即使 在 今天 仍然 值得 借鉴。

Jiéxuǎn zì Pú Zhāohé《Zèng Nǐ Sì Wèi Chángshòuyào》
——节选 自 蒲 昭和《赠 你 四 味 长寿药》

zuòpǐn 55 hào
作品 55 号

Rén huózhe zuì yàojǐn de shì xúnmì dào nà piàn dàibiǎozhe shēngmìng lǜsè hé rénlèi xīwàng
人 活着，最 要紧 的 是 寻觅 到 那 片 代表着 生命 绿色 和 人类 希望
de cónglín ránhòu xuǎn yì gāogāo de zhītóu zhàn zài nà · lǐ guānlǎn rénshēng xiāohuà tòngkǔ
的 丛林，然后 选 一 高高 的 枝头 站 在 那里 观览 人生，消化 痛苦，
yùnyù gēshēng yúyuè shìjiè
孕育 歌声，愉悦 世界！

Zhè kě zhēn shì yì zhǒng xiāosǎ de rénshēng tài · dù zhè kě zhēn shì yì zhǒng xīnjìng
这 可 真 是 一 种 潇洒 的 人生 态度，这 可 真 是 一 种 心境

shuǎnglǎng de qínggǎn fēngmào
爽朗 的 情感 风貌。

Zhàn zài lìshǐ de zhītóu wēixiào kěyǐ jiǎnmiǎn xǔduō fánnǎo Zài nà · lǐ nǐ kěyǐ cóng
站 在 历史 的 枝头 微笑，可以 减免 许多 烦恼。在 那里，你 可以 从
zhòngshēngxiàng suǒ bāohán de tiánsuānkǔlà bǎiwèi rénshēng zhōng xúnzhǎo nǐ zìjǐ nǐ
众生相 所 包含 的 甜酸苦辣、百味 人生 中 寻找 你 自己；你
jìngyù zhōng de nà diǎnr kǔtòng yěxǔ xiāngbǐ zhīxià zài yě nányǐ zhànjù yì xí zhī dì nǐ huì jiào
境遇 中 的 那 点儿 苦痛，也许 相比 之下，再 也 难以 占据 一席 之 地；你 会 较
róng · yì de huòdé cóng búyuè zhōng jiětuō línghún de lì · liàng shǐ zhī búzhì biàn de huīsè
容易 地 获得 从 不悦 中 解脱 灵魂 的 力量，使 之 不致 变 得 灰色。

Rén zhàn de gāo xiē búdàn néng yǒuxìng zǎo xiē lǐnglüè dào xīwàng de shǔguāng hái néng yǒuxìng
人 站 得 高 些，不但 能 有幸 早 些 领略 到 希望 的 曙光，还 能 有幸
fāxiàn shēngmìng de lìtǐ de shīpiān Měi yí gè rén de rénshēng dōu shì zhè shīpiān zhōng de yí gè
发现 生命 的 立体 的 诗篇。每 一 个 人 的 人生，都 是 这 诗篇 中 的 一 个
cí yí gè jùzi huòzhě yí gè biāodiǎn Nǐ kěnéng méi · yǒu chéngwéi yí gè měilì de cí yí gè
词、一 个 句子 或者 一 个 标点。你 可能 没有 成为 一 个 美丽 的 词，一 个
yǐnrénzhùmù de jùzi yí gè jīngtànhào dàn nǐ yīrán shì zhè shēngmìng de lìtǐ shīpiān zhōng de
引人注目 的 句子，一 个 惊叹号，但 你 依然 是 这 生命 的 立体 诗篇 中 的
yí gè yīnjié yí gè tíngdùn yí gè bìbùkěshǎo de zǔchéng bùfen Zhè zúyǐ shǐ nǐ fàngqì qiánxián
一 个 音节、一 个 停顿、一 个 必不可少 的 组成 部分。这 足以 使 你 放弃 前嫌，
méngshēng wèi rénlèi yùnyù xīn de gēshēng de xìngzhì wèi shìjiè dài · lái gèng duō de shīyì
萌生 为 人类 孕育 新 的 歌声 的 兴致，为 世界 带来 更 多 的 诗意。

Zuì kěpà de rénshēng jiànjiě shì bǎ duōwéi de shēngcún tújǐng kànchéng píngmiàn Yīn · wèi
最 可怕 的 人生 见解，是 把 多维 的 生存 图景 看成 平面。因为
nà píngmiàn · shàng kèxià de dàduō shì nínggùle de lìshǐ guòqù de yíjì dàn huózhe de
那 平面上 刻下 的 大多 是 凝固了 的 历史——过去 的 遗迹；但 活着 的
rénmen huó de què shì chōngmǎnzhe xīnshēng zhìhuì de yóu búduàn shìqù de xiànzài zǔchéng
人们，活 得 却 是 充满着 新生 智慧 的，由// 不断 逝去 的“现在” 组成
de wèilái Rénshēng bùnéng xiàng mǒu xiē yúlèi tǎngzhe yóu rénshēng yě bùnéng xiàng mǒu xiē
的 未来。人生 不能 像 某 些 鱼类 躺着 游，人生 也 不能 像 某 些
shòulèi pázhe zǒu ér yīnggāi zhànzhe xiàngqián xíng zhè cái shì rénlèi yīngyǒu de shēngcún zītài
兽类 爬着 走，而 应该 站着 向前 行，这 才 是 人类 应有 的 生存 姿态。

Jiéxuǎn zì [Měi] Běnjiémíng Lāshí《Zhàn Zài Lìshǐ de Zhītóu Wēixiào》
——节选 自 [美] 本杰明·拉什《站 在 历史 的 枝头 微笑》

zuòpǐn 56 hào
作品 56 号

Zhōngguó de dìyī dàdǎo Táiwān Shěng de zhǔdǎo Táiwān wèiyú Zhōngguó dàlùjià de
中国 的 第一 大岛、台湾 省 的 主岛 台湾，位于 中国 大陆架 的
dōngnánfāng dìchǔ Dōng Hǎi hé Nán Hǎi zhījiān gézhe Táiwān Hǎixiá hé Dàlù xiāngwàng Tiānqì
东南方，地处 东 海 和 南 海 之间，隔着 台湾 海峡 和 大陆 相望。天气

qínglǎng de shíhou zhàn zài Fújiàn yánhǎi jiào gāo de dìfang jiù kěyǐ yǐnyǐnyuēyuē de wàng·jiàn
晴朗　的时候，站　在　福建　沿海　较　高　的　地方，就可以　隐隐约约　地　望见
dǎo·shàng de gāoshān hé yúnduǒ
岛上　的　高山　和云朵。

TáiwānDǎo xíngzhuàng xiácháng cóng dōng dào xī zuì kuān chù zhǐyǒu yìbǎi sìshí duō
台湾　岛　形状　狭长，　从　东　到　西，最　宽　处　只有　一百　四十　多
gōnglǐ yóu nán zhì běi zuì cháng de dìfang yuē yǒu sānbǎi jiǔshí duō gōnglǐ Dìxíng xiàng yí gè
公里；由　南　至　北，最　长　的　地方　约　有　三百　九十　多　公里。地形　像　一个
fǎngzhī yòng de suōzi
纺织　用　的梭子。

TáiwānDǎo·shàng de shānmài zòngguàn nánběi zhōngjiān de Zhōngyāng Shānmài yóurú
台湾　岛上　的　山脉　纵贯　南北，　中间　的　中央　山脉　犹如
quándǎo de jǐliang Xībù wéi hǎibá jìn sìqiān mǐ de Yù Shān shānmài shì Zhōngguó dōngbù de zuì
全岛　的脊梁。西部　为　海拔　近　四千　米　的　玉　山　山脉，是　中国　东部　的最
gāofēng Quándǎo yuē yǒu sān fēn zhī yī de dìfang shì píngdì qíyú wéi shāndì Dǎonèi yǒu duàndài
高　峰。全岛　约　有　三　分　之一　的　地方　是平地，其余　为　山地。岛内　有　缎带
bān de pùbù lánbǎoshí shì de húpō sìjì chángqīng de sēnlín hé guǒyuán zìrán jǐngsè shífēn
般　的　瀑布，蓝宝石　似　的　湖泊，四季　常青　的　森林　和　果园，自然　景色　十分
yōuměi Xīnánbù de Ālǐ Shān hé Rìyuè Tán Táiběi shìjiāo de Dàtúnshān fēngjǐngqū dōu shì
优美。西南部　的　阿里　山　和　日月　潭，台北　市郊　的　大屯山　风景区，都　是
wénmíng shìjiè de yóulǎn shèngdì
闻名　世界　的　游览　胜地。

TáiwānDǎo dìchǔ rèdài hé wēndài zhījiān sìmiàn huán hǎi yǔshuǐ chōngzú qìwēn shòudào
台湾　岛　地处　热带　和　温带　之间，四面　环　海，雨水　充足，　气温　受到
hǎiyáng de tiáojì dōng nuǎn xià liáng sìjì rú chūn zhè gěi shuǐdào hé guǒmù shēngzhǎng
海洋　的　调剂，　冬　暖　夏　凉，四季　如　春，　这　给　水稻　和　果木　生长
tígōngle yōuyuè de tiáojiàn Shuǐdào gānzhe zhāngnǎo shì Táiwān de sān bǎo Dǎo·shàng hái
提供了　优越　的　条件。水稻、甘蔗、　樟脑　是　台湾　的“三宝”。　岛上　还
shèngchǎn xiānguǒ hé yúxiā
盛产　鲜果　和鱼虾。

TáiwānDǎo háishì yí gè wénmíng shìjiè de húdié wángguó Dǎo·shàng de húdié gòng yǒu
台湾　岛　还是　一个　闻名　世界　的“蝴蝶　王国”。　岛上　的　蝴蝶　共　有
sìbǎi duō gè pǐnzhǒng qízhōng yǒu bùshǎo shì shìjiè xīyǒu de zhēnguì pǐnzhǒng Dǎo·shàng
四百　多　个　品种，　其中　有　不少　是　世界　稀有　的　珍贵　品种。　岛上
háiyǒu bùshǎo niǎoyǔhuāxiāng de húdiégǔ dǎo·shàng jūmín lìyòng húdié zhìzuò de biāoběn
还有　不少　鸟语花香　的　蝴//蝶谷，　岛上　居民　利用　蝴蝶　制作　的　标本
hé yìshùpǐn yuǎnxiāo xǔduō guójiā
和艺术品，　远销　许多　国家。

Jiéxuǎn zì《Zhōngguó de Bǎodǎo　Táiwān》
——节选　自《中国　的　宝岛——台湾》

zuòpǐn 57 hào
作品 57 号

Duìyú Zhōngguó de niú wǒ yǒuzhe yì zhǒng tèbié zūnjìng de gǎnqíng
对于 中国 的牛，我 有着 一 种 特别 尊敬 的 感情。

Liúgěi wǒ yìnxiàng zuì shēn de yào suàn zài tiánlǒng · shàng de yí cì xiāngyù
留给 我 印象 最 深 的，要 算 在 田垄 上 的一次“相遇”。

Yì qún péngyou jiāoyóu wǒ lǐngtóu zài xiázhǎi de qiānmò · shàng zǒu zěnliào yíngmiàn láile jǐ tóu gēngniú xiádào róng · bú xià rén hé niú zhōng yǒu yìfāng yào rànglù Tāmen hái méi · yǒu zǒujìn wǒmen yǐ · jīng yùjì dòu · bú · guò chùsheng kǒngpà nánmiǎn cǎidào tiándì níshuǐ · lǐ nòng de xiéwà yòu ní yòu shī le Zhèng chíchú de shíhou dàitóu de yì tóu niú zài lí wǒmen bùyuǎn de dìfang tíng xià · lái táiqǐ tóu kànkan shāo chíyí yíxià jiù zìdòng zǒu · xià tián qù Yí duì gēngniú quán gēnzhe tā líkāi qiānmò cóng wǒmen shēnbiān jīngguò
一群 朋友 郊游，我 领头 在 狭窄 的 阡陌 上 走，怎料 迎面 来了几头 耕牛，狭道 容不下 人和牛，终 有 一方 要 让路。它们 还 没有走近，我们 已经 预计 斗不过 畜牲， 恐怕 难免 踩到 田地 泥水里，弄 得 鞋袜 又 泥 又 湿 了。 正 踟蹰 的时候，带头 的一头 牛，在 离 我们不远 的 地方 停 下来，抬起 头 看看， 稍 迟疑一下，就 自动 走下 田 去。一队 耕牛， 全 跟着 它离开 阡陌， 从 我们 身边 经过。

Wǒmen dōu dāi le huíguo tóu · lái kànzhe shēnhèsè de niú duì zài lù de jìntóu xiāoshī hūrán jué · dé zìjǐ shòule hěn dà de ēnhuì
我们 都 呆 了，回过 头来， 看着 深褐色 的 牛 队，在 路的 尽头 消失，忽然觉得 自己 受了 很 大的恩惠。

Zhōngguó de niú yǒngyuǎn chénmò de wèi rén zuòzhe chén zhòng de gōngzuò Zài dàdì · shàng zài chénguāng huò lièrì · xià tā tuōzhe chénzhòng de lí dītóu yí bù yòu yí bù tuōchūle shēnhòu yí liè yòu yí liè sōngtǔ hǎo ràng rénmen xià zhǒng Děngdào mǎndì jīnhuáng huò nóngxián shíhou tā kěnéng hái děi dāndāng bānyùn fùzhòng de gōngzuò huò zhōngrì ràozhe shímò cháo tóng yì fāngxiàng zǒu bú jìchéng de lù
中国 的 牛， 永远 沉默 地 为 人 做着 沉 重 的 工作。 在大地上， 在 晨光 或 烈日 下，它 拖着 沉重 的 犁，低头 一步 又 一步，拖出了 身后 一列 又 一列 松土，好 让 人们 下 种。 等到 满地 金黄 或农闲 时候，它 可能 还得 担当 搬运 负重 的 工作；或 终日 绕着 石磨，朝 同 一 方向， 走 不 计程 的 路。

Zài tā chénmò de láodòng zhōng rén biàn dédào yīng dé de shōucheng
在 它 沉默 的 劳动 中，人 便 得到 应 得的 收成。

Nà shíhou yěxǔ tā kěyǐ sōng yì jiān zhòngdàn zhàn zài shù · xià chī jǐ kǒu nèn cǎo Ǒu'ěr yáoyao wěiba bǎibai ěrduo gǎnzǒu fēifù shēn · shàng de cāngying yǐ · jīng suàn shì tā zuì xiánshì de shēnghuó le
那 时候，也许，它 可以 松 一肩 重担， 站 在 树下， 吃 几 口 嫩 草。偶尔摇摇 尾巴，摆摆 耳朵， 赶走 飞附 身上 的 苍蝇， 已经 算 是 它 最闲适 的 生活 了。

Zhōngguó de niú méi · yǒu chéngqún bēnpǎo de xíguàn Yǒngyuǎn chénchénshíshí de
中国 的 牛， 没有 成群 奔跑 的 习//惯， 永远 沉沉实实 的，

mòmò de gōngzuò píngxīnjìngqì Zhè jiùshì Zhōngguó de niú
默默地工作，平心静气。这就是中国的牛！

Jiéxuǎn zì Xiǎo Sī《Zhōngguó de Niú》
——节选自小思《中国的牛》

zuòpǐn 58 hào
作品58号

Bùguǎn wǒ de mèngxiǎng néngfǒu chéngwéi shìshí shuō chū · lái zǒngshì hǎowánr de
不管我的梦想能否成为事实，说出来总是好玩儿的：

Chūntiān wǒ jiāng yào zhù zài Hángzhōu Èrshí nián qián jiùlì de èryuè chū zài Xīhú wǒ kàn · jiànle nènliǔ yǔ càihuā bìlàng yǔ cuìzhú Yóu wǒ kàndào de nà diǎnr chūnguāng yǐ · jīng kěyǐ duàndìng Hángzhōu de chūntiān bìdìng huì jiào rén zhěng tiān shēnghuó zài shī yǔ túhuà zhīzhōng Suǒyǐ chūntiān wǒ de jiā yīngdāng shì zài Hángzhōu
春天，我将要住在杭州。二十年前，旧历的二月初，在西湖我看见了嫩柳与菜花，碧浪与翠竹。由我看到的那点儿春光，已经可以断定，杭州的春天必定会教人整天生活在诗与图画之中。所以，春天我的家应当是在杭州。

Xiàtiān wǒ xiǎng Qīngchéng Shān yīngdāng suànzuò zuì lǐxiǎng de dìfang Zài nà · lǐ wǒ suīrán zhǐ zhùguo shí tiān kěshì tā de yōujìng yǐ shuānzhùle wǒ de xīnlíng Zài wǒ suǒ kàn · jiànguo de shānshuǐ zhōng zhǐyǒu zhè · lǐ méi · yǒu shǐ wǒ shīwàng Dàochù dōu shì lǜ mù zhī suǒ jí nà piàn dàn ér guāngrùn de lǜsè dōu zài qīngqīng de chàndòng fǎngfú yào liúrù kōngzhōng yǔ xīnzhōng shìde Zhège lǜsè huì xiàng yīnyuè díqīngle xīnzhōng de wàn lǜ
夏天，我想青城山应当算作最理想的地方。在那里，我虽然只住过十天，可是它的幽静已拴住了我的心灵。在我所看见过的山水中，只有这里没有使我失望。到处都是绿，目之所及，那片淡而光润的绿色都在轻轻地颤动，仿佛要流入空中与心中似的。这个绿色会像音乐，涤清了心中的万虑。

Qiūtiān yídìng yào zhù Běipíng Tiāntáng shì shénme yàngzi wǒ bù zhī · dào dànshì cóng wǒ de shēnghuó jīngyàn qù pànduàn Běipíng zhī qiū biàn shì tiāntáng Lùn tiānqì bù lěng bú rè Lùn chīde píngguǒ lí shìzi zǎor pú · táo měi yàng dōu yǒu ruògān zhǒng Lùn huācǎo júhuā zhǒnglèi zhī duō huāshì zhī qí kěyǐ jiǎ tiānxià Xīshān yǒu hóngyè kě jiàn Běihǎi kěyǐ huáchuán suīrán héhuā yǐ cán héyè kě háiyǒu yí piàn qīngxiāng Yīshízhùxíng zài Běipíng de qiūtiān shì méi · yǒu yí xiàng bù shǐ rén mǎnyì de
秋天一定要住北平。天堂是什么样子，我不知道，但是从我的生活经验去判断，北平之秋便是天堂。论天气，不冷不热。论吃的，苹果、梨、柿子、枣儿、葡萄，每样都有若干种。论花草，菊花种类之多，花式之奇，可以甲天下。西山有红叶可见，北海可以划船——虽然荷花已残，荷叶可还有一片清香。衣食住行，在北平的秋天，是没有一项不使人满意的。

Dōngtiān wǒ hái méi · yǒu dǎhǎo zhǔyi Chéngdū huòzhě xiāngdāng de héshì suīrán bìng bù
冬天，我还没有打好主意，成都或者相当的合适，虽然并不

zěnyàng hénuǎn kěshì wèile shuǐxiān sù xīn làméi gè sè de cháhuā fǎngfú jiù shòu yìdiǎnr
怎样 和暖，可是 为了 水仙，素 心 腊梅，各 色 的 茶花，仿佛 就 受 一点儿
hánlěng yě pō zhí · dé qù le Kūnmíng de huā yě duō érqiě tiānqì bǐ Chéngdū hǎo kěshì jiù shūpù
寒//冷，也颇 值得 去了。昆明 的花也多，而且 天气 比 成都 好，可是旧 书铺
yǔ jīngměi ér piányi de xiǎochī yuǎn · bùjí Chéngdū nàme duō Hǎo ba jiù zàn zhème guīdìng
与 精美 而 便宜 的 小吃 远不及 成都 那么 多。好 吧，就 暂 这么 规定：
Dōngtiān bú zhù Chéngdū biàn zhù Kūnmíng ba
冬天 不住 成都 便 住 昆明 吧。

Zài kàngzhàn zhōng wǒ méi néng fā guónàn cái Wǒ xiǎng kàngzhàn shènglì yǐhòu wǒ bì
在 抗战 中，我 没 能 发 国难 财。我 想， 抗战 胜利 以后，我 必
néng kuòqǐ · lái Nà shíhou jiǎruò fēijī jiǎnjià yíèrbǎi yuán jiù néng mǎi yí jià de huà wǒ jiù zìbèi yí
能 阔 起来。那时候，假若 飞机减价，一二百 元 就 能 买 一架的话，我就自备一
jià zé huángdào jírì mànmàn de fēixíng
架，择 黄道吉日 慢慢 地飞行。

Jiéxuǎn zì Lǎo Shě《Zhù de Mèng》
—— 节选 自老 舍《住 的 梦》

zuòpǐn 59 hào
作品 59 号

Wǒ bùyóude tíngzhùle jiǎobù
我 不由得 停住了 脚步。

Cóngwèi jiànguo kāide zhèyàng shèng de téngluó zhǐ jiàn yí piàn huīhuáng de dàn zǐsè
从未 见过 开得 这样 盛 的 藤萝，只 见 一 片 辉煌 的 淡 紫色，
xiàng yì tiáo pùbù cóng kōngzhōng chuíxià bú jiàn qí fāduān yě bú jiàn qí zhōngjí zhǐshì
像 一 条 瀑布，从 空中 垂下，不 见 其 发端，也 不 见 其 终极，只是
shēnshēnqiǎnqiǎn de zǐ fǎngfú zài liúdòng zài huānxiào zài bùtíng de shēngzhǎng Zǐsè de dà
深深浅浅 的 紫，仿佛 在 流动，在 欢笑，在 不停 地 生长。紫色 的 大
tiáofú · shàng fànzhe diǎndiǎn yínguāng jiù xiàng bèngjiàn de huǐhuā Zǐxì kàn shí cái zhī nà shì
条幅上， 泛着 点点 银光，就 像 迸溅 的 水花。仔细 看 时，才 知 那 是
měi yì duǒ zǐhuā zhōng de zuì qiǎndàn de bùfen zài hé yángguāng hùxiāng tiǎodòu
每 一 朵 紫花 中 的 最浅淡 的部分，在和 阳光 互相 挑逗。

Zhè · lǐ chúle guāngcǎi háiyǒu dàndàn de fāngxiāng xiāngqì sìhū yě shì qiǎn zǐsè de
这里 除了 光彩， 还有 淡淡 的 芳香。 香气 似乎 也 是 浅 紫色 的，
mènghuàn yìbān qīngqīng de lǒngzhàozhe wǒ Hūrán jìqǐ shí duō nián qián jiā mén wài yě céng
梦幻 一般 轻轻 地 笼罩着 我。忽然 记起 十 多 年 前，家 门 外 也 曾
yǒuguo yí dà zhū zǐténgluó tā yībàng yì zhū kū huái pá de hěn gāo dàn huāduǒ cónglái dōu xīluò
有过 一大 株 紫藤萝，它 依傍 一 株 枯 槐 爬得 很 高，但 花朵 从来 都 稀落，
dōng yí suì xī yí chuàn língdīng de guà zài shùshāo hǎoxiàng zài cháyánguānsè shìtàn shénme
东 一穗 西一 串 伶仃 地 挂 在 树梢， 好像 在 察颜观色， 试探 什么。
Hòulái suǒxìng lián nà xīlíng de huāchuàn yě méi · yǒu le Yuán zhōng biéde zǐténg huājià yě dōu
后来 索性 连 那 稀零 的 花串 也 没有 了。园 中 别的 紫藤 花架 也 都

chāidiào gǎizhòngle guǒshù Nàshí de shuōfǎ shì huā hé shēnghuó fǔhuà yǒu shénme bìrán guānxi
拆掉，　改种了　果树。那时 的 说法 是，花 和　生活　腐化 有　什么　必然 关系。
Wǒ céng yíhàn de xiǎng Zhè · lǐ zài kàn · bújiàn téngluóhuā le
我 曾 遗憾 地 想：这里 再　看不见　藤萝花　了。

Guòle zhème duō nián téngluó yòu kāihuā le érqiě kāi de zhèyàng shèng zhèyàng mì zǐsè
过了 这么 多 年，藤萝 又 开花 了，而且 开 得 这样 盛，这样 密，紫色
de pùbù zhēzhùle cūzhuàng de pánqiú wòlóng bān de zhīgàn búduàn de liúzhe liúzhe liúxiàng rén
的瀑布 遮住了　粗壮　的 盘虬 卧龙 般 的 枝干，不断 地 流着，流着，流向 人
de xīndǐ
的心底。

Huā hé rén dōu huì yùdào gèzhǒnggèyàng de búxìng dànshì shēngmìng de chánghé shì wú
花 和 人 都 会 遇到　各种各样　的 不幸，但是　生命　的 长河 是 无
zhǐjìng de Wǒ fǔmōle yíxià nà xiǎoxiǎo de zǐsè de huācāng nà · lǐ mǎn zhuāngle shēngmìng de
止境 的。我 抚摸了 一下 那 小小 的 紫色 的 花舱，那里 满　装了　生命　的
jiǔniàng tā zhāngmǎnle fān zài zhè shǎnguāng de huā de héliú · shàng hángxíng Tā shì wàn huā
酒酿，它　张满了　帆，在 这// 闪光　的 花 的　河流上　航行。它 是 万 花
zhōng de yì duǒ yě zhèngshì yóu měi yí gè yì duǒ zǔchéng le wàn huā cànlàn de liúdòng de pùbù
中 的 一朵，也 正 是 由 每 一个 一朵，组成 了 万 花 灿烂 的 流动 的瀑布。

Zài zhè qiǎn zǐsè de guānghuī hé qiǎn zǐsè de fāngxiāng zhōng wǒ bùjué jiākuàile jiǎobù
在 这 浅 紫色的 光辉 和 浅 紫色的 芳香　中，我 不觉 加快了 脚步。

Jiéxuǎn zì Zōng Pú《Zǐténgluó Pùbù》
——节选 自 宗　璞《紫藤萝 瀑布》

zuòpǐn 60 hào
作品 60 号

Zài yí cì míngrén fǎngwèn zhōng bèi wèn jí shàng gè shìjì zuì zhòngyào de fāmíng shì
在 一 次 名人　访问　中，被 问 及 上 个 世纪 最　重要　的 发明 是
shénme shí yǒu rén shuō shì diànnǎo yǒu rén shuō shì qìchē děngděng Dàn Xīnjiāpō de yí Wèi
什么 时，有 人 说 是 电脑，有 人 说 是 汽车，　等等。但 新加坡 的 一 位
zhīmíng rénshì què shuō shì lěngqìjī Tā jiěshì rúguǒ méi · yǒu lěngqì rèdài dìqū rú Dōngnányà
知名　人士 却 说 是 冷气机。他 解释，如果　没有　冷气，热带 地区 如　东南亚
guójiā jiù bù kěnéng yǒu hěn gāo de shēngchǎnlì jiù bù kěnéng dádào jīntiān de shēnghuó shuǐzhǔn
国家，就不 可能 有 很 高 的 生产力，就不 可能 达到 今天 的 生活　水准。
Tā de huídá shíshìqiúshì yǒulǐyǒujù
他 的 回答 实事求是，有理有据。

Kànle shàngshù bàodào wǒ tūfā qí xiǎng Wèi shénme méi · yǒu jìzhě wèn Èrshí shìjì zuì
看了　上述　报道，我 突发 奇 想：为 什么　没 有 记者："二十　世纪 最
zāogāo de fāmíng shì shénme Qíshí èr líng líng èr nián shíyuè zhōngxún Yīngguó de yì jiā bàozhǐ jiù
糟糕 的 发明 是 什么？"其实 二 〇 〇 二 年 十月　中旬，　英国 的 一家 报纸 就
píngchūle rénlèi zuì zāogāo de fāmíng Huò cǐ shūróng de jiùshì rénmen měi tiān dàliàng shǐyòng
评出了 "人类 最　糟糕　的 发明"。获 此 "殊荣" 的，就是 人们　每 天　大量　使用

desùliàodài
的塑料袋。

Dànshēng yú shàng gè shìjì sānshí niándài de sùliàodài qí jiāzú bāokuò yòng sùliào
诞生 于 上 个 世纪 三十 年代 的 塑料袋，其 家族 包括 用 塑料
zhìchéng de kuàicān fànhé bāozhuāng zhǐ cān yòng bēi pán yǐnliàopíng suānnǎibēi xuěgāobēi
制成 的 快餐 饭盒、 包装 纸、餐 用 杯 盘、饮料瓶、 酸奶杯、 雪糕杯
děng děng Zhèxiē fèiqìwù xíngchéng de lājī shùliàng duō tǐjī dà zhòngliàng qīng bú jiàngjiě
等 等。这些 废弃物 形成 的 垃圾，数量 多、体积 大、 重量 轻、不 降解，
gěi zhìlǐ gōngzuò dàilái hěn duō jìshù nántí hé shèhuì wèntí
给 治理 工作 带来 很 多 技术 难题 和 社会 问题。

Bǐrú sànluò zài tiánjiān lùbiān jí cǎocóng zhōng de sùliào cānhé yídàn bèi shēngchù tūnshí
比如，散落 在 田间、路边 及 草丛 中 的 塑料 餐盒，一旦 被 牲畜 吞食，
jiù huì wēi jí jiànkāng shènzhì dǎozhì sǐwáng Tiánmái fèiqì sùliàodài sùliào cānhé de tǔdì
就 会 危 及 健康 甚至 导致 死亡。 填埋 废弃 塑料袋、塑料 餐盒 的 土地，
bùnéng shēngzhǎng zhuāngjia hé shùmù zàochéng tǔdì bǎnjié ér fénshāo chǔlǐ zhèxiē sùliào
不能 生长 庄稼 和 树木， 造成 土地 板结，而 焚烧 处理 这些 塑料
lājī zé huì shìfàng chū duō zhǒng huàxué yǒudú qìtǐ qízhōng yì zhǒng chēngwéi èr'èyīng de
垃圾，则 会 释放 出 多 种 化学 有毒 气体，其中 一 种 称为 二噁英 的
huàhéwù，dúxìng jí dà
化合物，毒性 极 大。

Cǐwài zài shēngchǎn sùliàodài sùliào cānhé de guòchéng zhōng shǐyòng de fúlì'áng duì
此外，在 生产 塑料袋、塑料 餐盒 的// 过程 中 使用 的 氟利昂，对
réntǐ miǎnyì xìtǒng hé shēngtài huánjìng zàochéng de pòhuài yě jíwéi yánzhòng。
人体 免疫 系统 和 生态 环境 造成 的 破坏 也 极为 严重。

Jiéxuǎn zì Lín Guāngrú《Zuì Zāogāo de Fāmíng》
—— 节选 自 林 光如 《最 糟糕 的 发明》